基础教育
国际比较研究丛书

Series of
International and
Comparative Studies on
Basic Education

顾明远 主编

英国中等教育考试制度改革研究

基于利益相关者的分析

王向旭 —————— 著

A Study on
the Reform of
Secondary Education
Examination System in England:

An Analysis Based on Stakeholders

上海教育出版社
SHANGHAI EDUCATIONAL
PUBLISHING HOUSE

总　序

　　2020年注定是人类历史上不平凡的一年，新冠疫情的爆发改变了世界发展的基本格局。一些国家保守主义、单边主义抬头，逆全球化思维盛行；但更多国家和国际组织呼吁全球应加强合作，共同抗击疫情并抵制疫情给世界各国社会、经济、教育等不同领域带来的不良影响。受疫情的影响，不少国家因通信基础设施薄弱已出现了学习危机，加之疫情影响导致的经济危机势必影响很多国家的教育投入，进而加剧教育不平等的现象。此外，疫情期间不少国家不断爆出的种族歧视、隔阂言论和行为，给世界和平和发展带来了潜在的风险。为此，2020年联合国教科文组织"教育的未来"倡议国际委员会发布了《新冠肺炎疫情后世界的教育：公共行动的九个思路》(Education in A Post-COVID World：Nine Ideas for Public Action)，特别强调要加大教育投入，保障公共教育经费，同时呼吁"全球团结一心，化解不平等。新冠肺炎疫情解释了权力不均和全球发展不平等问题。各方应重新倡导国际合作，维护多边主义，以同理心和对人性的共同理解为核心，促进国际合作和全球团结"。[1]

　　事实上，全球教育发展面临的挑战远非如此。回

---

[1]　International Commission on the Futures of Education, UNESCO. Education in A Post-COVID World：Nine Ideas for Public Action [R/OL].[2020-06-24] https://unesdoc.unesco.org/ark:/48223/pf0000373717/PDF/373717eng.pdf.multi.

顾人类社会进入21世纪以来，经济的快速发展和科技的日益进步的确给教育的发展带来了很大的变化，"经济增长和创造财富降低了全球贫穷率，但世界各地的社会内部以及不同社会之间，脆弱性、不平等、排斥和暴力却有增无减。不可持续的经济生产和消费模式导致全球气候变暖、环境恶化和自然灾害频发……技术发展增进了人们之间的相互关联，为彼此交流、合作与团结开辟出了新的渠道，但我们也发现，文化和宗教不宽容、基于身份的政治鼓动和冲突日益增多"。[1]这些全球可持续发展的危机已然给世界各国的教育提出了巨大的挑战。为此，联合国教科文组织特别重申了人文主义的方法，强调："再没有比教育更加强大的变革力量，教育促进人权和尊严，消除贫穷，强化可持续性，为所有人建设更美好的未来，教育以权利平等和社会正义、尊重文化多样性、国际团结和分担责任为基础，所有这些都是人性的基本共同点。"[2]

对此，中国政府一直高度赞同并积极行动，响应国际社会的号召。我们以习近平总书记提出的"人类命运共同体"和"文化交流互鉴"的思想为指导，坚持教育对外开放，积极地开展各项国际教育交流与合作活动。日前，《教育部等八部门关于加快和扩大新时代教育对外开放的意见》也明确指出，要"坚持教育对外开放不动摇，主动加强同世界各国的互鉴、互容、互通，形成更全方位、更宽领域、更多层次、更加主动的教育对外开放局面"。[3]为此，我们需要更加深入地研究各国教育改革的最新动向，把握世界教育发展的基本趋势。

北京师范大学国际与比较教育研究院作为教育部普通高等学校人文社会科学重点研究基地，始终围绕着世界和我国教育改革与发展的

---

[1] 联合国教育、科学及文化组织.反思教育：向"全球共同利益"的理念转变 [M].巴黎：联合国教科文组织，2015：9.

[2] 同上：4.

[3] 教育部.教育部等八部门全面部署加快和扩大新时代教育对外开放 [R/OL]. (2020-06-18)[2020-06-24]. https://www.xuexi.cn/lgpage/detail/index.html?id=12928850217812069436&amp；item_id=12928850217812069436.

重大理论、政策和实践前沿问题开展深入研究。此次组织出版的"基础教育国际比较研究丛书"共10本，既有国别的研究，涉及英国、美国、法国、加拿大等不同的国家，也有专题的研究，如基础教育质量问题、英才教育等。这些研究均是我院教师和博士生近年来的研究成果，希望能帮助从事基础教育工作的教育决策者和实践者开拓视野，较为深入准确地把握世界教育发展的前沿问题，以更好地促进我国基础教育新一轮的深化改革。在出版过程中，我们得到了上海教育出版社的大力支持，特别是此套丛书的负责人袁彬同志和董洪同志的大力支持，具体负责每本书的编辑不仅工作高效，而且认真负责，在此一并感谢！

2020 年 6 月 24 日

于北京求是书屋

序

英国中等教育阶段的考试制度，特别是普通中等教育证书（General Certificate of Secondary Education，以下简称GCSE）考试和高级水平普通教育证书（General Certificate of Education, Advanced Level，以下简称A-Level）考试，不仅在英国教育和社会中发挥着重要作用，在国际上也有着广泛的影响。对于英国教育的研究者而言，GCSE和A-Level考试制度的改革发展是一个非常值得关注的热点问题。现在，王向旭博士有关英国中等教育考试制度改革的研究成果即将付梓，他邀请我为本书作序，作为他攻读博士期间的导师，我对于他的这项研究非常熟悉，于是欣然接受，借此也同各位读者分享一下这项研究成果的由来，以及我个人的几点想法。

首先，介绍一下这项研究成果的由来。2013年下半年，本书作者王向旭在我的指导下开始攻读博士学位，当时恰逢我们接到教育部相关司局委托的一项关于"中考改革国际比较研究"的研究课题，他对这项课题很感兴趣，欣然参与进来并承担有关英国部分的研究。2014年，我们如期向教育部相关司局提交了题为《英国普通中等教育证书（GCSE）考试现状与改革趋势》的专题研究报告，他在研究报告的基础上写作了两篇学术论文。后来研究报告得到了教育部相关司局的采纳，两篇论文也很快发表，但他感觉意犹未尽，决定就英国中等教育考试制度这一主题继续开展深入研究，并作为他的博士论文选题。我很赞同他的判断：一方面，英国GCSE考试制度的改革当时仍处在过程之中，远远没有"尘埃落定"，继续进行跟踪研究很有必要；另一方面，俗称"英国高考"的A-Level考试制度也处在改革之中，有必要对这两项英国中等教育阶段的重要考试制度一并开展研究。

其次，谈一谈我个人的几点想法。国内有关GCSE和A-Level的研究成果可谓汗牛充栋，但绝大多数研究局限于对表层现象的介绍和阐述，缺乏对改革的深层次问题，特别是利益相关者和利益集团的深入分析。针对国内现有研究的不足之处，向旭博士着力在以下几个方面进行了探索和创新，在一定程度上为本领域的研究做出了独特的学术贡献。

第一，将考试制度改革放在英国教育发展和政府整个基础教育改革的宏观背景中予以思考，把考试制度改革和学校体制改革、绩效问责制度改革、考试机构的产生与发展、考试制度主导力量的演变等问题联系起来予以分析，从而更准确、更深入地揭示出了为什么特定的利益相关者支持或反对某些改革政策或计划，以及围绕考试制度及其改革存在的利益博弈。

第二，以中等教育考试制度改革为例研究了英国教育决策的机制和决策过程，分析了政府（教育部）、议会、公共机构（资格及考试监督办公室）之间的权力制衡与合作，揭示出英国政治制度下的这种权力制衡机制，其目的并非为了制造彼此间的对抗，而是使重大教育政策在出台之前能够得到足够公开、透明的讨论和辩论，保障相关决策的程序合法性，避免决策者"拍脑袋"决策。正是因为有了程序上的合法性，政府等决策机构才得以更加坦然地面对决策之后依然存在的批评和质疑。

第三，以GCSE和A-Level考试改革方案的制定过程为例，着重分析了各利益相关者是如何通过下议院这一政治舞台在议会辩论中展示自己的利益诉求和影响力的，以及决策者是如何进行利益的平衡与取舍的。研究表明，英式民主制度下的民选政府并不一定总是对所谓的"民意"畏首畏尾，在程序民主的基础之上，在风险可控的情况之下，政府也会做出一些看上去较为"大胆"的改革决策，当然，这通常需要相关政府官员具有较强的演讲与辩论才能，以及承受压力推进改革的政治魄力。

第四，本书还揭示出一些其他研究者常常忽视的事实。例如，考试制度改革中各利益相关者对决策者的影响能力、对改革的应对能力和适应能力是有所不同的。那些实力雄厚、办学质量高、社会声誉好、影响力大的私立学校和公立文法学校对于改革通常能够从容应对，并继续保持优势地位。相比之下，考试制度改革对于普通公立学校造成的冲击和压力较大，这类学校在师资、课程、教学等各方面都会面临很大的挑战。对教师、学生、家长这些直接受考试制度改革影响的"利益相关者"而言，考试制度对其切身利益所产生的影响，在很大程度上受制于其现有的社会地位和所属的社会阶层。

近些年来，我国中等教育阶段的重要考试，特别是中考和高考也经历着持续而重要的改革。伴随着长期以来教育资源的不均衡分布和社会阶层的分化，当前我国中考和高考改革所面临的社会舆论以及社会各界对考试制度提出的利益诉求也越来越复杂和多元，有关中考和高考改革的争议也持续不断。在此背景下，虽然本书研究的是英国教育考试制度改革中的利益诉求、利益关系与利益博弈，但对我们研究和分析我国中考和高考改革中的相关问题也会有一定的启发意义。

是为序。

王　璐

2020年4月

目 录

第一章

导　论

第一节

研究缘起

作为教育体系的基本制度之一，教育考试制度在人才培养和教育教学中具有评价、选拔、监控、引导等作用，因此在各国的教育改革中都受到格外重视。[1] 英国[2] 中等教育阶段的重要考试，特别是普通中等教育证书（General Certificate of Secondary Education，以下简称GCSE）考试和高级水平普通教育证书（General Certificate of Education, Advanced Level，以下简称A-Level）考试，不仅在英国教育和社会中发挥着重要作用，在国际上也有着广泛的影响。在英国国内，有关GCSE和A-Level考试改革的话题不仅是各大政党在议会辩论中经常辩论的议题，而且是英国社会各界特别是学校、教师和学生家长最为关心的话题之一，每年夏季GCSE和A-Level成绩公布日期的前后，相关新闻更是经常被媒体置于头条位置。在国际上，不仅一些英国前殖民地国家和地区至今仍保持着和英国类似甚至相同的中等教育考试制度，如新加坡、津巴布韦、南非等，很多英国以外的学生也热衷于选修和参加GCSE和A-Level的课程与考试，以便使自己申请英国和美国大学时能够提供有分量的证书，增加被录取的可能性。

---

[1] 韩家勋. 教育考试评价制度比较研究 [M]. 北京：人民教育出版社，2010：2.

[2] 英国全称为"大不列颠及北爱尔兰联合王国"，由英格兰、苏格兰、威尔士和北爱尔兰四部分组成。苏格兰享有高度自治权并拥有完全独立的教育体系，威尔士和北爱尔兰在教育领域也有一定的自治权。本文关注的主要是英格兰的教育考试制度。

因此，如同中国的中考和高考一样，英国的GCSE和A-Level考试制度及其改革是教育研究界持续多年的研究热点。

一、研究背景

（一）英国的GCSE和A-Level考试改革

尽管GCSE和A-Level考试一度被英国社会称为英国教育考试的"黄金标准"（gold standard），但也面临着考试机构过多、"为考试而教学"（teaching/learning for test）、考试出题和评分频频出错、分数膨胀（grade inflation）、证书的社会声誉下降等问题。[1]近年来，由于基础教育质量不尽如人意，以及英国学生在近几次PISA（Programme for International Student Assessment）测试中的表现不佳，有关中等教育考试改革的呼声不断高涨。2010年英国大选之前，工党、保守党和自由民主党在其竞选纲领中都提出了有关考试制度改革的设想，并将其作为教育改革的重要政策加以论述，以期获得更多选民的支持。

2010年卡梅伦领导的联合政府执政以后，英国很快就开始了对GCSE考试和A-Level考试的新一轮全面改革。从政府的角度来看，改革的原因可以概括为两点：其一，近些年来，一方面学生的GCSE和A-Level考试成绩越来越高，另一方面考试评分和证书等级评定却频频出现重大错误和丑闻，导致GCSE和A-Level证书的社会信誉面临一定程度的危机，不少人认为这两项证书已经发生"通货膨胀"和明显的贬值，社会各界对考试制度需要改革已经形成一定程度的共识（尽管对于如何改革还有争议），卡梅伦政府希望通过考试制度改革，重振人们对英国中等教育阶段的学校教育和资格证书的信心；其

---

[1] 王向旭.英国中等教育证书社会化考试研究［J］.外国中小学教育，2014（12）：5—10.

二，在卡梅伦政府看来，英国很多公立中小学校的教育质量长期以来表现不佳，课程和考试的难度对学生缺乏足够的挑战，导致英国青少年在知识和技能的学习方面已经落后于很多教育强国，这已经威胁到了英国的经济发展潜力和国际竞争力，因此必须对基础教育进行大刀阔斧的改革，而考试制度改革即为基础教育改革中的重要一环。

卡梅伦政府的中等教育考试制度改革的大方向可概括为：提高GCSE和A-Level课程和考试的难度，改模块化考试为终期性考试，减少考试次数和重考机会，严格考试判分标准，减少考试机构的数量，使考试制度和学校绩效问责制度互相配合，共同促进学校教育质量的提高等。[1]

由于英国社会各界对于考试制度及其改革有着不同的立场、观点和利益诉求，因此无论是在政策制定过程中还是政策实施过程中，英国政府所推行的各项考试改革计划或政策都引发了激烈的争论，在各方利益的博弈下，围绕考试改革存在着各种各样的辩论、妥协、对抗，当然也有合作。尽管英国的民主政治制度有效地保障了各利益相关者表达利益诉求的权利，决策者在决策过程中通常也能够认真聆听各方的意见和建议，包括针对决策者的改革方案或计划的批评和质疑，但这并不意味着决策者能够满足所有利益相关方的利益诉求，决策者的最终决策往往包含着对特定利益诉求（包括决策者自身已有的政策取向）的优先考虑，以及对特定利益诉求的平衡与取舍。

---

[1] 王璐，王向旭.英国普通中等教育证书（GCSE）考试现状与改革趋势研究 [J].外国中小学教育，2014（4）：59—64.

（二）中国的中考和高考改革

2010年7月，我国政府出台了《国家中长期教育改革和发展规划纲要（2010—2020年）》，其中第十二章以"考试招生制度改革"为题，专门论述了中考和高考的改革计划和方向，并提出要"深化考试内容和形式改革，探索有的科目一年多次考试的办法，探索实行社会化考试"。之后的数年中，国内一些研究者出于对"一年多次考试"和"社会化考试"进行研究的目的，对英国的社会化考试机构进行了更多的研究和分析，但大多数研究都局限于表层的介绍，缺乏对其优缺点的全面分析，一定程度上存在"报喜不报忧"的问题。

2013年，教育部开展了新一轮高考改革方案的制订工作，由于在"文理是否分科""高中学业水平考试是否应纳入高考成绩"等重大问题上各方争议很大，因此改革方案虽然几易其稿，但迟迟难以通过。[1]2013年10月，北京市中考高考改革方案征求意见稿提出：英语将"实行社会化考试，一年两次考试，学生可多次参加，按最好成绩计入高考总分，成绩3年内有效"。[2]然而，一石激起千层浪，对于此项改革计划，支持者和反对者都有，意见纷呈。2013年11月，中国共产党十八届三中全会报告出台。该报告提出了高考不分文理科，外语等科目实行社会化考试，一年多考等多项具体化的改革目标。

2014年9月，国务院印发了《国务院关于深化考试招生制度改革的实施意见》（以下简称《意见》），明确指出考试招生制度是国家基本教育制度，就深化考试招生制度改革提出了诸多重大改革计

---

[1] 张灵京.揭秘高考改革方案是如何出台的［N］.京华时报，2014-9-5.
[2] 北京市教委.2014—2016年高考高招改革框架方案（征求意见稿）［EB/OL］. http://www.bjedu.gov.cn/publish/portal27/tab1654/info34769.htm, 2014-12-05.

划，并宣布上海和浙江将成为高考综合改革的试点省（市）。上海随后公布的《上海市深化高等学校考试招生综合改革实施方案》（以下简称"上海方案"）规定：从2017年起，上海市的统一高考科目为语文、数学、外语3门，不分文理，考试时间安排在每年6月；外语考试一年举行两次，另外一次安排在每年1月，包括笔试和听说测试，高中生最多参加两次外语考试，可选择其中较好的一次成绩计入高考总分；由全市统一命题、统一组织考试、统一阅卷的普通高中学业水平等级性考试的成绩也将计入高考成绩，学生需根据报考高校要求和自身特长，从思想政治、历史、地理、物理、化学、生命科学共6门科目中自主选择3门科目；语文、数学、英语3门统一考试科目每门满分仍为150分，而3门普通高中学业水平等级性考试科目每门满分70分；等级考试科目的成绩被细化为A+、A、B+、B、B−、C+、C、C−、D+、D、E共11级，在计入高考总分时，A+为满分70分，E计40分，相邻两级之间的分差为3分。[1]浙江省同一天公布的《浙江省深化高校考试招生制度综合改革试点方案》（以下简称"浙江方案"）与上海方案采取了相同的改革思路。浙江方案规定：除语文、数学考试于每年6月进行一次外，外语和考生选择的另外3门高中学业水平等级考试科目每年都安排2次考试，考生每科可报考2次，选用其中1次成绩，成绩2年有效。[2]在选考科目的等级和赋分等细节上，浙江方案与上海方案略有不同。

综上所述，当前中英两国的中等教育考试制度都正在进行重要的

[1] 上海市人民政府.上海市深化高等学校考试招生综合改革实施方案［EB/OL］. http://www.shanghai. gov.cn/shanghai/node2314/node2319/node12344/u26ai40261.html, 2014−12−05.
[2] 浙江省人民政府.浙江省深化高校考试招生制度综合改革试点方案［EB/OL］. http://www.zjedu.org/ html/detial/info/201409/201409190945232939.html, 2014−12−05.

改革，考试制度改革不仅是民众关心、媒体讨论的热点话题，也是教育研究界的热点研究问题之一。审视中英两国近年来的考试改革政策与计划，我们可以发现一个有趣的现象：两国的改革有互相学习、互相借鉴的迹象，在某些方面还呈现出相向而行的趋势。例如，我国的考试制度在增加考生的考试机会（次数），而英国的考试制度却在减少学生的考试机会（次数）；我国政府提出要探索"社会化考试"[1]，而英国政府却打算取消多个社会化考试机构，建立单一的国有考试机构[2]。

二、研究问题

概括而言，笔者致力于通过本研究回答以下几个方面的问题：

（1）英国的中等教育考试制度是如何形成和变迁的？考试制度改革中有哪些利益相关者和利益集团？他们各自的特点和利益诉求分别是什么？

（2）各利益相关者或利益集团之间存在何种利益关系和利益博弈？他们在利益博弈中分别采用了哪些手段和策略？

（3）如何在英国基础教育改革的大背景下看待和分析其考试制度改革？英式民主制度下中等教育考试改革的决策机制和决策过程有哪些特点？

（4）中等教育考试制度及其改革对英国的中学教育有着怎样的影响？不同类型的学校如何看待和应对考试制度改革带来的影响？

---

[1] 中共中央，国务院.国家中长期教育改革和发展规划纲要（2010—2020年）[EB/OL]. http://www.gov.cn/jrzg/2010-07/29/content_1667143.htm, 2014-12-05.

[2] Kaye Wiggins. Exam boards' 'eye-watering' costs could trigger fee hikes and cuts in subjects [EB/OL]. https://www.tes.com/news/school-news/breaking-news/investigation-exam-boards-eye-watering-costs-could-trigger-fee-rise, 2016-01-12.

三、研究意义

（一）理论意义

其一，本研究深化了我国教育界对英国教育及考试制度的理论研究。国内研究界目前对英国中等教育考试的研究绝大部分属于描述性的，即对英国中等教育考试各阶段情况的介绍，缺乏对影响英国考试制度形成与变革的背后因素以及考试制度变革对学校教育教学影响的深入分析，本研究将在这方面做出一定的创新和突破。

其二，本研究拓展了利益相关者理论和利益集团理论在教育研究领域的应用。利益相关者理论和利益集团理论诞生和兴盛于美国的经济学、管理学和政治学界，随着其影响力的不断扩大，在公共政策、行政管理等研究领域得到了越来越多的运用。尽管国内外也有一些教育研究者开始用它们研究教育制度和教育政策问题，但目前此类研究成果在教育学界的数量和质量都还很有限。

其三，本研究有助于比较教育研究方法论和研究范式的探索和建设。对外国教育制度和政策进行研究，早已不再是比较教育研究者的专属领地。由于外语水平的普遍提高和国外教育信息的快速传播，如今教育学的各个领域的研究者都可以涉足这一领域。作为比较教育研究者，要想做出有深度的研究，就不能满足于对外国教育制度和政策的一般性介绍和分析，必须在借用社会科学其他领域的理论方法和研究范式的基础上，结合自己的研究主题，有创造性地建立自己的分析框架。

（二）实践意义

对英国中等教育考试制度的成功经验及其存在的问题进行深入研究，有助于我国教育界预见考试制度改革中容易出现的问题，有助于在总结试点省份实践经验的基础上进一步完善全国性的考试制度改革方案，从而使新考试制度更为科学合理。当前我国考试制度改革方案中的一些措施在某种程度上借鉴了英国教育考试制度的经验，例如高考不再分文理科，学生可以根据自己的兴趣自由选择考试科目，部分科目实行等级水平考试，增加考试机会等。但是我们也应该清醒地认识到，大多数情况下，某种特定的制度或措施都是有利有弊的，我们有必要在推动其发挥积极作用的同时，在预见和研判的基础上尽可能地限制其消极作用。

对英国教育考试制度的成功经验及其存在的问题进行深入研究，有助于增强对我国教育考试制度中正确做法的信心，避免盲目照搬他国的做法，特别是在他国其实存在很多问题的做法。例如，我国中等教育阶段究竟是否应该实行"社会化考试"（或者究竟如何实行"社会化考试"）？笔者认为，根据我国目前的国情，重大教育考试由政府负责组织实施有其合理性，在中考、高考中实行"社会化考试"应该慎之又慎。一方面，高考试点省市个别科目（目前仅外语）实施的效果和影响究竟如何，必须得到全面评估和认真分析，在此之前不宜全面推行；另一方面，"社会化考试"作为来自英美国家的"舶来品"，要想分析清楚其利弊得失，离不开对英国中等教育考试制度特别是对 GCSE 和 A-Level 这两项与我国中考和高考有类似地位和功能的考试制度的深入研究和分析。

此外，正如习近平主席于 2015 年访英期间在英国议会演讲时所指出的那样，英国是最先开始探索代议制的国家，英国议会有"议会之母"之称，中国在全面推进依法治国的进程中，既要吸收中国古代的民主法治思想，也要借鉴世界各国的有益做法。[1]本研究以 GCSE 和 A-Level 改

---

[1] 新华网.习近平英国议会演讲［EB/OL］. http://news.xinhuanet.com/world/2015-10/21/c_1116897539.htm, 2015-12-15.

革的政策制定过程为例，不仅分析了英式民主制度下英国教育决策的程序民主和权力制衡机制，还分析了各利益相关者（利益集团）是如何在法治的轨道上表达和追求自身利益诉求的。研究者相信，这部分研究内容对于我国教育决策的民主化和法治化进程也有一定的启发意义。

第二节

概念界定

一、英国中等教育

各个国家及不同的国际组织对中等教育有多种不同的定义。在我国，中等教育通常包括初中和高中两个阶段，其中初中属于义务教育阶段，高中为非义务教育阶段。英国的学制与我国不同（如图1-1所示），在英国，无论是官方部门还是教育研究界和实践界，通常不用

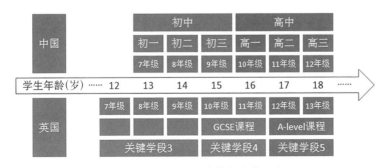

图1-1 中国与英国普通中等教育学制对照图

"初中""高中"这样的说法来划分学生的学习阶段，而是将中等教育划分为三个关键学段（key stage），其中义务教育阶段的中等教育包括第三学段（key stage 3）和第四学段（key stage 4），共5年的时间，在读学生的年龄段通常为11—16岁。

尽管英国的义务中等教育年限几乎相当于我国初中和高中年限的总和，但英国学生在义务中等教育结束后，其年龄通常只有16岁，和我国初中毕业生年龄（通常为15岁）更为接近，而且学生完成义务中等教育后并不能直接进入大学，而是需要进入第六学级（sixth form）学习第五学段（key stage 5）的课程（主要是A-Level课程）后，才能向大学提交入学申请。第六学级是英国教育体系中较具特色的一个教育阶段，它专为16—18/19岁年龄段学生提供义务教育后、高等教育前的教育。虽然这一阶段的教育在英国有时也表述为一种"延续教育"（further education），但从其教育内容和教育目的上看，其实质相当于我国中等教育的高级阶段。因此，从这个意义上，英国完全中学的12—13年级以及专门的第六学级学院（sixth form college）和部分延续教育学院（further education college）提供的第六学级教育可以被视为相当于我国的高中教育[1]。英国著名比较教育学家埃德蒙·金（Edmund King）也曾指出，在大多数情况下，英国中学的学习年限应该被视为从11岁至18岁或19岁[2]。

因此，本研究所定义的英国中等教育是指：英国国民教育序列中初等教育之后、高等教育之前的正式的学校教育，学生的正常年龄段

---

[1] 王璐，王向旭.英国普通中等教育证书（GCSE）考试现状与改革趋势研究 [J].外国中小学教育，2014（2）：59-64.

[2] 埃德蒙·金.别国的学校和我们的学校：今日比较教育 [M].王承绪，译.北京：人民教育出版社，2001：211.

为11岁至18岁或19岁，既包括义务教育阶段的中等教育，也包括非义务教育阶段的中等教育，既包括普通中等教育，也包括职业中等教育。

需要指出的是，英国提供中等教育的学校种类和名称复杂多样，按照不同的维度可以划分为不同的类别。

从办学经费来源的维度划分，英国中等教育的学校可粗略划分为公立学校（maintained school/state school）和独立学校（independent school）两大类。而公立学校按办学经费的拨付渠道、办学自主权、办学水平、招生政策等不同维度，又可划分为多种类别。例如，有的公立学校由地方政府拨款并受地方政府管理，这种学校被称为"地方当局维持的公立学校"（local authority maintained school）；有的公立学校则由中央政府直接拨款且不受地方政府管理，这类学校包括"学园式学校"（academy）[1]和"自主学校"（free school）等。

按招生规则划分，大部分公立学校需完全或主要遵循就近入学的招生原则，并因此被称为"综合学校"（comprehensive school），但也有一些公立的所谓"文法学校"（grammar school）和私立的独立学校一样，通过自行举办的入学考试和面试进行选拔性招生，因此被称为"选拔性学校"（selective school）。还有一些教会学校（faith

---

[1] 英语中的"academy"一词源自古希腊神话中的英雄"阿卡德摩"（Akādemos）。约公元前387年，希腊著名哲学家柏拉图（Plato）在传说中"阿卡德摩"的家乡创办了一所学校，并根据"阿卡德摩"的名字将学校命名为"Akademeia"，中文通常译作"柏拉图学园"，简称"学园"。英语单词"academy"便是源自柏拉图所创的"Akademeia"一词。15世纪时，"academy"在英语中还只用作专有名词，特指柏拉图所办的"学园"。到了16世纪以后，由于英国的一些学校把"academy"用到了自己的校名中，因此该单词有了新的引申义，即代指"学校"或"专科学校"。17世纪以后，该单词有了更多的引申义，也被用来指"学会"或"研究院"。目前，对于英国学校体制改革中代指特定类型中小学的"academy"一词，国内研究者通常翻译为"学院""院校"或"学院学校""学院式学校""学院类学校"。考虑到"院校"和"学院"在中文里通常指高等教育机构，上述译法会带来很多混乱和困扰，因此笔者认为从其本义出发，译为"学园式学校"更为恰当，也更符合英国英语中"academy"在代指特定类型中小学时强调其办学自主性的含义。有关"学园式学校"的详细分析见本书第三章第一节。

school/religious school）则优先录取持特定宗教信仰家庭的子女。

英国官方政策文本和公众有关教育问题的讨论中经常出现的学校类型及其特点见表1-1。

表1-1　英国中小学校的主要类型与特点

类　　别		学　校　特　点
公立学校	地方政府拨款和管理的公立学校	社区学校（community school）	地方教育当局负责教职员工的聘用，拥有校舍、校园的产权，负责学校的招生。大多数此类学校采取就近入学的原则招生。 2010年之前，英国大多数公立中小学属于此类型，但近年来，越来越多的此类学校已经转制为学园式学校。
		基金会学校（foundation school）	地方教育当局负责管理，与社区学校相比，拥有更多的办学自主权。 部分这种学校的前身是直接拨款公立学校（grant maintained school）。
		文法学校（grammar school）	由地方教育当局、基金会或信托机构负责管理。其全部或大部分学生是基于学术能力进行选拔招生的，通常通过入学考试进行选拔。 按照法律，目前英格兰仅保留有164所公立的文法学校，其中一些学校已经通过自愿转制获得了学园式学校的法律地位。
	中央政府直接拨款的公立学校	学园式学校（academy）	由中央政府直接拨付经费，不受地方教育当局管理。有较大的办学自主权。最初此类学校大多是由表现欠佳的社区学校转制而成，近年来也有不少教学质量优异的公立学校转制为学园式学校。首家这类学校于2002年开办，目前其数量已接近5 000所。
		自主学校（free School）	由中央政府直接拨付经费，不受地方教育当局管理。有较大的办学自主权。 具有学园式学校的法律地位，与一般的学园式学校不同的是，自主学校均为近年来新建的学校。首批24所自主学校创建于2011年，目前其数量已达数百所。

（续表）

类　　　别	学　校　特　点
独立学校 （independent school）	绝大部分为私立学校，学费昂贵，学校条件和教学质量优秀，学生进入名牌大学的比例远高于一般的公立学校。这类学校中的一部分即英国教育史上所谓的"公学"（public school）。

注：除表中所列类型外，其他常见的学校类型还包括宗教学校（faith school/religious school）、特殊学校（special school）、工作室学校（studio school）、大学技术学院（university technology college）、城市技术学院（city technology college）等。

二、英国中等教育考试

本研究所关注的英国中等教育考试是指普通中等教育证书（GCSE）考试和高级水平普通教育证书（A-Level）考试。这两项考试不仅是英国中等教育阶段影响最大的考试，而且目前正在经历重大改革，因此是近年来英国教育和教育考试研究界的研究热点之一。英国中等教育阶段的其他重要考试还包括第三学段的国家课程统一考试和中等职业资格证书等其他考试。不过，第三学段的国家课程统一考试已经在2010年被废止，而中等职业资格证书等其他考试的规模和社会影响力较GCSE考试和A-Level考试要小得多，因此在本研究中会有所涉及，但不是本研究的重点。

（一）普通中等教育证书（GCSE）考试

GCSE考试开始于1988年，是根据英国《1988年教育改革法》，由一般水平普通教育证书（General Certificate of Education Ordinary Level，简称O-Level）考试和普通教育证书（Certificate of Second Education，简称CSE）考试合并而来的。按照《1988年教育改革法》的规定，所有公立学校的学生在义务教育结束时都必须参加GCSE考试，由于通常情况下英国学生完成义务教育时的年龄为16岁，因此GCSE考试亦称"16岁考试"。GCSE课程及考试的目的重在评价义务教育阶段学生的学业成绩和学校教学水平，但其功能是多方面的，同时兼顾高一级学校、用人单位、教育部门及师生家长等多方需求。对教育行政部门而言，学生的GCSE考试成绩是判断学校办学质量优劣的依据。对高一级学校和用人单位而言，GCSE考试成绩是其选拔优秀人才的评价依据。对学生而言，GCSE考试成绩可以作为自己是选择学术方向还是职业方向的判断依据，学生在申请大学时通常也需要提交GCSE考试成绩。[1]

从1988年夏英国举行第一次GCSE考试至今，这项考试已经有三十余年的历史，虽然这期间也不断经历改革，但改革动作最大的是2010年卡梅伦政府执政后发起的最近一轮改革。英国教育部最初的改革计划是废除GCSE考试，建立一种新的证书体系而取代之。但该计划公布之后遭到各方的强烈反对，教育部考虑各方意见后做出了妥协，继而决定在保留GCSE考试的前提下对其进行全面改革。改革政策主要包括：

（1）新的GCSE英语和数学课程从2015年9月开始使用，其他主要科目的课程于2016年和2017年分批开始使用；（2）英语和数学的新GCSE考试从2017年开始实施，其他科目的新GCSE考试从2018年和2019年分批开始实施；（3）从2014年开始，逐步取消分模块零散考试，所有的考试都改为在课程结束时进行终期考试；2017年以后的新GCSE考试全部实行终期性考试；（4）数学和英语在每年的11月有一

---

[1] 王璐, 王向旭.英国普通中等教育证书（GCSE）考试现状与改革趋势研究 [J].外国中小学教育, 2014（4）：59—64.

次重考机会，但仅限当年8月31日年龄达到16岁及以上的考生参加，除此之外的所有科目都只在每年的夏季举行一次；(5)考试将作为评价的默认方式，只有在考试无法有效评价学生技能的时候才会采用非考试的评价方法，课程作业（course work）和控制性评价（controlled assessment）在学生最终成绩中所占的比例被大幅降低；(6)新的GCSE考试成绩的等级将以阿拉伯数字1至9级取代现行的字母G—A*级，最高等级为9，最低等级为1。

（二）高级水平普通教育证书（A-Level）考试

A-Level证书是一种两年制义务后教育证书，学生通常的就学年龄是16—18岁，这一阶段的学校教育在英国被称为第五学段和第六学级。在英国高校招收大学新生的录取规则中，入学申请者已获得的或即将获得的A-Level证书的数量、科目、等级是非常重要的考虑因素。

A-Level考试始于1951年，当时的英国"中等学校考试委员会"将"16岁考试"和"18岁考试"所颁发的证书分别命名为一般水平普通教育证书（O-Level）和高级水平普通教育证书（A-Level）。自1951年以来，尽管A-Level考试的名称和主要功能并未发生变化，但其组织管理、考试内容、评价方式等方面经历了多次改革。

本轮改革之前的A-Level课程和考试是以英国2000年课程改革为依据的，课程通常被分为两个阶段，4个或6个模块，第一学年的2—3个模块为AS阶段，第二学年的2—3个模块为A2阶段。学生通过某一学科的AS阶段的课程和考试后可获得AS证书，通过A2阶段的课程和考试后才可获得完整的A-Level证书，A2阶段没有单独的证书。也就是说，A-Level的成绩是由AS阶段和A2阶段的成绩共同构成的。A-Level证书的考试主要采取笔试方式，不过有些学科则包含了学生的作业或实验操作等平时成绩。学生的考试成绩被分为A*、A、B、C、D、E、U共七个等级，A*的等级最高，E为通过，U代表未通过。大多数参加考试的学生都能获得E以上等级的证书。以2011年为例，所有参加考试的考生中，有97.8%的考生通过了考试，即获得了E以上等级的证书。通过率如此之高主要有两个原因：其一，按照原来的规则，A-Level课程实行的是模块化考试，学生有机会对未通过的模块进行多次重考；其二，当学生感觉自己某门科目最终可能通不过时，他们可能主动放弃该科目的考试。除此之外，如果学生或学校认为学生的考试成绩有问题，还可以提起"申诉"（appeal），申请检查试卷的判分和计分，甚至要求重新判卷。由于学生的考试成绩不仅对自己的大学申请至关重要，而且和教师及学校的绩效考核直接相关，因此每年A-Level考试成绩公布以后，都有不少学生通过教师和学校提出申诉。

英国不同大学、不同专业在招生时对A-Level的成绩要求各有不同，一般的英国大学通常要求学生3门A-Level课程均应达到C及以上的等级，牛津、剑桥等名牌大学则通常要求学生的3门A-Level课程达到AAB甚至AAA及以上的等级。

2010年卡梅伦政府执政以后对A-Level考试发起了新一轮的改革。改革的最大变化是将AS从A-Level中独立出去，成为一种独立的证书。独立后的AS成绩也不再计入A-Level成绩（如图1-2所示）。

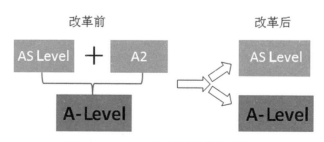

图1-2　A-Level考试制度改革前后对比

其他改革内容还包括：取消模块化考试，实行终期性考试，即学生只有学完全部课程后才能参加考试（A-Level课程为2年，AS课程为1—2年）；取消每年1月份的考试，包括数学和英语在内的所有科目的AS和A-Level考试只在每年的6月举行一次（见表1-2）。

表1-2　A-Level考试改革前后的特点

	改 革 前	改 革 后
考试方式	每门课一般分为4—6个模块或单元。在两年的学习期间，学生共有四次考试机会把所学内容分模块考完。	从2013年9月入学的学生开始，只有在完成两年的A-Level课程后才能参加考试。
考试时间	每年的1月及6月各有一次考试。	每年仅在6月有一次考试。
平时成绩	多数课程都有平时成绩，包括课程作业的成绩和任课教师组织的"控制性评价"成绩。	多数课程不再计算平时成绩或尽可能地减少平时成绩及"控制性评价"所占比重。

除上述已经确定的改革方案外，政府还曾计划改革同一门科目的GCSE或A-Level课程可由多个考试机构组织和实施的状况，以减少或消除考试机构之间过度竞争带来的负面影响，例如各个考试机构为了占领更多市场份额，争相降低课程和考试的难度，导致GCSE和A-Level证书贬值、社会信誉下降等。政府的计划包括建立单一的国有考试机构，负责所有课程与考试的开发和提供，或者保留多家考试机构，但在考试监管机构的管理下，通过竞标决定由哪家考试机构独家负责某一特定科目的课程与考试。尽管由于各方面的因素，在最终的考试改革方案中，这一改革计划并未实施，但政府也没有完全放弃在未来时机更为成熟时继续推进这项改革的可能性。

此外，需要特别指出的是：由于AS从A-Level中分离出去成为一种独立证书的改革目前刚刚起步，因此即便是在改革政策确定后所发表的各类英文文献中，为了行文简洁和表述方便起见，英国社会各界在谈及A-Level考试制度改革时，其所指称的A-Level考试制度通常是包括AS考试制度在内的。本研究在行文中同样如此，即只有在特定语境和有必要予以区分的情况下，才将AS和A-Level作为两种考试制度分别表述。

三、制度

1999年版《辞海》对"制度"的定义是，"要求成员共同遵守的、按一定程序办事的规程或行动准则，如工作制度、学习制度"，或"在一定的历史条件下形成的政治、经济、文化等各方面的体系，如社会主义制度"[1]。2000年版《现代汉语大词典》中"制度"的定义是，"指在一定历史条件下形成的法令、礼俗等规范"[2]。

在本研究中，笔者从相对广义的层面界定"制度"这一概念，将其界定为有关英国GCSE和A-Level考试的"各种正式的和非正式的规则"。具体而言，本研究中的英国中等教育考试制度，其中既包括各种有关GCSE和A-Level的正式制度，如英国教育部和考试监管机构颁布的有关GCSE和A-Level改革的政策规定和规则，各考试机构发布的相关规定和规则，也包括非正式制度，如学校教育活动及师生教学行为中与GCSE和A-Level考试有关的行为规范和惯例等。

在英文中，有两个单词常被翻译成中文的"制度"，一个是"institution"，另一个是"system"。这两个单词除了"制度"的含义

---

[1] 辞海编委会.辞海［M］.上海：上海辞书出版社，1999：523.
[2] 现代汉语大词典编委会.现代汉语大词典［M］.上海：汉语大词典出版社，2000：246.

外，在不同的语境中都还有其他的含义和中文译法。如"institution"不仅包含有中文的习惯、风俗、传统、社会规范、法律、法规、制度、建制等意义，而且包含有中文的机构、组织、会、社、院、知名人士、著名人物等含义[1]。而"system"除了"制度"外，还可译为"体系""体制""系统"等。

从上述两个英文单词的词义区别看，本研究的"制度"对应的是英文中的"system"而非"institution"。在英文文献中，GCSE和A-Level的课程与考试制度常常被表述为"GCSE examination system""A-Level examination system"或"GCSE system""A-Level system"，在前后语境一致，不会引起歧义的情况下，也常被笼统地称为"exam system"。其含义实际上涵盖了有关GCSE和A-Level这两项证书课程与考试的方方面面，包括课程设置、课程内容、考试时间安排、考试方式、试卷评定、证书颁发、考试机构、考试监管等。

第三节

已有研究回顾

为了对国内外已有的相关研究成果进行较为全面的回顾，笔

---

[1] 肖兴安.中国高校人事制度变迁研究［D］.武汉：华中科技大学，2012：5.

者使用了多种类型的文献检索途径。纸质文献（尤其是专著类文献和部分不公开的学位论文）的检索和获取主要是通过北京师范大学图书馆、中国国家图书馆、英国萨塞克斯大学图书馆、大英图书馆等图书馆的馆藏资源。电子文献（尤其是期刊论文和大部分学位论文）则主要是依靠"中国知网""万方""维普""web of sicence""google scholar""JSTOR""Taylor & Francis""EBSCO"等数据库进行检索和获取，当然也有不少文献的检索使用了各种跨库检索工具。

需要指出的是，由于不同检索工具或数据库的检索条件设置有所差异，再加上本研究的研究主题在中英文文献中的表述非常多样，因此文献的检索并非一次或短时间内就能完成，而需要在各个检索工具和数据库中进行多次检索，并且常常需要根据初步检索结果对关键词和检索条件进行不断的组合、调整和变换。例如，中文所谓的"英国"在进行学术文献检索时，其所对应的英文就必须把"England""UK""Britain"三个关键词全部考虑在内，中文所谓的"考试"所对应的英文则需要把"exam""examination""test""assessment"等单词都考虑在内，"中等教育考试"的相关检索也必须把"普通中等教育证书""高级水平普通教育证书""GCSE""A-Level""secondary school examination""secondary education""general certificate"等关键词都考虑在内。事实上，很多重要的文献特别是英文文献是通过不同的检索工具、不同的数据库，以不同的关键词组合，在不同的检索条件设定下才得以检索到的，还有一些文献则是在已获取的文章著作的参考文献和引注中得以发现，然后再在特定数据库中有针对性地检索而得到的。

通过上述方法，在对中英文相关文献进行检索、获取、阅读和分析的基础上，笔者将国内外现有的有关英国中等教育考试制度的研究成果概括为以下几类。

一、英国教育和比较教育著作中有关英国考试制度的介绍

有关英国教育和比较教育的专著通常都会涉及英国的中等教育考试制度。如英国学者邓特（Harold Collett Dent）的《英国教育》、奥尔德里奇（Richard Aldrich）的《简明英国教育史》，中国台湾学者李奉儒的《英国教育：政策与制度》等，都对英国不同时期的中等教育考试制度进行了概括性的介绍。2000年出版的由顾明远任主编，王承绪任分卷主编的《世界教育大系：英国分卷》从英国教育历史发展的角度对英国教育考试制度进行了较为细致的阐述[1]。2003年出版的祝怀新的《英国基础教育》在第四、五章分别以"质量保障：考试制度的改革与发展""通往高等教育的桥梁：独特的第六学级教育模式"为题，对英国基础教育考试制度的沿革、当时英国学生的学业成绩状况及课程考试目标、第六学级的课程与考试等问题进行了介绍[2]。此外，我国比较教育学者所著的多本比较教育专著，都在有关英国基础教育的部分对英国的考试制度做了简要的介绍。如王英杰主编的《比较教育》（1999），吴文侃、杨汉青主编的《比较教育学》（1999），强海燕的《中、美、加、英四国基础教育研究》（2001），王承绪、顾明远主编的《比较教育》（2012）等。不过，这些著作并非以考试制度为研究重点，大都只对2000年以前的英国中等教育考试制度有简要的概括和介绍。

---

[1] 顾明远，梁忠义.世界教育大系：英国教育［M］.长春：吉林教育出版社，2000.
[2] 祝怀新.英国基础教育［M］.广州：广东教育出版社，2003.

二、有关英国中等教育考试制度形成与历史变迁的研究

英国学者福勒（Fowler）在其1959年发表的《普通证书的来源》（*The Origin of the General Certificate*）一文中指出，英国的普通教育证书（GCE）起源于1858年牛津大学地方考试委员会成立后首次面向大学之外的学生所进行的考试，并重点描述和分析了弗雷德里克·坦普尔（Frederick Temple）和托马斯·阿克兰（Thomas Acland）在考试制度建立过程中所发挥的重要作用，指出坦普尔和阿克兰最初的期望是说服英国官方建立公共考试制度，但两人对官方的游说未能取得成功，之后两人才将努力的目标转向了牛津大学和剑桥大学，并得到了两所大学的积极回应，从而使大学主导的公共考试制度在19世纪中期得以产生[1]。福勒的研究揭示了英国中等教育考试制度起源阶段不为人所注意的细节问题，对于我们理解为什么英国中等教育考试制度源于大学主导的公共考试非常有帮助。罗伯特·约翰·蒙哥马利（Robert John Montgomery）于1965年出版的专著《考试：作为一种行政机制在英格兰的演变》（*Examinations：An Account of Their Evolution as Administrative Devices in England*）从考试制度作为行政管理机制的视角，分析了考试制度的演变发展史，讨论了考试作为选拔和等级评定的工具的有效性，以及考试制度对政府、大学、雇主、中学、家长等利益相关者的影响，指出当时的考试制度在英国社会中发挥重要作用的同时，也有其一定的局限性。蒙哥马利的研究在一定程度上关注到了考试制度的核心利益

---

[1] Fowler, W.S. The Origin of the General Certificate [J]. British Journal of Educational Studies, 1959, 7(2): 140—148.

相关者对于考试制度有着不同的利益诉求，并揭示出考试制度对于某些特定政策的实施或某种社会结构的产生和维系发挥着重要作用。不过蒙哥马利所研究的考试制度涉及的范围较广，既包括中等教育阶段的公共考试制度，也包括大学入学考试、职业技术考试和公务员考试等其他考试制度[1]。乔·莫提摩尔（Jo Mortimore）等人于1984年出版的专著《中等学校考试：有用的仆人，而非专横的主人》（*Secondary School Examinations：'The Helpful Servants, Not the Dominating Master'*）论述了中等学校考试制度的演变过程，讨论了当时考试制度的优缺点，并对考试制度的改革进行了分析[2]。威利斯·理查德（Willis Richard）2014年出版的专著《考试时代：1850年以来英格兰职业、公务员及中等考试的历史》（*Testing Times：A History of Vocational, Civil Service and Secondary Examinations in England since 1850*）研究了自维多利亚时代以来英国主要考试机构所提供的公共考试。理查德指出，考试机构所提供的考试在19世纪和如今一样饱受争议，并对当前政府推动的考试改革所引发的争议进行了分析，涉及的问题包括分数膨胀、如何对待平时成绩以及考试制度技术层面的变革等。理查德对考试制度的研究关注到了英国教育政策的背景以及国际教育大背景，并将其视为理解和分析考试制度变革的重要基础，该研究的分析资料来源非常广泛，包括英国国家档案馆和伦敦大都会档案馆的诸多档案，关注了皇家艺术学会、伦敦商会、伦敦城市行业协会、伦敦大学等多个机构在考试制度发

---

[1] Montgomery, R.J. Examinations: An Account of Their Evolution as Administrative Devices in England [M]. London: Longmans, Green & CO., LTD, 1965.

[2] Jo Mortimore. Secondary School Examinations: 'The Helpful Servants, Not the Dominating Master' [M]. London: Institute of Education, University of London, 1984.

展中所发挥的重要作用；梳理和分析了GCSE、O-Level、A-Level
和NVQ等各种证书和考试制度[1]。

国内学者对英国中等教育考试制度历史变迁的研究以王立科的
《英国高校招生考试制度研究》（2008）最为详细，该书第二章专门论
述了英国大学招生考试制度的形成和发展演变，从高校招生考试制度
的角度研究了牛津大学和剑桥大学与英国选拔性考试的起源、文官录
用制度改革与选拔性考试制度的强化、大学入学考试的兴衰、证书型
高校招生考试制度的形成[2]。韩家勋和孙玲主编的《中等教育考试制度
比较研究》（1998）对主要发达国家的中等教育考试制度进行了专门
的比较研究，其中以专门的章节概述了英国中等教育考试制度的历史
发展[3]。同样由韩家勋主编的《教育考试评价制度比较研究》（2010）
可视为对其上一本著作的补充和修订，其中英国部分的内容增加了对
20世纪末至21世纪初英国中等教育考试制度改革与发展的梳理和介
绍[4]。此外，国内部分以英国考试制度为研究主题的学位论文也通常会
对英国中等教育考试制度的历史变迁进行梳理和总结，其中较具代表
性的有陈颖斐的硕士学位论文《英国14—19岁普通教育考试制度研
究》，作者在论文的第一章将英国14—19岁普通教育考试制度的历史
发展概括为四个阶段，分别是起步阶段（19世纪至20世纪30年代）、
形成阶段（20世纪30年代至80年代）、发展阶段（20世纪80年代至
21世纪）、深入改革阶段（21世纪至今）[5]。

---

[1] Richard, W. Testing Times: A History of Vocational, Civil Service and Secondary Examinations in England since 1850 [M]. Rotterdam: Springer Science & Business Media, 2014.

[2] 王立科.英国高校招生考试制度研究 [M].武汉：华中师范大学出版，2008：60—113.

[3] 韩家勋，孙玲.中等教育考试制度比较研究 [M].北京：人民教育出版社，1998：1—52.

[4] 韩家勋.教育考试评价制度比较研究 [M].北京：人民教育出版社，2010：21—64.

[5] 陈颖斐.英国14—19岁普通教育考试制度研究 [D].南京：南京师范大学，2009：14—21.

三、有关英国中等教育考试制度各个时期状况与特点的研究

国内有关英国中等教育考试制度的研究大多属于此类。如周月俊的硕士学位论文《英国中等教育普通证书考试及特点研究》分析了英国GCSE证书的功能、作用和定位，从管理机构、试卷编制、考试课程、考试形式和成绩认定等方面介绍了英国GCSE考试的实施，提出英国的GCSE考试具有考试功能多样化、考试时间安排合理、考试科目设置多元化、考试形式灵活多样、评价方式人性化、成绩认定等级化等特点，认为英国的GCSE考试相当于我国的高中毕业会考，其特点对于我国的中等教育考试体制和高中毕业会考改革有启示作用[1]。蔡晨辰的硕士学位论文《英国14—19岁年龄段课程和资格证书改革研究》重点分析了2003—2005年14—19岁课程和资格证书改革的背景、原因、改革目标、内容和特点，以及对我国的借鉴和启示意义[2]。陈颖斐的硕士学位论文《英国14—19岁普通教育考试制度研究》在回顾GCSE和A-Level考试制度历史变迁和历次改革的基础上，对当时GCSE和A-Level考试制度的标准、功能、实施和管理进行了梳理和分析，归纳了英国GCSE和A-Level考试制度的特点及存在的问题，提出了值得我国借鉴和思考的几点启示[3]。国内学术期刊所发表的有关英国中等教育考试制度的论文也大多属于此类，例如，张文军的《英国14—19岁普通教育考试制度与高校入学机制的关系研究》研究了英国14—19岁阶段普通教育考试制度及其与高校入学机制的关系，分析

---

[1] 周月俊.英国中等教育普通证书考试及特点研究［D］.重庆：西南大学，2009.
[2] 蔡晨辰.英国14—19岁年龄段课程和资格证书改革研究［D］.兰州：西北师范大学，2006.
[3] 陈颖斐.英国14—19岁普通教育考试制度研究［D］.南京：南京师范大学，2009：22—58.

了其以资格证书为基础的考试制度的特点、经验和问题，以及对我国普通高中考试制度改革和高校入学机制改革的借鉴意义[1]。朱臻的《浅析英国A-Level考试的历史及现状》对A-Level考试的作用及影响、发展及变革、考试机构及其监管、课程及学科科目、考试命题及评价、考试的缺点及受到的批评等问题进行了分析[2]。

中文专著方面，韩家勋主编的《中等教育考试制度比较研究》和《教育考试评价制度比较研究》较为详细地描述了GCSE、GCE A-Level和GCE AS-Level考试的特点和当时的改革趋势[3]。王立科的《英国高校招生考试制度研究》对GCSE和A-Level证书和考试的特点进行了详细的梳理和分析，并重点分析了作为大学招生考试的A-Level证书及其考试的特色、问题和发展趋势。该书是目前国内对英国中等教育考试制度研究最详细最深入的专著，除了文献研究之外，还对六所中学进行了问卷调查和深入访谈。不过王立科的研究主要关注的是A-Level考试，对GCSE考试着墨较少，其研究从高校招生的视角出发，运用布迪厄（Pierre Bourdieu）的文化资本、惯习和场域等理论，分析影响英国高等教育机会与选择的因素，考察英国高校招生考试制度的公平性等[4]。

四、对英国中等教育考试制度的批判性研究

对英国中等教育考试制度的批判性研究主要以英国本土学者的研究为主，例如：威廉·理查森（William Richardson）的《教育公

[1] 张文军.英国14—19岁普通教育考试制度与高校入学机制的关系研究[J].比较教育研究，2004（7）：47—51.
[2] 朱臻.浅析英国A-Level考试的历史及现状[J].现代基础教育研究，2012（5）：68—76.
[3] 韩家勋，孙玲.中等教育考试制度比较研究[M].北京：人民教育出版社，1998：1—52.
[4] 王立科.英国高校招生考试制度研究[M].武汉：华中师范大学出版社，2008.

共政策的失败：以2000—2002年及1975年以来的英国考试危机为视角》（*Public Policy Failure and Fiasco in Education：Perspectives on the British Examinations Crises of 2000—2002 and Other Episodes since 1975s*）对2002年之前有关的教育白皮书和教育政策进行了解读和批判，重点分析了2000—2002年英格兰和苏格兰所发生的考试危机以及产生这种危机的政策根源[1]。英国独立学校校长联合会在2012年发布的报告《英格兰的"考试产业"：恶化与衰败》（England's 'Examinations Industry'：Deterioration and Decay）中，对联合政府发起的新一轮考试改革的大方向给予了肯定和支持，并通过对2007—2012年间GCSE和A-Level考试相关情况的分析，提出GCSE和A-Level考试在评分、等级认定、申诉及分数重判机制等方面均存在严重的问题，主张GCSE和A-Level不仅需要进行改革，而且改革必须是全面的、深入的，并从根本性的问题入手[2]。由于大多数中国学者对英国中等教育考试制度的研究是出于为中国考试制度改革寻求经验和启示的目的，因此研究者通常倾向于概括和总结英国考试制度的"优点"和"特色"，对英国考试制度存在的问题常常轻描淡写、一笔带过甚至只字不提，从而造成国内对英国考试制度的大多数研究缺乏对其利弊得失的全面分析，以批判性视角研究英国考试制度的研究成果更是凤毛麟角。较有代表性的论文有吴慧平的《英国中等教育考试体制之积弊及革新》，该文指出，英国的中等教育考试制度，包括GCSE考试和A-Level考试，虽然曾被视为检验英国中等教育质量的黄金标

---

[1] Richardson, W. Public Policy Failure and Fiasco in Education: Perspectives on the British Examinations crises of 2000—2002 and other episodes since 1975s [J]. Oxford Review of Education, 2007, 33(2): 143—160.

[2] HMC. England's 'examinations industry'：deterioration and decay [EB/OL]. http://www.hmc.org.uk/wp-content/uploads/2012/09/HMC-Report-on-English-Exams-9-12-v-13.pdf, 2015-01-02.

准，但现在却面临种种问题和批评，包括考试标准不断降低，分数膨胀引发的证书贬值，考试导致学校教学的应试倾向，考试时间零散，不利于学生系统学习知识，考试机构为了保持竞争优势对中学教师进行不适当的考试培训等。该研究还分析和预测了英国教育部和考试监管部门的应对措施，以及未来可能的改革走向[1]。

五、有关2010年以来GCSE和A-Level考试制度改革的研究

尽管近些年来英国社会各界对GCSE和A-Level考试制度需要加以改革有一定的共识，但对于如何改革，却有各种不同的立场和意见。对于卡梅伦政府2010年执政后发起的教育改革包括考试制度改革，英国社会各界褒贬不一，而前教育大臣迈克尔·戈夫（Michael Gove）力推的中等教育考试制度改革方案或计划更可谓一波三折、毁誉参半。持不同立场的学者对英国此轮考试改革的合理性和必要性有各自不同的观点和评价，其观点和立场大致可分为政府改革计划的支持者和反对者两大类。

支持者的代表之一，英国学者安东尼·凯利（Anthony Kelly）在其论文《英格兰考试机构制度的单一化：一个支持改革的理论视角》（*Monopolising the Examining Board System in England：A Theoretical Perspective in Support of Reform*）中，对英国这种多家考试机构共存并互相竞争的制度是否真的具有人们所认为的优点提出了质疑，研究结论支持了政府对多家考试机构并存所导致的不利局面进行改革的计划，尽管这一计划当时已经被政府暂时放弃。凯利指出，教育考试不

---

[1] 吴慧平.英国中等教育考试体制之积弊及革新 [J].外国中小学教育，2012（10）：1—4.

同于市场经济中的其他产品，教育考试是一个根本不存在自由竞争基础的领域，就英国的实际情况而言，多个考试机构之间的竞争所带来的弊端远大于益处。凯利在其研究中还通过数学模型计算出，对教育考试而言，一家考试机构独家负责更具合理性[1]。反对者的代表之一，英国学者沃里克·曼塞尔（Warwick Mansell）则认为，当前的教育改革例如考试制度的改革过于急躁冒进，改革者的出发点并非如其所宣称的那样是为了提高教育质量，而是出于政治和政绩的考虑[2]。

国内也有一些学者对这一阶段的英国中等教育考试改革情况进行了介绍和分析，如相岚的《新世纪英国中等教育普通证书考试改革》通过对21世纪英国政府重要教育报告的分析，概括了英国政府改革GCSE考试制度的主要措施，以及这些措施对我国普通高中会考改革的启示[3]。王璐和王向旭的《英国普通中等教育证书（GCSE）考试现状与改革趋势研究》指出，英国政府目前正在对GCSE考试制度进行重大改革，并分析了改革的原因和政策措施[4]。阚阅和詹岳姗的《英国普通中等教育证书考试改革探略》指出，由于GCSE考试逐步暴露出考试组织、课程安排、评价方式和考试成绩等多方面问题，为进一步提升英国中等教育质量，增强中等教育的适切性，推进教育公平，以及延长义务教育年限，英国政府目前正在对该考试制度进行改革，改革所反映出来的价值取向和策略方法等问题值得借鉴

---

[1] Kelly, A. Monopolising the Examining Board System in England: A Theoretical Perspective in Support of Reform [J]. Journal of Education Policy, 2014, 29(1): 44—57.

[2] Warwick, M. A Race to the Bottom? No Country is Pursuing Education Reform with Such Speed and Breadth as England. Is This Because of Stagnant Achievement or Politics? [J]. Phi Delta Kappan, 2012(12): 76—78.

[3] 相岚.新世纪英国中等教育普通证书考试改革 [J].基础教育，2011（10）：121—127.

[4] 王璐，王向旭.英国普通中等教育证书（GCSE）考试现状与改革趋势研究 [J].外国中小学教育，2014（4）：59—64.

和反思[1]。此类研究还有杨光富的《英国普通中等教育证书考试改革蓝图》，王梦洁、夏惠贤的《论英国普通中等教育证书及对我国中考改革的启示》等。

六、有关中等教育考试制度对英国教育和社会影响的研究

关于考试制度及其改革对教育和社会的影响，英国学者通常通过实证研究予以分析，研究关注的主题也各种各样，有关注性别差异的，有关注种族差异的，也有关注区域差异和校际差异的。例如，在性别差异方面，迈克·扬格（Mike Younger）在《提高中学男生的成绩：问题、困境和机会》（*Raising Boys' Achievements in Secondary Schools：Issues, Dilemmas and Opportunities*）一书中研究了中学生学业成就中长期存在的性别差异问题，对多年来中学男女学生的GCSE和A-Level考试成绩数据进行了对比分析，探讨了政府和学校为此所采取的措施以及这些措施所取得的效果[2]。在种族差异方面，菲伊萨·迪迈（Feyisa Demie）的《教育成就中的种族和性别差异及其对学校改进策略的启示》（*Ethnic and Gender Differences in Educational Achievement and Implications for School Improvement Strategies*）通过对部分公立学校学生GCSE成绩的量化和实证研究，统计分析了学生成绩的性别和种族差异，研究发现，少数种族学生并不一定意味着成绩低下，印度裔和中国裔学生的成绩反而高于英国白人学生的平均水平，加勒比裔、葡萄牙裔、非洲裔学生的成绩则低于平均水平。影响学生成绩表现的因素非常复杂，并不像人们想象的那样单一，因此学

---

[1] 阚阅，詹岳姗.英国普通中等教育证书考试改革探略［J］.比较教育研究，2014（4）：24—30.

[2] Younger, M. Raising Boys' Achievements in Secondary Schools: Issues, Dilemmas and Opportunities［M］. Open University Press, 2005.

校改进的策略必须具体情况具体分析[1]。在校际差异方面,哈维·格斯德（Harvey Goldstein）等人通过实证研究发现，小学阶段成绩表现优秀的学生在中学阶段同样表现优秀，并指出政府对中学的绩效评估以及对各个中学的评价应考虑到其生源质量即学生学习起点不同所造成的影响[2]。此外，也有不少研究者从教育管理的层面探讨了绩效问责制度、考试制度与学校教育教学的关系问题。如：肖（I. Shaw）等人的《教育标准局对中等学校的视察能够改善学校的GCSE成绩？》（*Do OFSTED Inspections of Secondary Schools Make a Difference to GCSE Results?*）从分析教育督导成效的视角出发，针对英国教育标准局1992—1997年期间督导过的3 000所中等学校，分析了这些学校学生的GCSE考试成绩，探讨了学生GCSE考试成绩、教育标准局的督导与学校质量改进之间的关系[3]。

国内研究者有关英国教育考试制度对教育和社会影响的研究较少，主要散见于有关英国私立学校、择校制度、校际差异、教育公平等主题的研究中，如易红郡的《英国中等教育的市场化改革》，刘怡、王敬的《英国的学校间竞争：十年的经验》，郑春生的《英国、美国、日本择校制度比较分析》，李锐利的《从失败走向成功——英国改进薄弱学校的措施对我国的启示》等。在有关英国教育考试制度的专门研究中，陈颖斐的《英国14—19岁普通教育考试制度研究》在第三章总结了英国14—19岁普通教育考试制度所引起的社会效应，认为

[1] Demie, F. Ethnic and Gender Differences in Educational Achievement and Implications for School Improvement Strategies [J]. Educational Research, 2001, 43(1): 91—106.

[2] Goldstein, H., Sammons, P. The Influence of Secondary and Junior Schools on Sixteen Year Examination Performance: A Cross-classified Multilevel Analysis [J]. School Effectiveness and School Improvement, 1997, 8(2): 219—230.

[3] Shaw, I. Do OFSTED Inspections of Secondary Schools Make a Difference to GCSE Results? [J]. British Educational Research Journal, 2003, 29(1): 63.

2000年的课程改革使英国中等教育考试制度增加了学生的入学机会与选择余地，提高了学生的学业成就，促进了职业教育与学术教育的融合，社会认可度较高，但受到的质疑也有所增长[1]。

七、有关"社会化考试"及考试机构"社会化"问题的研究

首先需要指出的是，无论是"社会化考试"还是考试机构的"社会化"，都是中国教育界在中文语境下使用的概念，虽然英国的中等教育考试常被我国教育研究界和政策制定者视为"社会化考试"，但事实上，英文中并没有这样一个对应的指称英国教育考试制度特点的词汇。尽管英国人在谈论有关考试机构的问题时常常会涉及考试机构作为"非政府机构"的特点，但他们很少使用类似"社会化"（socialized/socializing）这样的词汇。因此，研究英国"社会化考试"和考试机构"社会化"的文献均出自中文文献，此类研究的共同之处在于将英国这种由非官方的考试机构负责开发和提供GCSE、A-Level课程与考试的模式视为"社会化考试"的典型代表，并主张我国进行学习和借鉴。例如，葛大汇在《"退出高考"以市场治理市场——论在考试行政中政府应该做什么并且怎么做》一文中提出，高考就是一个"市场"，政府应该退出高考，施行社会化考试制度并培育中介性的考试专业机构，以市场治理市场[2]。沈小姣在《教育考试机构中介化研究》中对英、美两国教育考试中介机构的特点和社会影响力进行

---

[1] 陈颖斐.英国14—19岁普通教育考试制度研究［D］.南京：南京师范大学，2009：41—50.
[2] 葛大汇."退出高考"以市场治理市场——论在考试行政中政府应该做什么并且怎么做［J］.考试研究，2005（3）：11—21.

了分析,认为对我国教育考试中介机构的建立很有启示作用[1]。提出类似主张的研究还包括彭春生的《高校招生考试改革构想》,陆建明的《教育考试机构管理体制的比较与改革方向述评》,唐蓉的《关于考试产业化的几点思考》,欧颖的《对高考社会化考试改革若干问题的思考》等。

不过近年来,有少数研究者开始注意到"社会化考试"是一柄双刃剑,提出"社会化考试"有弊有利,我国的"社会化考试"改革有可能面临政策风险,主张对"社会化考试"制度本身或我国即将开展的试点工作进行深入研究和全面评估,对中考、高考全面推行"社会化考试"应持谨慎态度。此类研究有王蔷的《英语社会化考试的利弊分析与思考》,郭中凯的《"英语社会化考试"潜在风险规避机制探究——以北京市英语高考改革方案为例》,刘京京的《高考英语社会化考试的可行性及实施策略——基于SWOT视角的分析》,王向旭的《英国中等教育证书社会化考试研究》等。

综上所述,笔者认为,从现有的国内外研究来看,国内学者对英国中等教育考试制度及其改革有一定的研究,但总体而言存在以下几个不足之处:

第一,大多数研究偏重于对考试制度不同时期现状和特点的介绍和描述,缺乏一定理论视角下的既具有历史纵深又具有现实关切的深入分析,很少有研究者关注考试制度改革中的利益相关者及他们之间的利益关系和利益博弈。

第二,对英国中等教育考试制度的优缺点缺乏全面分析,部分研究对英国教育考试制度的描述介绍不够准确,不少所谓的"启示"或

---

[1] 沈小姣.教育考试机构中介化研究 [D].武汉:华中师范大学,2011.

政策建议有牵强附会之嫌。

第三，有关英国中等教育考试制度及其变革对中学教育教学具体影响的实地调研和经验研究比较匮乏。

相比之下，英国本土学者的研究比较全面，对英国中等教育考试制度的形成与演变、改革与发展、现行制度的优缺点都有较为全面和丰富的研究。不过对于最近几年的中等教育考试制度改革，由于相关政策措施的实施效果还需要数年时间才能得以全面显现，再加上英国学者的研究通常以实证研究为主，学术文章的撰写和发表周期较长，因此英国学者的相关研究相对而言也处于初始阶段。

第二章

英国中等教育考试制度及其
利益相关者

理想状态下，一个好的中等教育考试制度应该能够同时兼顾多种利益诉求，例如，既能促进全体学生身心健康全面发展，又能促进学校教育教学质量的提高，同时，考试本身还具有公正性和良好的信度、效度和区分度[1]。但是在现实社会中，我们可以发现任何国家的任何一种中等教育考试制度都很难完美地同时满足各方的利益诉求。不同国家在不同历史时期所推行的教育考试制度，往往表现出对考试制度所要达成的目标的特定理解和诠释，其背后隐藏的逻辑则是对特定利益相关者诉求的优先满足。英国中等教育考试制度形成与变迁的历史过程，伴随着各类利益相关者影响力的此消彼长，不同的利益诉求时而平衡时而失衡，共同推动着中等教育考试制度的变迁。

第一节

英国中等教育考试制度的形成与历史变迁

按照联合国教科文组织教育政策学专家约翰·基夫斯（John P. Keeves）的观点，各国考试机构的建立通常有三种模式："第一种，考试机构作为政府的行政机构而建立，它负责它所管辖地区的教育；第二种，考试机构由那些考试结果的主要使用者所建立，这些使用者通常是高等

---

[1] 王向旭.英国中等教育证书社会化考试研究［J］.外国中小学教育，2014（12）：5—10.

院校，……在这种情况下，选择功能占据主导地位；第三种，考试过程中所有各方，包括教师、教育管理者、工作人员、高等教育院校、政府以及各种委员会都是'利益相关者'（stakeholders），他们充分而又平等地在考试机构的董事会中占有自己的一席之地，这就有助于使各方的利益与需要在考试的设计与计划中都得到考虑。"[1]从历史发展的轨迹来看，英国中等教育考试机构的产生起源于第二种模式[2]，之后政府逐渐介入并不断加强干预和监管，并在各方博弈的过程中逐渐向第三种模式过渡。

一、大学与行会主导时期（19世纪中期至20世纪初）

（一）教育发展背景

19世纪以前，英国的基础教育称得上是"学在民间"，即学校几乎都是由宗教或慈善团体创办和管理的。尽管19世纪上半叶英国国会开始了对基础教育事务的领导和管理，并于1839年成立了最早的中央教育机构——枢密院教育委员会（Committee of the Privy Council on Education），但其职责只是控制中央调拨经费的使用，并不涉足考试和学校教育的其他具体事务。[3]

1870年英国国会首次颁布了《初等教育法》（Elementary Education Act），要求每个学区都必须有足够数量的公立学校，目标是通过建立足够数量的学校，使所有5—13岁的儿童都能接受教育。尽管当时的儿童入学率仅40%左右[4]，但这部《初等教育法》为英国国民教育制度奠定了基础。此后，1880年修订的《初等教育法》使公立初等教

---

[1] [以] 英博（D.E. Inbar），等.教育政策基础 [M].史明洁，等，译.北京：教育科学出版社，2003：293—294.
[2] 此处指英格兰地区，威尔士地区的中等教育考试机构起源于第一种模式。
[3] [英] 奥尔德里奇.简明英国教育史 [M].诸惠芳，等，译.北京：人民教育出版社，1987：45.
[4] 黄光扬.英国"11岁考试"发展史及对我们的启示（上）[J].教学与管理，1998（10）：44.

育成为义务教育，1891年修订的《初等教育法》使公立初等教育成为免费的义务教育。不过，它也使英国逐渐形成了一种典型的双轨学制。其中一轨是为资产阶级和贵族子弟设立的，可从初等教育一直延伸至高等教育，提供教育的机构包括公学（public school）、文法学校（grammar school）和大学（university）。公学和文法学校的办学目的很明确，主要是为学生进入大学学习做准备，其特点是师资设施优越，学费高昂，课程内容学术性强。另一轨则是为底层人民子弟设立的，提供教育的机构包括初等学校、职业学校、高级小学等；其办学目的是培养普通劳动者和技术工人，大多数此类学校的课程内容只能使学生获得基本的读写或职业技能。[1]不过，随着工业革命带来的社会转型以及政府对职业技术教育机构资助政策的实施，许多职业技术教育机构开设的课程也达到了中等教育程度的水平。1902年，英国国会颁布了《巴尔福法案》，对发展中等教育以及教育管理体制等方面进行规划与改革，授权地方教育当局创建中等学校，希望借此建立覆盖整个英国的公立中等教育制度。但由于地方政府建立的公立中等学校并不能完全实施免费教育，因此中等教育的普及率依然不高。1907年，英国国会出台规定，要求各地接受公款补助的中等学校需将1/4的招生名额作为免费学额用于招收公立初等学校的毕业生，而这些免费学额的申请者需参加地方教育当局举办的"成就和才能入学测验"，测试科目除了数学和英语以外，还包括类似于比纳智力测验的内容，只有在测试中脱颖而出的学生才能获得这种免费中等教育的名额。该测试此后逐渐发展成为英国教育史上著名的"11岁

[1] 王承绪，顾明远.比较教育［M］.北京：人民教育出版社，2012：47.

考试"。[1]

（二）中等教育考试制度的发展与变迁

19世纪中期，我们今日所熟知的中等教育考试制度在英国尚未形成。在当时的英国，只有少数贵族和富裕家庭的子弟才有机会接受中等教育，能否参加中等教育水平的考试取决于个人所属的社会阶层，而不是其学习能力。当时零星存在的考试主要由大学或其他专业团体设立，其目的是用来选拔候选人。[2]英国现行的中等教育考试便萌芽于这些大学和行会组织的考试。

1. 大学主导的普通教育考试

1857年，在两位热衷于教育事业的人士弗雷德里克·坦普尔（Frederick Temple）和托马斯·阿克兰（Thomas Acland）的共同努力下，英格兰西南部埃克塞特市相关人士组成的一个委员会开展了英国教育考试史上著名的"埃克塞特试验"（Exeter Experiment），其目的是为了建立一种公共考试制度，为在西英格兰接受教育的男孩提供奖学金，并通过试验的成功获得英国官方特别是女王督学团的支持，从而建立起永久性的公共考试制度。经过艰难的筹备，"埃克塞特试验"计划中的考试最终得以成功举办，考点设在当地的一家酒店内，共有107名考生参加，其中2名考生步行20英里来参加这次考试。尽管这次考试取得了成功，也产生了很好的社会影响，然而坦普尔和阿克兰的深层目标并未实现，英国官方虽然对考试活动表示了赞赏，但拒绝了由官方机构主导或参与建立公共考试制度的提议。不过，坦普尔和

---

[1] 黄光扬.英国"11岁考试"发展史及对我们的启示（上）[J].教学与管理，1998（10）：44.
[2] 王向旭.英国中等教育证书社会化考试研究[J].外国中小学教育，2014（12）：5—10.

阿克兰失望之余并未气馁，转而开始谋求来自大学的支持，并成功地游说了牛津大学和剑桥大学。1858年，在借鉴"埃克塞特试验"成果的基础上，牛津大学和剑桥大学先后成立了地方考试中心，开始组织面向英国各地中等学校（当时主要是公学和私立学校）学生的公共考试，这通常被研究者视为英国现行中等教育考试制度的起源，以及由大学控制学校考试时代的到来，而阿克兰也因此被后人尊称为"学校证书之父"（father of the school certificate）。[1]1873年"牛津和剑桥联合学校考试委员会"成立，并于1877年开始向考生颁发证书，最初只提供为18岁学生设计的证书和考试，1884年增设了面向16岁学生的"初级证书考试"（lower certificate examination），1905年推出了"学校证书考试"（school certificate examination）。[2]

随着牛津大学和剑桥大学地方考试中心的成功，英国其他大学也纷纷效仿，开始举办类似的公共考试。1903年，曼彻斯特大学、利兹大学、利物浦大学合作建立了北方大学联合入学考试委员会（Joint Matriculation Board，简称JMB），不久，伯明翰大学和谢菲尔德大学也加入进来。

1902年，伦敦大学成立了大学校外教育促进委员会，该委员会有两项主要职责：一是负责伦敦大学主办的入学考试，二是对公立中学进行督导。该委员会成立不久就推出了一项计划——在大学入学考试制度之外再建立一种学生"离校证书"（school leaving certificate）考试制度，该计划旨在促使伦敦大学主办的考试更加适应英国中等教育发展的需要，以及向学生和学校推广伦敦大学主办的考试。根据该

---

[1]　Fowler, W.S. The Origin of the General Certificate [J]. British Journal of Educational Studies, 1959, 7(2): 140—148.

[2]　王立科.英国高校招生考试制度研究 [M].武汉：华中师范大学出版社，2008：81.

计划，伦敦大学于1903年推出了"初级水平学校证书"（junior school certificate）考试，其难度低于伦敦大学的入学考试；1905年推出了"高级水平学校证书"（higher school certificate）考试，其难度高于大学入学水平。与牛津大学、剑桥大学的考试把中学教师完全排除在外的做法不同，伦敦大学推出的上述证书考试允许中学教师参与考试大纲的制定以及其他考务工作，并且会根据来自中学的反馈，对其证书考试进行内容和难度方面的调整。伦敦大学和中等学校的密切合作以及所推出的考试的多样性和灵活性，使得参加伦敦大学考试的学生和学校数量迅速增长。[1]

值得注意的是，英国中等教育考试制度在其萌芽期就已表现出这样几个特点：其一，尽管英国政府和女王督学团最初拒绝了由官方机构参与或主导建立考试制度的建议，但根据后来议会通过的《1899教育法》，大学考试委员会被授权对中等学校进行督导，因此大学主导的考试不仅仅被用来对学生进行评价和认证，还通过对学生的测试来认证学校的教学质量，这种做法与日后英国政府通过统计学生的考试成绩对学校进行绩效考核一脉相承；其二，英国的考试机构是应市场需要自发产生的，由于官方最初拒绝了或者说放弃了建立考试制度的主导权，因此考试机构的诞生先于政府监管，这也是之后虽然政府得以逐渐介入并最终成为考试制度改革的主导者，但对考试机构以及各大学的地位和作用不能等闲视之的一大原因；其三，大学主导的各个考试机构虽然在地域分布上有所侧重，但自诞生之日起彼此间就存在竞争和合作的市场关系，与公司企业的发展轨迹相类似，目前规模和影响最大的几家考试机构多数都经历了大小不一、次数不等的合并，

---

[1] 王立科.英国高校招生考试制度研究［M］.武汉：华中师范大学出版社，2008：86—87.

并最终形成了现在的规模和实力。

2. 行会主导的职业教育考试

同样是在1850年代中期，英国皇家艺术学会（Royal Society of Arts）建立了"学会机构联合会"（Society's Union of Institutions），并在其负责人哈利·切斯特（Harry Chester）的倡议下设立了皇家艺术学会考试。不过，皇家艺术学会计划于1855年举办第一次考试出师不利，最终因仅有一名报考者参加而被迫取消。经过改进，1856年考试得以成功举行，共有52名考生参加了这次考试，这通常被视为是英国职业技术资格证书考试制度的起源。[1]皇家艺术学会考试主要是为了满足会员学校以及各行业协会的需求，因此其所主导的考试与同时期大学主导的考试有所不同。大学主导的考试主要面向的是中产阶级及以上家庭的子女，而皇家艺术学会考试则主要面向中下层劳动阶层家庭的子女。大学主导的考试，其内容主要是学术性科目，而皇家艺术学会主导的考试，其内容主要是各行业协会看重的技能。随着英国工商业的发展以及政府对职业技术教育的投入增多，英国皇家艺术学会的会员机构不断增加，参加皇家艺术学会考试的人数也越来越多。1882年，该考试开始向社会开放，进一步扩大了其参与面和影响力，政府根据考生考试成绩提供奖学金的政策进一步激发了劳动阶层子女通过参加该考试接受中等职业教育的热情，促进了英国职业资格证书考试制度的建立和完善。此外，伴随着中等职业教育的兴起，伦敦市政府和16个行业工会于1878年联合建立了伦敦城市行业协会（City & Guilds of London Institute）。该协会于1884年开始

---

[1] Fowler, W.S. The Origin of the General Certificate [J]. British Journal of Educational Studies, 1959, 7(2): 140—148.

面向全英开展职业技能教育，进行职业技能资格等级的考试和认证。1900年该协会获得了维多利亚女王颁发的特许状。该协会作为非营利的慈善组织，所颁发的资格证书很快获得了协会所涵盖的行业及英国社会的认可。[1]从其诞生之日起，皇家艺术学会和伦敦城市行业协会提供的公共考试在鼓励实用的职业教育和继续教育方面都发挥了重要作用。[2]

总之，这一时期，大学和行业协会主导的考试机构纷纷建立。名目众多的考试机构一方面满足和促进了中等教育的发展，另一方面也导致英国国内出现了太多的考试，这些考试既条块分割、互相割据，又彼此竞争、重复叠加。尽管1868年的《汤顿委员会报告》（Taunton Report）和1895年的《布莱斯委员会报告》（Bryce Report）都建议设立一个中央机构来统一管理全国的考试，但这些建议都没有得到实施。到20世纪初，英国各地考试机构林立，维持这些考试机构的费用也不断攀升。出于功利性目的，一些学校让其优秀的学生参加多家机构的考试，各个考试机构出于竞争的目的，互不承认彼此颁发的证书。在这种局面下，英国社会要求统一学校课程与考试内容的呼声越来越强烈。然而英国国会于1899年设立的教育委员会（Board of Education）当时并无多大实权，既无力也无意介入各地的考试事务；各地于1902年设立的地方教育局（Local Education Authorities）也因担心中央过多控制地方的教育事宜，而不愿意配合协调有关考试的事宜；再加上主导考试的各个大学和行会都不愿意牺牲自己的利益进行妥协，因此，就考试制度该如何进行规范和统一的问题，各方难以达

---

[1] 王立科.英国高校招生考试制度研究［M］.武汉：华中师范大学出版社，2008：82—83.
[2] 韩家勋，孙玲.中等教育考试制度比较研究［M］.北京：人民教育出版社，1998：14.

成共识。

二、政府逐渐介入时期（"一战"前后至"二战"前后）

（一）教育发展背景

据统计，在第一次世界大战爆发前的1911年，14—18岁的英国青少年中，能够接受中等学校教育的学生不足20%。"一战"结束后，得益于政府出台的几项措施，英国中等教育有了较为明显的发展，这些措施包括：1918年的《费舍教育法》（Fisher Education Act）将学生的离校年龄从12岁提高到了14岁，并规定初等教育全部为免费教育；1920年，英国政府设立了资助学生接受高等教育的国家奖学金（state scholarships）；1921年，政府开始向符合一定条件的孩子提供免费牛奶。不过，此时英国很多学校的硬件设施依然较为简陋。据统计，在1924年，英格兰和威尔士地区仍有高达1.6万个教室由两个或以上的班级共同使用。1926年，《哈多报告》（Hadow Report）建议将11岁作为划分初等教育和中等教育的分界线。同年，现代学校（modern schools）和直接拨款学校（direct grant schools）开始出现。[1]1938年，《斯宾塞报告》（Spens Report）对中等教育提出以下建议：扩大技术性课程和职业性课程所占比例；将学生离校年龄提高至16岁；中等教育实行三轨制，即将中学分为文法学校、技术学校和现代学校。但这些建议还未来得及实施，"二战"就爆发了，1939年伦敦等大城市的孩子开始向农村偏远地区疏散，加上战时人、财、物等各种短缺，造成"二战"期间英国各级各类教育实际上陷入停滞状态。1944

---

[1] TES Reporter. Timeline: A history of education［EB/OL］. https://www.tes.com/news/school-news/breaking-news/timeline-a-history-education, 2015-12-29.

年，英国国会通过了《巴特勒教育法案》（Butler Education Act）。根据该法案，英国不仅第一次成立了隶属于政府内阁的教育部，还规定所有公立学校均应实行免费教育，公立教育被划分为初等教育、中等教育和延续教育三个阶段，中等教育阶段则按照《斯宾塞报告》的建议确立了"三轨制"，完成初等教育的年满11岁的儿童必须参加统一的"11岁考试"，然后根据成绩分别升入文法中学、技术中学和现代中学。虽然底层人民子女有了更多接受中等教育的机会，但普通家庭的子女只有少数可以通过"11岁考试"进入公立的文法中学或技术中学，绝大多数底层人民的子女只能进入办学质量较低的现代中学。

（二）中等教育考试制度的发展与变迁

1911年，在《布莱斯委员会报告》的基础上，英国中等学校考试咨询委员会（Consultative Committee on Examinations in Secondary Schools）指出，各种考试委员会数量众多，要求各异，学生离校前后参加的考试太多，有必要建立一个统一的中等学校考试制度[1]，使学生在16岁时参加相对统一的公共考试，并就政府如何加强对考试的管理提出了以下建议：第一，将校外公共考试和学校督导结合起来，并在督导中增加对学生考试成绩的考察；第二，减少考试类型；第三，16岁之前的中等学校考试应该以普通教育为主。根据上述建议，在各方协商、妥协的基础上，英国政府于1917年成立了中等学校考试委员会（Secondary Schools Examination Council，简称SSEC）。该委员会的成立不仅标志着学校证书考试的开始，而且标志着政府正式开始了对中

---

[1] 韩家勋，孙玲.中等教育考试制度比较研究［M］.北京：人民教育出版社，1998：16.

等学校考试的协调和监管。该委员会成立时共设21名委员，其中近一半来自牛津、剑桥等大学的考试委员会，另一半来自地方教育局或学校的教师。[1]

中等学校考试委员会成立以后推出了新的学校证书（school certificate）和学校高级证书（higher school certificate）[2]，为了使这两项新推出的证书快速获得社会认可，从1918年起，教育委员会开始在年度报告中公布参加中等学校考试委员会认证的考试人数等信息。中等学校考试委员会还于1920年召集大学和行会的各考试委员会、文官委员会及教师组织的代表进行磋商，劝说他们承认新推出的上述两项证书，并希望大学考试委员会能够用这两项证书取代他们自己的入学考试证书。中等学校考试委员会的努力取得了部分成功，随后的几年里，大部分大学和多个行业协会都承认了学校证书和学校高级证书，但大部分大学和行业协会也都保留了自己的证书和考试，因此，这段时期出现了大学入学考试、行业协会证书考试和中等学校考试委员会主导的学校证书考试并存的局面。此外，英格兰北部城市布拉德福德于1919年开始使用智力测验的方式进行中等学校的入学招生，到1928年，在中等学校入学招生中使用智商测试（IQ tests）的地方教育当局已达到21个。[3]

1920年代，尽管有了中等学校考试委员会推出的学校证书和学校高级证书，但多数大学依然将大学入学考试作为主要的录取依据，很

[1] 王立科.英国高校招生考试制度研究［M］.武汉：华中师范大学出版社，2008：92.

[2] Andrew Levy. A* to G grades will be abolished in revamp of GCSEs: Exams will given numbers from one to nine while papers based on pupils' ability will also be axed［EB/OL］. http://www.dailymail.co.uk/news/article-2482534/GCSE-A-G-grades-abolished-exam-revamp.html.

[3] TES Reporter. Timeline: A history of education［EB/OL］. https://www.tes.com/news/school-news/breaking-news/timeline-a-history-education, 2015-12-29.

多雇主在雇用员工时也更看重大学入学考试证书，即便大学入学考试所考的内容和难度已经远远超出实际工作的需要，甚至和实际工作并无多大关系。家长也常常给学校施加压力，要求学校允许他们的孩子参加大学入学考试，即便大学入学考试并不适合他们的孩子。大学、雇主以及家长对大学入学考试证书的偏爱，对学校的课程设置和教学内容影响巨大，包括拉丁语在内的学术性科目备受重视，课程普遍难度过大且脱离工商业发展的实际需要。

　　1931年，英国上议院否决了将学生离校年龄提高至15岁的法案。同年，中等学校考生委员会发布的一项调查报告称，虽然多数学生最终无法进入大学学习，但学校的主要课程却围绕着大学入学考试，因此多数学生其实是在被迫学习对他们并不合适的课程。调查委员会认为，要改变这种状况，就必须要求各大学停止入学考试，大学招生应该依据学校证书和学校高级证书。1938年，中等学校考试委员会再次批评了大学入学考试对中学课程和教学造成的负面影响，提出考试应该从"以学科为本"转为"以学生为本"，根据考试的不同目的设立不同的考试制度，考试科目应该适合考生的能力和性向。[1]

　　中等学校考试委员会提出的建议实施起来颇费周章，进展一直很缓慢，但最终还是取得了成功，从1930年代末至1950年代初，多家大学考试委员会陆续宣布不再举行大学入学考试，转而以中等学校考试委员会主导的考试证书作为录取依据。在此期间，除了呼吁大学取消各自的入学考试之外，教育委员会和中等学校考试委员会也依据各方的反馈意见，对学校证书和学校高级证书进行了不断的改革。

---

[1]　王立科.英国高校招生考试制度研究［M］.武汉：华中师范大学出版社，2008：94.

三、多方主导下的反复调整时期（"二战"后至1988年）

（一）教育发展背景

第二次世界大战结束后，英国确立了以文法中学、技术中学和现代中学实施中等教育的三轨制，以满足不断增长的中等教育需求，但三轨制的合理性自其诞生之日起就一直受到很多人的质疑和批判。1947年，英格兰和苏格兰的学生离校年龄都被提高到了15岁，与此同时，伦敦、布里斯托等地开始把文法中学和现代中学合并，或把三类学校合并为综合中学，综合中学的招生不依靠选拔性考试，而是以就近入学为主要原则。1953年，工党在大选中提出要废除"11岁考试"，全面推行综合中学。不过直到1960年代中期，工党在几次大选中都落败于保守党，尽管在工党占据优势的伦敦和曼彻斯特于1963年取消了"11岁考试"，但在工党赢得议会大选之前，综合中学的发展一直比较缓慢。1964年，哈罗德·威尔逊（Harold Wilson）领导下的工党赢得大选，工党执政后将教育部更名为教育科学部（Department of Education and Science），并开始了英国教育史上著名的中等教育综合化运动。据统计，工党政府执政初期的1965年，英国只有262所综合中学，综合中学的学生占英国中学生的比例仅为8.5%。之后的十余年间，尽管受政党轮替影响，中等教育综合化运动的过程颇为曲折，综合中学的发展历经反复，但其数量最终还是得到了迅猛的增长，而文法中学、技术中学和现代中学的数量则不断减少。到1980年代初，综合中学已经成为中等学校的主要类型，80%以上的中学生就读于综合中学。[1] 在此期间，英国学生的离校年龄也于1972年被提高到了16

---

[1] 王承绪，顾明远.比较教育［M］.北京：人民教育出版社，2012：48.

岁。[1]伴随着中等教育的快速发展和学校类型的根本性变化，中等教育考试制度也经历了反复的调整和变革。

（二）中等教育考试制度的发展与变迁

1947年，中等学校考试委员会提出设立普通教育证书（General Certificate of Education，简称GCE）的建议，并计划将普通教育证书分为一般水平（O-Level）、高级水平（A-Level）和奖学金水平（S-Level）三类。1951年，上述计划得以正式实施，并使普通教育证书考试取代了从1918年起实行的学校证书和学校高级证书考试。

普通教育证书的推出，基本解决了之前证书考试名目繁多、良莠混杂，各大学的入学考试各自为政、互不承认造成的混乱局面。英国中等教育阶段从此有了一个相对统一规范的证书考试体系。除此之外，普通教育证书还具有以下几点为人称道的优点：第一，三种水平的考试证书层次分明、各有侧重，基本满足了政府、大学、雇主及社会各界对考试功能的多样化需求。O-Level反映的是学生接受普通教育的情况，属于结业性考试，是政府对学生达到一定教育程度的认定。A-Level的重要功能是用于高等院校招生，能够反映考生接受专业教育的潜力，学生只需选修3门左右的科目，因此可以集中力量于那些和未来的专业学习或在特定领域的工作密切相关的知识和技能。第二，一般水平考试和高级水平考试最初都只设及格与不及格两个等级（后来根据各方的实际需求，高级水平考试增设了优秀等级），从而强调了考试的教育功能，弱化了选拔功能，避免了大

---

[1] TES Reporter. Timeline: A history of education［EB/OL］. https://www.tes.com/news/school-news/ breaking-news/timeline-a-history-education, 2015-12-29.

多数学生为了少许分数进行无谓的竞争。第三，以前的学校证书和大学入学考试证书采用的都是学科分组制，考生必须通过若干门指定科目的考试才能获得证书，学生可选择的余地很小，许多考生常因为仅仅未能通过一个科目的考试，结果功亏一篑，无法取得证书；而普通教育证书考试则更加灵活，所采用的是单科证书制，学生对考试科目的选择自主性大大增加，学生通过一科考试就可以获得一个单科证书。[1]

但是，普通教育证书（GCE）所形成的稳定局面并未持续多久。原因正如上文所述，"二战"后英国中等学校的类型历经了反复的变革并最终走向了综合化。在这一过程中，中等教育证书的需求群体在人数和特点上都持续发生了巨大变化。"二战"前，英国的中等教育学校主要是文法学校和少量的技术中学，学生以中产阶级和富裕阶级家庭的子女为主。随着战后中等教育的大众化，大量面向劳工家庭子女的现代中学建立起来。一方面，现代中学和技术中学的学生及其家长迫切希望也能够获得受社会广泛认可的教育证书；另一方面，即便是普通教育证书的一般水平考试，对他们而言难度也过高，且与现代中学和技术中学的教学内容不相符合。针对这种状况，1958年，中等学校考试委员会成立了以罗伯特·比洛伊（Robert Beloe）为负责人的委员会，对中等学校的考试进行调查研究，该委员会于1960年发布了调查报告，报告建议为中等学校16岁的学生设立新的中等教育证书（Certificate of Secondary Education，简称CSE），这样的话，成绩优异的学生可以参加O-Level证书的考试，其他学生则可以根据自己的水平和兴趣参加一门或多门科目CSE证书的考试，并提出CSE不应该只

---

[1] 王立科.英国高校招生考试制度研究［M］.武汉：华中师范大学出版社，2008：99.

是O-Level的简化，而应该根据目标学生的能力水平、需求和兴趣来设计，并和学校的日常教学结合起来；CSE应该强调教师在考试中的主要作用，不能像GCE考试那样被大学考试委员会掌控，而应掌握在相关教师手中。[1]

1964年工党执政后，为了配合CSE考试制度的设计与实施，使学校的实际课程教学工作与考试更好地结合，英国政府成立了课程与考试学校委员会（Schools Council），取代了原来的中等学校考试委员会。1965年，基于《比洛伊报告》的建议而设立的CSE考试制度开始实施。CSE分为五个等级，其最高等级相当于O-Level的及格等级。CSE考试制度的推出在一定程度上使考试制度更好地适应了英国中等教育的发展，其积极意义在于为占学生总数70%以上的现代中学的学生提供了与之相适应的证书考试。CSE和GCE这两种考试制度的同时运行一度相安无事，但这种相对平衡的状态并未保持多久，英国教育界对考试制度进行改革的呼声就再次高涨起来。早在1966年，学校委员会就提议用一种新的16岁以上的考试取代GCE和CSE，1970年代以后，由于工党政府发起的中等教育综合化运动有力地促进了中等教育"三轨制"的并轨，人们越来越觉得中等教育证书（CSE）和普通教育证书（GCE）这两种考试制度的并行与中等教育的综合化进程不相适应。但是对于是否应该将两种证书体系进行合并，各利益相关方各执己见，互不相让，合并的最大阻力来自普通教育证书考试委员会和大学，特别是大学反对合并的意见非常强烈。[2]在20世纪60—80年代，支持与反对合并两种校外证书考试体系的争论一直没有停止过，

---

[1] Robert Beloe. Secondary School Examinations Other Than the G.C.E.：Report of a Committee Appointed by the Secondary School Examinations Council in July 1958［R］. H.M. Stationery Office, 1960.
[2] 王立科.英国高校招生考试制度研究［M］.武汉：华中师范大学出版社，2008：105—106.

再加上在此期间，政策理念迥异的保守党和工党频繁轮流执政，政府主导的各种改革计划、建议、方案虽然层出不穷却又纷纷流产，考试制度改革的进展一直反反复复。

到了1980年代，在撒切尔政府执政期间，综合中学已经成为中等学校的主流，经过多年的争论，各方对如何合并两种证书体系已经在相互妥协的基础上取得了一定的共识。1983年，保守党政府将课程与考试学校委员会一分为二，改组为中等考试委员会（Secondary Examination Council，简称SEC）和学校课程发展委员会（School Curriculum Development Committee，简称SCDC）[1]，由中等考试委员会负责制定中等教育阶段的考试改革计划。1984年，教育大臣基斯·约瑟夫（Keith Joseph）宣布将GCE O-Level和CSE合并成为普通中等教育证书（GCSE）。1986年秋季起，GCSE课程开始在中学实施，1988年夏季，第一批学生参加了首次GCSE考试。《1988年教育改革法》规定，所有公立学校学生在16岁义务教育结束时必须参加GCSE考试，同时成立新的学校考试和评价委员会（School Examination and Assessment Council，简称SEAC）负责对考试的认证和监管。需要注意的是，虽然GCE O-Level从此取消，但在大学的强烈坚持下，GCE A-Level得以保留下来，继续作为第六学级学生的课程和考试，至今仍然存在。

由GCE O-Level和CSE合并而成的GCSE考试具有三个明显的特点：其一，原来的公共考试制度侧重于服务特定的学生群体，如参加GCE O-Level考试的是同年龄段学业处于前20%的学生，参加CSE考

[1] TES Reporter. Timeline: A history of education［EB/OL］. https://www.tes.com/news/school-news/breaking-news/timeline-a-history-education, 2015-12-29.

试的是中等能力水平的学生，而GCSE的设立则重在面向所有学生，从而使不同能力水平的学生都能够通过GCSE证书获得评价。其二，GCSE考试制度的设计原则中，要求将教师负责评定的课程作业、课堂测验等平时成绩计入学生最终的总成绩，其理念是，每门科目都有部分内容是课程结束时的笔试所考察不到的，特别是口头表达能力和某些实践能力。其三，原来的考试制度更重视评价学生之间的差异，显示考生在考试中的成败，GCSE考试的很多科目则设置有难度不同的试卷，从而使所有学生都能充分表现其所具有的知识和能力。1988年，英国皇家督学曾在其报告中称，GCSE考试制度的建立是过去十年中最成功的一项教育改革。[1]

总之，在当时的社会和教育背景下，GCSE考试制度的出现进一步适应了英国中等教育的发展，能够兼顾不同学生及多个利益相关方的需求：对义务教育结束后选择直接就业的学生而言，GCSE证书可用来应聘工作；对希望继续学习的学生而言，GCSE证书的等级将决定他们是选择学术性课程还是职业性课程。除此之外，在大学录取新生时，由于学生选择的A-Level考试科目通常只有3门，因此学生学习科目相对广泛的GCSE证书也成为大学录取新生的重要参考，有助于大学更为全面地判断申请者的知识基础和能力水平。

四、政府主导时期（1988年至今）

（一）教育发展背景

《1988年教育改革法》对英国的教育产生了深远的影响。根据该

---

[1] 斯蒂芬·J.鲍尔.教育改革——批判和后结构主义的视角［M］.侯定凯，译.上海：华东师范大学出版社，2002：69—70.

法案，英国不仅建立了相对统一的国家课程，还规定在学生7岁、11岁、14岁时要进行国家课程的考试；成立了教育标准局（Office for Standards in Education, Children's Services and Skills，简称Ofsted），负责对学校的教育质量进行绩效考核和检查督导；确立了公立学校预算由地方政府管理的原则；建立了直接拨款公立学校（grant maintained schools）和城市技术学院（city technology colleges）。[1]不过，国家课程的考试制度从一开始就受到教师工会的强烈反对和抵触。1993年，教师工会针对国家课程考试的罢工活动被上诉法院裁定为合法，时任教育部长约翰·帕滕（John Patten）宣布国家课程考试将会有所减少和弱化。1997年，布莱尔领导的新工党击败连续执政18年的保守党取得议会大选的胜利。新工党执政后，在教育领域延续了保守党的大部分政策理念，但做出了一定的调整，国家课程的统一考试得到了很大程度的简化。2010年，卡梅伦政府上台执政后，英国政府对基础教育进行了多项重要改革，相关的政策和措施主要包括：推动公立学校的学园化，改革中等教育考试制度，强化对中小学校的绩效问责等。这些政策措施被认为在一定程度上重塑了英国教育的图景。本研究将在后文对此进行详细的阐述和分析。

（二）中等教育考试制度的发展与变迁

1988年以后，政府已经成为中等教育考试制度的主导力量，政府主导下的考试监管工作不仅包括GCSE和A-Level的课程与考试，还包括根据《1988年教育改革法》设立的全国统一课程和考试，以及

---

[1] TES Reporter. Timeline: A history of education［EB/OL］. https://www.tes.com/news/school-news/breaking-news/timeline-a-history-education, 2015-12-29.

中等职业教育课程的证书和考试等。总体而言，此后的二十余年里（1988—2013年），英国的中等教育考试制度相对稳定，GCSE考试基本没有发生大的变革，而A-Level考试也只经历了一些小的改革和完善。

1989年，为了在不降低标准的情况下进一步拓宽A-Level考试课程的广度，英国增加了"普通教育高级补充证书"（GCE Advanced Supplementary Level，简称AS-Level或AS）考试。1993年，国家课程委员会（National Curriculum Council）和学校考试与评价委员会合并为"学校课程与评价局"（School Curriculum and Assessment Authority，简称SCAA）。1997年，英国根据《1997年教育改革法》新成立了资格与课程局（Qualifications and Curriculum Authority，简称QCA），取代了负责监管学术性课程证书的"学校课程与评价局"和负责监管职业性课程证书的"国家职业课程委员会"（National Council for Vocational Qualifications，简称NCVQ）。新成立的资格与课程局全面负责对国家统一课程和考试、中等职业教育课程以及GCSE、A-Level、AS-Level等校外公共考试的监管。2002年，A-Level考试出现了一次重大事故，大约1万名学生的A-Level成绩因评分错误被修改。此次事件使A-Level考试的社会声誉受到很大影响，并且引发了此后持续不断的对考试制度特别是考试机构的批评和质疑。2008年，英国教育部宣布废除第三学段国家课程的考试，第一学段国家课程的考试也被简化至名存实亡的状态，第二学段的国家课程考试由于处于学生初等教育结束，中等教育入学之前这一重要节点，是政府和社会衡量中小学教育质量的重要参考指标，因此得以继续保留。2010年，资格与课程局的考试认证与监管职能被新成立的资格及考试监督办公室（Office of Qualification and Examinations

Regulation，简称Ofqual）所取代。同年，"普通教育高级补充证书"被"普通教育证书高级辅助证书"（GCE Advanced Subsidiary Level，同样简称AS-Level）取代。尽管两者仅"一字之差"且都简称"AS-Level"，但两者的设计理念和实际内涵明显不同。简单地讲，两者的主要区别是：前者是独立的证书，且按照当时的规定，2AS=1A，也就是说选学2门高级补充水平课程相当于选学1门高级水平证书[1]。后者则大多附属于A-Level课程与考试，是A-Level课程和考试的一部分。

2010年，卡梅伦政府执政以后，英国教育部对GCSE、AS和A-Level考试制度发起了新一轮的重要改革。按照政府的改革计划和要求，第一批新GCSE、AS和A-Level课程已经从2015年9月开始陆续实施，因此，新AS-Level考试于2016年开始陆续实施，而新GCSE和A-Level考试于2017年开始陆续实施。不过，政府的改革计划和改革方案在政策制定和实施过程中都引发了巨大的争议，反对者对改革方案中某些具体措施的批评尤为强烈。例如剑桥大学宣布，由于政府执意将AS从A-Level中独立出去，因此从2017年的招生季开始，剑桥大学将恢复自己的入学考试[2]。

通过以上对英国中等教育考试制度发展历史的梳理，我们可以发现英国中等教育考试制度的变迁呈现出以下几个特点：

第一，英国现行的中等教育考试制度起源于由大学和行会所建立的考试，起初完全处于大学和行会的控制之下，后来政府不断加强对考试事务的介入，并对考试机构担负起规范和监管的职责，为此还成

---

[1] 韩家勋，孙玲.中等教育考试制度比较研究［M］.北京：人民教育出版社，1998：37.
[2] 有关GCSE和A-Level的最新一轮改革将在后文予以详细分析，此处不再详述。

立了专门的监管机构。

第二，尽管在和政府、中学等其他利益相关者博弈的过程中，大学逐渐让渡了对考试制度的控制权，但大学与考试机构之间的关系依然十分紧密，以牛津大学、剑桥大学为代表的精英大学在考试制度的变革中仍然拥有很大的话语权和影响力。

第三，中等教育考试制度的变革与中等教育的发展息息相关，与中学学校类型的变革紧密联系。尽管与大学和政府相比，中学及中学的学生和家长在考试制度改革中的话语权相对较弱，但他们以"消费者"的身份影响着中等教育证书和考试的"市场供给"。

第二节

英国中等教育考试制度改革中的利益相关者

本研究参照弗里曼的利益相关者经典定义，将英国中等教育考试制度改革中的"利益相关者"定义为："任何能够影响英国中等教育考试制度改革或受这种改革影响的群体或个人"。这一定义的优点是，概念界定相对宽泛，研究者的研究视野可以覆盖到范围广泛的群体和个人，有利于避免遗漏重要的研究对象。然而，正如有些"利益相关者理论"的批评者所指出的，这种定义的缺点也是概念界定过于宽泛，在这种定义下，太多的群体和个人都可以被视为"利益相关者"，不利于研究内容的聚焦。为了解决上述矛盾，采用弗里曼经典定义的研究者通常需要在自己特定的研究主题下，对"利益相关者"进行进一步的确定和分类，不仅要辨识和分析特定研究主题中究竟存在哪些利益相关者，还要通过对这些利益相关者的分类来确定其中的核心利益相关者作为重点研究对象。

一、"利益相关者理论"概述

（一）"利益相关者理论"的起源与发展

中文的"利益相关者"一词译自英文单词"stakeholder"。据考证，《牛津词典》最早在1708年就收入了该词，其本意是指在某一项活动或某企业中下了"赌注"（stake）的人，这些"赌注的拥有者"会在活动进行或企业运营的过程中获益或受损[1]。1929年，美国通用电气公司的一位经理在演讲中指出，不仅股东，而且雇员、顾客和广大公众都在公司中有一种利益，而公司的经理们有义务保护这种利益。该演讲所反映出的思想被认为是现代意义上"利益相关者"思想的雏形[2]。到了20世纪60—80年代，随着越来越多的商学和企业管理学研究者对"利益相关者"概念的界定和使用，"利益相关者理论"逐渐形成。1984年，美国弗吉尼亚大学沃顿商学院学者罗伯特·爱德华·弗里曼（Robert Edward Freeman）出版了其经典著作《战略管理：利益相关者方法》。在该书中，弗里曼明确提出将"利益相关者理论"作为企业管理研究的分析框架，并将"利益相关者"定义为，"任何能够影响组织目标的实现或受这种实现影响的群体或个人"[3]。与

[1] 贾生华，陈宏辉.利益相关者的界定方法述评［J］.外国经济与管理，2002（5）：13—18.

[2] 陈岩峰.基于利益相关者理论的旅游景区可持续发展研究［D］.重庆：西南交通大学，2002：13.

[3] Freeman, R.E. Strategic Management: A Stakeholder Approach［M］. Boston: Pitman, 1984: 46.

传统的股东至上主义相比，弗里曼认为任何一个公司的发展都离不开各利益相关者的投入或参与，企业应该追求利益相关者的整体利益，而不仅仅是某些主体的利益。弗里曼这本著作出版后引发了美国商学和管理学界对"利益相关者理论"热烈而持久的讨论。尽管讨论中也不乏对弗里曼的"利益相关者"定义及其"利益相关者理论"的批评和质疑，但正是在批评与回应之间，弗里曼及其追随者们的"利益相关者理论"得以更加丰富和完善，并被广泛应用于管理学和经济学的研究。

虽然弗里曼等几位学者是"利益相关者理论"最重要的奠基者，但是"利益相关者理论"毕竟是由不同时期不同学者共同发展出来的一种"类"理论，因此很难用一种精确的范式来描述"利益相关者理论"。总体而言，在企业管理研究领域，其主要思想可以被概括为：企业的利益相关者包括企业的股东、债权人、雇员、消费者、供应商等交易伙伴，也包括政府部门、本地居民、本地社区、媒体、环保主义等压力集团，甚至还包括自然环境、人类后代等受到企业经营活动直接或间接影响的客体；这些利益相关者与企业的生存和发展密切相关，他们有的分担了企业的经营风险，有的为企业的经营活动付出了代价，有的对企业进行监督和制约，因此企业的经营决策必须考虑他们的利益或接受他们的约束；而且，从一定意义讲，企业的生存和发展取决于企业对各利益相关者利益诉求的回应质量，而不仅仅取决于股东[1]。

20世纪90年代以后，一方面，除弗里曼外，托马斯·多纳德逊（Thomas Donaldson）、罗纳德·米切尔（Ronald K. Mitchell）、安

---

[1] 林振兴.基于企业社会责任视角的民营企业劳工关系 [D].厦门：厦门大学，2008：9.

德鲁·费里德曼（Andrew Friedman）等学者也就"利益相关者理论"发表了很多有影响的理论著述；另一方面，以"利益相关者理论"为视角而开展的应用研究也越来越多。因此，"利益相关者理论"无论是在深度还是在广度上，都有了更大的发展。

从深度上讲，研究者不只是运用"利益相关者理论"关注企业或组织的战略发展，也开始分析与组织发展相关的利益分配、利益冲突等其他问题。例如，弗里德曼于2002年提出，利益的分配与争夺是产生"利益相关者理论"的根本原因，"利益相关者理论"要想获得进一步的发展，就不能仅将研究的重点放在利益相关者的确定与分类上，而必须重视对利益相关者之间利益关系的研究，关注组织与利益相关者之间的冲突及其解决，分析为什么有些利益相关者的影响力比其他利益相关者更大，利益相关者之间的关系是怎样变化的以及为什么会变化等问题[1]。此外，越来越多的研究在关注利益相关者之间利益冲突的同时，也开始探讨"利益相关者"之间的合作、协调与利益均衡等问题。

从广度上讲，"利益相关者理论"的影响力已经从管理学迅速扩展到了社会科学的各个领域；研究者的研究对象先是从公司、企业扩展到了其他各类社会组织，继而又扩展到了对特定制度和政策的研究。

（二）教育研究界对"利益相关者理论"的扩展与运用

教育研究界对"利益相关者"的研究带有明显的应用性，研究

---

[1] Friedman, A. Developing Stakeholder Theory [J]. Journal Of Management Studies, 2002, 39(1): 1—21.

者通常会采用弗里曼的经典定义"任何能影响组织目标实现或受这种实现影响的群体或个人",或针对自己的研究主题略加修改,在界定"利益相关者"概念的基础上,围绕"利益"和"利益相关者",对所要研究的对象或主题进行分析。在我国教育研究界,"利益相关者理论"最早主要被高等教育研究者关注和运用,用以研究高等教育和大学的"利益相关者"及相关问题;近年来进一步扩展到对教育制度和教育政策的研究,研究者开始采用该视角研究教育制度和教育政策中的利益相关者,以及它们之间的利益关系、利益冲突、利益分配和利益均衡等问题。

早期的教育研究者所研究的主题或者说关注的对象通常是关于某种组织或机构的问题,例如,胡子祥的《高校利益相关者治理模式初探》关注的是高等教育这一抽象组织的利益相关者问题。他指出,高等教育的利益相关者主要包括政府部门、高校的教学人员、研究人员、行政人员、学生、校友、捐赠者、中学生、社会、媒体、职业界、银行界等,他们要么受到高等教育的影响,要么有能力对高等教育施加影响,或者二者皆有,并提出高等教育的治理模式应该是政府、高校的教职员工和学生、校外有关各界等利益相关者共同参与的、基于合作伙伴关系的、多元化的管理体制[1]。潘海生在《作为利益相关者组织的大学治理理论分析》中,将大学视为一种利益相关者组织,围绕大学存在着拥有不同利益诉求的利益相关者,提出为了协调利益相关者的利益诉求和利益冲突,实现组织价值最大化,应依据各利益相关者与大学的利益相关程度以及参与大学治理的意愿和能力,按照一定的原则在各利益相关者内部配置剩余控制权,并认为这是大

[1] 胡子祥.高校利益相关者治理模式初探 [J].西南交通大学学报(社会科学版),2007(1):15—19.

学利益相关者治理的主要内容[1]。

近年来，随着"利益相关者理论"使用范围的扩展，越来越多的研究者开始运用该视角分析某些特定的教育政策。例如，许林和袁桂林的《论农民工子女的教育问题——基于利益相关者理论的审视》指出，虽然利益相关者理论源自公司治理理论，但是为我们解决一系列经济和社会问题提供了有效的分析模型和框架，并指出我国农民工子女教育问题之所以成为社会难题，主要是由于在实现受教育权的过程中出现了诸多利益相关者和复杂的利益关系，基于利益相关者理论的研究有助于提高相关政策的决策水平和质量[2]。李峻的《转型社会中的高考政策研究——基于利益相关者理论的分析》分析了我国高考政策利益相关者的构成和各自的利益诉求、利益相关者之间的利益关系和博弈行为，并从利益分析的视角，梳理了我国高考政策的演变过程和演变机理，探讨了我国高考政策应该怎样整合利益相关者的利益等问题[3]。

二、"利益相关者"确定与分类的常见方法

研究者在确定特定研究主题中的利益相关者时，所采用的技术手段大致可分为两大类：质性分析方法和量化分析方法。质性分析方法主要依靠研究者在文献回顾或专家访谈的基础上作出基于自身经验的判断，量化分析方法则需要进行问卷调查、文本统计分析等。当然，

---

[1] 潘海生.作为利益相关者组织的大学治理理论分析［J］.中国地质大学学报（社会科学版），2007（5）：17—20.

[2] 许林，袁桂林.论农民工子女的教育问题——基于利益相关者理论的审视［J］.湖南师范大学教育科学学报，2010（3）：9—12.

[3] 李峻.转型社会中的高考政策研究——基于利益相关者理论的分析［M］.长沙：湖南人民出版社，2012.

也有很多研究者综合运用质性分析方法和量化分析方法对利益相关者进行确定和分类。

（一）利益相关者的确定

在大多数相关文献中，研究者确定特定主题下的利益相关者时通常都是依据研究者的个人经验和主观判断。近年来，也有部分研究者开始采用文本统计分析的方法确定特定研究主题下的利益相关者，目的是消除个人主观判断"科学性不足"的弊端。例如，国内学者李峻在运用利益相关者理论对我国高考政策所做的研究中，为了确定高考政策的利益相关者就采取了文本统计分析的方法。他通过对1952—2008年间我国主要的高考政策文本中涉及的政策相关主体进行频度统计分析，确定高考政策的利益相关者包括中央政府、地方政府、中学、军队、考生、高校、用人单位、教研机构等[1]。

（二）利益相关者的分类

从现有的文献来看，国内外学者对利益相关者分类的方法庞杂多样。从研究者进行分类时所依据的维度的多少，可分为一维分析法、二维分析法和多维细分法[2]。

1. 一维分析法

对许多研究主题而言，利益相关者的分类并不需要太复杂，因此常采用相对简便易行的一维分析法。一维分析法的使用者通常依

---

[1] 李峻.转型社会中的高考政策研究——基于利益相关者理论的分析 [M].长沙：湖南人民出版社，2012：53—54.
[2] 有少数研究者将"两个或两个以上维度"视为"多维"，本研究依据汉语习惯将"三个或三个以上"视为"多"。

据各利益相关者与研究主题的"关系密切程度"对其进行种类划分。例如，国外学者乔纳森·查克汉姆（Jonathan Charkham）按照各类群体与企业是否存在交易性的合同关系，将企业的利益相关者分为契约型利益相关者（contractual stakeholders）和公众型利益相关者（community stakeholders）。契约型利益相关者包括股东、雇员、供应商、分销商、贷款人等，公众型利益相关者包括消费者、监管者、媒体、政府部门、当地社区等[1]。国内学者李福华根据利益相关者与大学的密切程度，把大学的利益相关者分为核心利益相关者（教师、学生、管理人员）、重要利益相关者（校友、财政拨款者）、间接利益相关者（与大学有契约关系的其他群体，如科研经费提供者、产学合作者、贷款提供者）和边缘利益相关者（当地社区、社会公众等）四类[2]。

2. 二维分析法

二维分析法，顾名思义，指研究者对利益相关者进行划分时所依据的维度有两个。通过利益相关者在两个维度上所拥有的不同属性，研究者通常将各类利益相关者划分为四种类型。例如，国外学者格兰德·萨维奇（Grand Savage）、简·罗伯森（Jane Robson）、罗恩·西恩（Lorn Sheehan）等人在其有关利益相关者理论的研究中，从特定组织或政策的决策者的视角出发，按照各利益相关者在"对政策形成威胁的可能性"和"与政策进行合作的可能性"这两个维度上所具有的特点，将各利益相关者划分为混合型、支持型、反对型、边缘型等四种类型[3]（见表2-1）。

[1] Charkham, J.P. Corporate Governance: Lessons from Abroad [J]. European Business Journal , 1992, 4(2): 8—16.
[2] 李福华. 利益相关者理论与大学管理体制创新 [J]. 教育研究，2007（7）：36—39.
[3] Savage, G.T. Strategies for Assessing and Managing Organizational Stakeholders [J]. Academy of Management Executive, 1991, 5(2): 61—75.

67

表2-1　萨维奇的利益相关者分析模型

		利益相关者对政策形成威胁的可能性	
		高	低
利益相关者与政策进行合作的可能性	高	混合型 战略：联合 利益相关者：……	支持型 战略：整合 利益相关者：……
	低	反对型 战略：防御 利益相关者：……	边缘型 战略：监控 利益相关者：……

　　上述模型特别适合于站在决策者的立场上分析其他利益相关者，通过这种分析，决策者可以更好地判断除自身以外的其他利益相关者对特定政策的立场和态度，有针对性地预备和采用某些博弈策略，以便使自己的政策能够更顺利地通过和实施。

3. 多维细分法

　　多维细分法，顾名思义，是指研究者对利益相关者进行分类时所依据的维度有三个或三个以上。多维细分法的代表人物是美国学者罗纳德·米切尔（Ronald Mitchell），他在1997年与布拉德利·阿格尔（Bradley Agle）等人合作发表的论文中指出，利益相关者的身份确定（stakeholder identification）和对利益相关者显著性（stakeholder salience）[1]的分析是利益相关者理论的两个核心问题[2]。该文还提出，判断个体或群体是否属于企业的利益相关者以及属于哪种类型的利

---

[1] 所谓利益相关者的显著性（salience），是指利益相关者的利益诉求能够得到关注的程度，它取决于特定利益相关者的特征，在米切尔提出的理论模型中，他将特定利益相关者的特征概括和聚焦于合法性、权力性和紧迫性这三种属性。

[2] Mitchell, R.K., Agle, B.R. and Wood, D.J. Toward A Theory of Stakeholder Identification and Salience: Defining the Principles of Who and What Really Counts［J］. Academy of Management Review, 1997, 22(4): 853—886.

益相关者可以依据三个维度，分别是：合法性（legitimacy）——是否被赋予法律意义上或者特定规则上的对于企业的索取权；权力性（power）——是否拥有影响企业决策的地位、能力和手段；紧急性（urgency）——其利益诉求是否能立即引起企业高层的关注。判断的具体方式是对个体或群体的上述三个属性进行评分，然后根据分值高低确定某一个体或群体是不是企业的利益相关者，以及是哪种类型的利益相关者[1]。他们依据上述三种维度和评分法所建立的分析模型如图2-1所示。

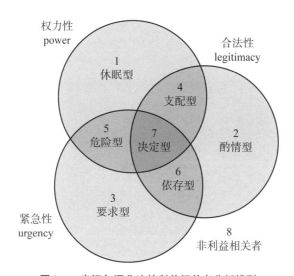

图2-1　米切尔评分法的利益相关者分析模型

资料来源：http://www.stakeholdermap.com/stakeholder-analysis/stakeholder-salience.html

米切尔评分法的优点是可以将利益相关者的确定与分类一并进行，在技术层面上综合了质性分析和量化分析两类研究方法；缺点是分类过于细致复杂，且略显机械，其所采用的评分法是否合理也值得

---

[1]　陈宏.国内外利益相关者理论研究进展.经济研究导刊［J］.2011（14）：5—7.

商榷。

三、本研究中"利益相关者"的确定与分类

笔者认为，上述各种分类方法各有优缺点，适用于不同的研究主题和研究目的。研究者应依据自己的研究主题和研究目的选择合适的分类方法，而不应生搬硬套他人的分类方法。在本研究中，为了避免研究者的个人偏见和主观臆断，对于"英国中等教育考试制度改革"中究竟有哪些利益相关者的问题，笔者主要采用文本统计分析的方法予以确定，而对于利益相关者如何进行分类的问题，则主要依据自己的研究目标并结合质性访谈的方法予以确定。

（一）文本统计分析

作为一个民主制度较为成熟和完善的国家，英国政府出台任何重要的改革政策都需要走一系列法定的决策程序，其中必不可少的一项就是公开发布政策草案并附上调查问卷，广泛咨询利益相关者的意见和建议，在咨询截止日之后，决策部门必须认真分析利益相关者反馈的调查问卷及意见和建议，然后才能做出正式的决策。对于特别重要的政策或改革，为了保证和彰显决策过程的公开、公正和透明，决策部门还常常委托第三方咨询机构开展政策咨询和调查研究工作。在有关中等教育考试制度改革的决策过程中，就有很多决策部门或第三方发布的咨询分析报告。在这些报告中，我们可以发现"利益相关者"是一个出现频率极高的词汇，无论是决策者还是第三方咨询机构，都在一定程度上采用了基于利益相关者的分析视角，这为本研究对利益相关者的分类带来了便利。

本研究中，研究者收集了2012年9月—2015年3月英国教育部、

资格及考试监督办公室发布的所有有关GCSE和A-Level改革的政策草案的咨询分析报告，并选取了其中10份最重要、最具代表性的咨询分析报告（见附录1）作为文本样本，对文本样本中统计和列举的利益相关者——对政策草案进行意见反馈的组织或个人——进行了频数统计分析。

通过统计，研究者发现除了作为决策者的中央政府以外，英国中等教育考试制度改革中的利益相关者主要包括：学校、考试机构、教育专业人士、（中小学）教师、高校、家长及学生、雇主、高校讲师、地方政府、学科协会及学术团体、一般公众等（见表2-2）。

表2-2　样本文本中利益相关者的分类与频数统计

利益相关者	频　数	利益相关者	频　数
教师	2 371	地方政府	31
学校	1 188	雇主/工商界	30
教育专业人士	271	教师组织/教师工会	26
家长及学生	258	高校讲师	16
学科协会及学术团体	171	关注社会平等的组织	12
高校	85	政府部门	5
考试机构	69	培训机构	5
一般公众	50	校长	2
学校组织/学校联盟	41		

（二）质性访谈分析

研究者根据政府的官方文件、媒体对改革政策的报道和评论、研

究界就相关问题所发表的学术论文和研究报告，结合文本统计分析中
所统计的频次，确定了一个初步的"分类名单"，然后就这份"分类
名单"和数十位英国本土的教育研究者、中学校长、中学教师进行了
讨论，在充分听取多方意见的基础上，将英国中等教育考试制度的利
益相关者分类如下（见表2-3）：

表2-3　本研究对英国中等教育考试制度的利益相关者的分类

核心利益相关者	中央政府、考试机构、学校、教师、校长、高校、学生及家长
一般利益相关者	雇主、地方政府、学科协会及学术团体、教育专业人士、一般公众
边缘利益相关者	高校讲师、关注社会平等的组织、培训机构、其他

本研究中，中央政府、考试机构、学校、教师、校长、高校、学
生及家长这七类核心利益相关者是研究的重点对象。但是，由于一般
利益相关者、边缘利益相关者和核心利益相关者有着千丝万缕的联
系，因此本研究也会略有涉及。

第三节

英国中等教育考试制度改革中的利益集团

从某种意义上讲，中等教育考试制度的每一次变革都涉及利益

的调整，每一次变革都伴随着旧利益格局的打破和新利益格局的形成，是各利益相关者间合作博弈或非合作博弈的结果。当代英国社会是一个利益多元的社会，拥有不同社会角色和地位的群体都希望能够在考试制度改革中实现自身利益的最大化，但是在英国特定的政治法律框架和历史文化背景下，各类利益相关者参与考试相关政策博弈的能力以及对考试改革进程的影响力大小并不相同。原因在于，有的利益相关者已经形成了较为强势的利益集团，他们通常拥有能够代表自己发出声音的强大组织；有的利益相关者则因为种种原因并没有能够代表其发出统一声音的组织，因此在利益表达方面处于相对弱势的地位；还有的利益相关者则介于两者之间，虽然也有自己的组织，但组织较为松散或群体利益诉求过于多样，难以发出统一而强有力的声音。

由于本研究采用的是狭义的利益集团概念，即"为了特定的共同利益和目标结合在一起并寻求影响政府政策的群体或组织"，因此本研究虽然视英国政府为中等教育考试制度的核心利益相关者，但不把政府自身视为利益集团。此外，研究者认为，学生及家长虽然是中等教育考试制度的核心利益相关者，但并未形成能够影响中等教育考试制度的利益集团，其原因是，尽管在英国也有名为"全国学生联合会"（National Union of Students）的组织，但其成员主要是在校大学生，主要代表在校大学生的利益，其所关注的通常是与高校学生相关的事务；而英国各地的家长协会则通常只关注当地或某所特定学校的事务。因此，这些代表学生和家长的协会并未构成英国中等教育考试制度改革中的利益集团。

以下将对考试机构、校长/校长协会、教师/教师工会、学校/学校联盟、高校/高校联盟这五类核心利益相关者的特点及所形成的利益集团分别予以分析。[1]

一、考试机构

英国的 GCSE 和 A-Level 等校外证书考试（external exams）也称为"公共考试"（public exams），都是由社会化的非营利性机构负责组织实施的，这些机构在英国英语中通常称为"考试委员会"（examination boards）、"证书授予机构"（awarding bodies）或"证书授予组织"（awarding organisations）。为了表述的简洁与方便，本研究中统称其为考试机构。

这些考试机构大多起源于大学和行会建立的考试委员会，经过漫长的发展演变，现在虽然已经不完全由大学和行会单独控制，但其中一些考试机构仍然与大学和行会有着密切的联系，甚至是从属关系。在历史上，英国提供中等教育程度证书的考试机构数量非常多，经过数十年的合并，其数量已大为减少。目前在英格兰地区，有资格从事 GCSE 和 A-Level 课程、考试、证书授予等业务的考试机构主要是以下四家。

（一）评价与资格联合会

评价与资格联合会（Assessment and Qualifications Alliance，简称 AQA）是由多个证书颁发机构合并而成的，2000 年正式成立。其前身可追溯到 1903 年曼彻斯特大学、利兹大学、利物浦大学合作建立的联合入学考试委员会（JMB）。JMB 建立之初，除了组织考试之

---

[1] 对英国政府、学生及家长这两类利益相关者的特点和利益诉求，将在后文的其他章节做出相应的分析。

外，还旨在与学校建立合作关系，为教师提供支持，建立教师间的学科委员会和其他学术团体。1992年，JMB和北方考试协会（Northern Examining Association）进行了合并，成立了北方考试与评价委员会（Northern Examinations and Assessment Board，简称NEAB）。2000年4月，NEAB又与考试委员会（Associated Examining Board）进行合并，组建了如今的AQA。这次合并之后，AQA成了英格兰地区乃至整个英国最大的中等教育考试和颁证机构。AQA有一个负责制定总体战略和发展方向的董事会，董事会成员由来自学校、学院、高等教育界、儿童教育服务界及工商界的代表组成，其日常管理工作则由一个首席执行官领导下的执委会负责。在其官网上，AQA称自己是一个自治的、独立的教育慈善机构（self-governing independent education charity），其工作目标是通过提供高质量的资格证书，帮助学生认识自身的潜力，使学生能够在下一阶段的人生中获得成功，并以此推动教育的发展和进步。目前AQA拥有超过1 000人的员工，与大约3.5万名学者、教师及学科专家保持合作。在为14—19岁学生提供学术性测试及证书方面，AQA是目前英国所有的考试机构中最大的一家机构，英格兰、威尔士和北爱尔兰大部分中学都会参加AQA组织的考试；英国大约一半的GCSE和A-Level考试都是由AQA举办的，参加其举办的GCSE和A-Level考试的考生每年有将近200万人；AQA颁发的证书得到了国际认可，全世界有30个国家和地区讲授其开发的课程；此外，AQA还设有一个教育研究与实践中心，该中心在考试评价研究和考试专业技术方面处于世界一流水平[1]。

---

[1] AQA. Who we are［EB/OL］. http://www.aqa.org.uk/about-us/who-we-are, 2014-6-9.

（二）培生教育集团／爱德思

培生教育集团（Pearson Education Ltd，简称Pearson）是全球领先的教育集团，其母公司英国培生集团（Pearson Group）迄今已有150多年的历史，致力于为教育工作者和各年龄层的学生提供优质的教育内容、教育信息技术、测试及测评、职业认证等所有与教育相关的服务。作为培生集团的一部分，培生教育集团创建于1998年，当时是由培生集团收购的维亚康姆集团的西蒙与舒斯特出版社（Simon and Sctluster）教育出版部和培生集团自有的爱迪生—韦斯利与朗文出版公司（Addison-WesLey Longman, Inc）合并而成的[1]。培生教育集团2000年并购了致力于将家庭和学校、个人课程和拓展课程、评价和测试融为一体的教育测试和数据管理公司——国家计算机系统公司（National Computer Systems）；2003年并购了当时英国最大的教育证书颁发机构爱德思国家职业学历与学术考试机构（Edexcel）[2]，以及致力于提高教师水平，促进职业发展教育理论和教学技能研究的课程实验室公司（Lesson Lab）；2005年并购了美国WRC传媒集团旗下的主要出版美国中小学辅导资料的AGC出版公司，2007年并购了在线学习服务商eCollege公司、砺德·爱思唯尔（Reed Elsevier）集团的哈考特评估测试公司（Harcourt Assessment）

---

[1] 谢清风.培生集团的并购发展战略分析［J］.现代出版，2011（6）：72—74.

[2] 爱德思（Edexcel）的寓意是优质教育（education excellence）。其前身之一"伦敦大学考试与评价委员会"（ULEAC）的历史可以追溯到1835年。1996年，作为当时GCSEs和A-Levels考试的主要考试颁证机构之一，"伦敦大学考试与评价委员会"和国家职业教育的主要提供方"英国商业与技术教育委员会"（Business & Technology Education Council）合并成立了"爱德思国家职业学历与学术考试机构"（Edexcel）。1998年和2001年，爱德思又分别兼并了健康护理与发展学会和颁证机构Intelect，获得了在健康护理领域和信息技术领域的进一步发展。2005年，爱德思被世界最大的出版传媒和教育服务公司培生集团收购。

和哈考特国际教育出版公司（Harcourt Education International）[1]。这一系列的并购一步步地强化了培生教育集团在教育评价和教材出版方面的优势，也显示出它在教育课程开发和教育评价领域的战略雄心。其中，凭借2003年对Edexcel的并购，培生教育集团已经一跃成为英国最大的国家职业证书与学术性考试证书的颁发机构。

（三）牛津、剑桥和皇家艺术学会考试委员会

牛津、剑桥和皇家艺术学会考试委员会（Oxford, Cambridge and RSAExaminations，简称OCR）隶属于鼎鼎大名的剑桥考试集团（Cambridge Assessment Group，简称CAG），是其旗下三大品牌之一。剑桥考试集团始建于1858年，最初名为剑桥大学地方考试联合集团（The University of Cambridge Local Examinations Syndicate，简称UCLES）。剑桥考试集团目前是欧洲最大的考试评估机构，其所组织的考试遍布全世界150个国家和地区。作为剑桥考试集团的一部分，尽管OCR于1998年才得以成立，但借助集团的强大资源和影响力，OCR所组织的中等教育阶段相关的考试证书也迅速得到了认可，对于教育考试与评价的研究能力也非一般考试机构所能企及。OCR宣称，作为一个非营利性组织，该机构视"能够帮助学习者实现志向"为自己的成功；其组织目标为"通过提供资格证书促进教育，使所有学习者都能够发挥出所有的潜能，认可并祝贺他们的成就"[2]。

---

[1] Pearson. The Pearson timeline［EB/OL］. http://timeline.pearson.com/, 2014-06-08.

[2] OCR. Who we are［EB/OL］. http://www.ocr.org.uk/about-us/who-we-are/, 2014-06-08.

（四）威尔士联合教育委员会

威尔士联合教育委员会（Welsh Joint Education Committee，简称WJEC）建立于1948年，最初是威尔士地方教育当局的一个合作机构。其前身亦可追溯到19世纪末成立的负责威尔士地区中等学校校外考试的威尔士中央委员会。从法律地位上讲，它既是一个有限责任公司，也是一个注册的慈善机构，不过其所有者仍是威尔士22个地方教育当局。和AQA一样，WJEC也有一个董事会和一个执委会，日常管理工作由执委会负责。所不同的是，WJEC的董事会成员均为来自威尔士22个地方教育当局的代表。目前，WJEC拥有超过360名员工，且规模仍在继续扩大之中[1]。虽然WJEC主要是在威尔士地区开展业务，但在英格兰地区也占有一定的市场。为了促进其开发的改革后的GCSE和A-Level证书的市场推广，WJEC还于近期设立了一个新的子品牌"爱德克斯"（Eduqas），专门负责新GCSE和A-Level证书的开发与运行[2]。

上述四家考试机构在中等教育考试制度中承担着课程和试卷开发、考试组织和评价、证书等级的确定与授予等重要职能。尽管在法律的层面上，它们中的大多数都是注册为慈善机构的非营利性组织，但实际上由于它们都需要自负盈亏，只有在市场上占据足够的份额，获得足够的收入，才有可能维持机构的正常运转和长期发展，因此它们的实际身份更接近于企业或公司。为了避免彼此间的无序竞争，协调考试及证书方面的各种事务，这四家考试机构和英国另外三家考试

---

[1] WJEC. About us［EB/OL］. http://www.wjec.co.uk/about-us/, 2014-06-09.

[2] Eduqas. About us［EB/OL］. http://www.eduqas.co.uk/about-us/, 2016-02-04.

机构[1]还成立了对外代表其整体利益的"资格证书联合委员会"(Joint Council for Qualifications，简称JCQ)。

从上述四家考试机构的发展历程来看，除了威尔士联合教育委员会之外，其他三家考试机构的共同特点有两个：其一，这三家机构均发端于大学主导的考试，发展历史与某些大学有着密切的联系；其二，这三家机构都经历了大大小小的多次合并，从而不断发展壮大起来。

二、校长/校长协会

英国的公立学校教育最初发轫于教会等非政府机构的办学，在相当长的历史时期里，中央政府对于学校办学很少进行干预。1988年以前，尽管公立学校的校长名义上通常需要向地方政府负责，但校长属于专业人士，其在学校管理、教学、课程等方面的权威来自其作为专业人员的专业性，而非来自政府部门。校长的职业身份被视为"首席教师"(head teacher)，即校长通常由教学经验丰富且具有管理能力的资深教师担任。"首席教师"的称谓既表明了校长身份与教师身份之间的统一性，也彰显了校长权威来源于其专业性。

不过从1980年代末以来，在"新公共管理"(New Public Management)和"新自由主义"(neoliberalism)理念的指导之下，英国政府对"二战"后至1970年代所形成的"福利国家"制度进行了大刀阔斧的改造，重新调整了公共部门和私营部门的关系，公共部门中许多旧的专业机构被撤销，从业人员的专业自主性遭到削弱，以强调

---

[1] 另外三家考试机构分别是CCEA、SQA和Ctity & Guilds，CCEA和SQA分别在北爱尔兰和苏格兰从事相关业务，Ctity & Guilds主要从事职业类资格证书的相关业务。

产出和绩效、市场和竞争、消费主义和顾客至上为特征的商业化模式被越来越多地引入到公共服务部门之中，公共部门日益强调目标设定与产出比较等绩效概念，学校和教育领域也概莫能外。在教育领域，撒切尔执政时推行的《1988年教育改革法》将管理主义作为基本原则，并在之后的三十年里被保守党政府和新工党政府奉为圭臬。卡梅伦政府时期，与市场主义相结合的管理主义依然是英国政府推行教育改革的指导思想。

（一）"绩效主义"与"绩效的专业主义"

1. "绩效主义"

在英美教育政策研究界，"绩效主义"（performativity）是指英国中央政府在推行教育改革和教育政策的过程中，运用评估、比较等基于奖惩的绩效考核方式来控制和改变教育实践的政策理念，该理念在英国已经从一个管理工具上升为一种特殊的文化形态[1]。英美教育研究界较早使用这一概念并持批判态度的代表性学者有迈克尔·阿普尔（Michael Apple）和史蒂芬·鲍尔（Stephen Ball）等。阿普尔在其2000年的一篇文章中指出，"技术官僚化管理主义"（techno-bureaucratic managerialism）及其衍生的"绩效主义"已经成为一股席卷欧美的改革浪潮，这股改革浪潮对英美国家的学校体制和教育改革影响巨大[2]。作为新公共管理主义发源地之一的英国更是深受这种"技术官僚化管理主义"和"绩效主义"理念的影响，鲍尔曾指

---

[1] Ball, S.J. The Teacher's Soul and the Terrors of Performativity [J]. Journal of Education Policy, 2003, 18(2): 215—228.

[2] Apple, M. Can Critical Pedagogies Interrupt Rightist Policies? [J]. Educational Theory, 2000, 50(2): 229—254.

出，教育政策是撒切尔主义政治意识形态和政策的重要组成部分，而"绩效主义"是撒切尔政府以来英国最主要的教育改革政策工具[1]。"绩效主义"在英国教育政策和实践中的主要表现可概括为以下三个方面：一是"审计文化"（audit/target culture），即依据以量化标准为主的多重性目标来衡量教师的工作产出；二是强调"外部监管机制"（interventionist regulatory mechanisms）对学校、学科、教师的大量外部督查；三是营造市场环境来保证审计和外部监控对教师职业的约束力，例如推行教师绩效工资，鼓励家长择校以形成教育准市场机制的需求方等[2]。在"绩效主义"理念之下，国家课程、标准化考试、学校排行榜、预算下放和校本管理等教育改革不仅改变了学校的管理模式和教学实践，而且改变了校长和教师的职业身份定位。

2. "绩效的专业主义"

"绩效的专业主义"（performative professionalism）是指在管理主义话语的影响下，政府政策将校长和教师塑造为不同类型的职位，而他们的角色和任务主要是关注"可测量的产出"（measurable outcomes）和"学校绩效"（school performance）。需要注意的是，英国教育界对"专业主义"这一概念的解释是多样的和动态的，而且受时代背景变化和利益相关者斗争的影响[3]。

《1988年教育改革法》推行之后，"绩效主义"在英国中小学教育改革与教育政策中大行其道。在对"绩效主义"持批评意见的研

---

[1] 黄亚婷，桑文娟."表现主义"改革进程中的英国教师身份认同 [J].教师教育研究，2014（4）：106—112.

[2] Wilkins, C. Professionalism and the post-performative teacher: new-teachers reflect on autonomy and accountability in the English school system [J]. Professional Development in Education, 2011, 37(3): 389—409.

[3] Hanlon, G. Professionalism as Enterprise: Service Class Politics and the Redefinition of Professionalism [J]. Sociology, 1998, 32(1): 43—63.

究者看来，"绩效主义"话语下的教育改革和教育政策使得中小学教师由对"什么是知识"以及"如何教授这些知识"有着专业权威的"专业人士"，变成了只需要根据相关标准将这些知识传递给学生的"技工"，教师的工作变得越来越"常规化"（routinized）和"去技能性"（deskilled），越来越受控于规定性项目、强制性课程和按部就班的教学方法；教师被降级为体力劳动者，而非对其课堂里的专业知识拥有专业自主权的专业人士[1]。政府通过对教师这一职业的"去专业化"，建立和巩固了其对教师实施绩效考核的权力，而教师则在此过程中失去了"专业自治"的能力。尽管新工党政府执政期间一度提出对教师职业的"再专业化"，但由于政府的教育政策始终没有脱离"绩效主义"的理念，因此其所谓的"再专业化"不过是形成了一种新的"绩效的专业主义"。伴随着"绩效主义"和"绩效的专业主义"话语的形成和稳固，英国中小学校长的职业身份也发生了渐进的变化。

3. 英国中小学校长职业身份的变迁

撒切尔执政时推行的《1988年教育改革法》将管理主义作为指导教育改革和推行教育政策的基本原则，并被此后的历届英国政府所奉行，不仅包括撒切尔-梅杰政府，也包括布莱尔-布朗政府。在卡梅伦政府任内，与市场主义相结合的管理主义依然是英国政府推行教育改革的指导思想。由于三十余年来管理主义话语对中小学校长职位所进行的重新定位，英国中小学校长的职业身份已经发生了渐进的转变。正如曾春英提出的那样："二战"后至2010年，英国校长职业身份

---

[1] 黄亚婷，桑文娟."表现主义"改革进程中的英国教师身份认同 [J].教师教育研究，2014（4）：106—112.

的转变和重新定位经历了三个阶段的转变，即从"首席教师"（head teacher）到"管理者"（manager）再到"领导者"（leader）。这三个阶段并没有清晰的边界，而是一个渐进的过程。通过改变校长的角色定位，政府将"自由"和"责任"捆绑在一起，使校长成了政府绩效考核制度下"获授权的校长"[1]。

（1）"首席教师"

在英国英语中，用来称呼公立中小学校长的"head teacher"一词很好地诠释了校长这一职位最初的含义。"首席教师"反映出在当时人们的心目中，公立中小学校长来自教师，担任校长后也是教师中的一员。格雷斯指出，在1940年代至1970年代，校长的角色特征被认为是具有人际沟通能力和团队合作能力的教师，尽管也涉及管理职责，但有关校长的话语经常强调教学层面的领导能力，校长的威望来自其在教学领域的经验，而其职责也主要是围绕着教学事务。[2]

（2）"管理者"

撒切尔政府执政以后开始的一系列政治和经济变革改变了英国学校教育的图景，《1988年教育改革法》的一个核心是要在学校之间引入市场的力量，并在学校实施新公共管理的一系列做法。这一时期的官方话语表明，校长的角色正在被重置并确认为"管理者"，校长以一种新的方式在学校管理体制中发挥关键作用。1988年教育与技能部的7/88号通告称："地方管理将赋予校长与其现有责任相匹配的权力，校长已经成为管理者，国务大臣希望在与地方管理有关的决策

[1] Tseng Chun-Ying. Changing Headship, Changing Schools: How Management Discourse Gives Rise to the Performative Professionalism in England (1980s—2010s) [J]. Journal of Education Policy, 2015, 30(4): 483—499.
[2] Grace, G. School Leadership: Beyond Education Management an Essay in Policy Scholarship [M]. London: The Falmer Press, 1995.

中，董事会能够咨询和采纳校长的建议，在帮助董事会制订学校管理计划并确保计划得到实施的过程中，校长将在学校员工的集体支持下发挥重要作用。"[1]在自我管理的驱动下，校长们越发地关注学校的预算、职位任命，以及学校日常经营的效率和效果。预算、人事、市场、校园建设等问题成了校长们最关心的问题，这使得他们没有精力去关注教与学。校长更像是一个企业的首席执行官，主要致力于确定和实现"市场目标"[2]。这意味着学校是以预算为中心，校长主要是忙于"经营预算，确定人员，推广和营销学校，优化学校的绩效"；至于教师，校长必须确保员工（教师）适合"企业"的需要。在某种程度上，校长负责向教师灌输"正确的"态度和文化，使教师感觉自己无论是从个人的角度还是从专业的角度，都应该对学校负责。[3]从这个角度看，校长工作的重要组成部分就是对教师绩效进行内部监控。

（3）"领导者"

新工党执政期间，随着"绩效的专业主义"话语的形成，校长更多地被定位为"领导者"。校长的职责主要是对学生的学业成绩负责，对学校的绩效负责，其工作目标主要是为了达到政府的要求和履行类似"企业家"的职责。在"自主化"（autonomization）和"责任化"（responsibilization）并行的话语体系下，校长成了政府政策传递链中的一个重要环节，在"绩效的专业主义"的形成过程中充当了重要角

---

[1] Tseng Chun-Ying. Changing headship, changing schools: how management discourse gives rise to the performative professionalism in England (1980s—2010s) [J]. Journal of Education Policy, 2015, 30(4): 483—499.

[2] Grace, G. School Leadership: Beyond Education Management an Essay in Policy Scholarship [M]. London: The Falmer Press, 1995.

[3] Ball, S.J. The Education Debate [M]. Bristol: The Policy Press, 2008: 48—49.

色[1]。布莱尔政府1998年发布的绿皮书称，要使教学工作实现现代化，就应该使校长在学校改进中发挥有效作用，"所有的证据都表明，校长是学校成功的关键；所有的学校都需要有这样一个'领导者'——能够创建目标感和方向感，为师生设置高期望，专注于提升教学质量，监控教师的绩效并激发他们竭尽所能；最优秀的校长和包括企业在内的其他领域的领导者一样，善于从事领导工作；现在的挑战是如何通过提供奖励、培训和支持，来吸引、保持和发展更多的具备这种水平的校长"[2]。类似地，在2004年版的校长国家标准中，"有效的校长"是这样定义的："校长的主要职责是对学校实施专业的领导和管理，这是学校各领域工作达到高标准的基础；校长必须创建一种促进卓越、质量以及对所有儿童都有高期望的文化……为学校提供愿景、领导力和方向，并确保学校的组织与管理指向其发展目标；校长和其他人员一起，负责评价学校的绩效，确定能够持续提升教育质量和标准的优先事项，确保为所有学生提供平等的机会，制订政策和开展实践，确保资源被有效率地和有效果地使用，以实现学校的目标，以及维持学校的日常管理、组织和行政工作。"[3]

在措辞上，撒切尔-梅杰政府的倾向是通过强调校长拥有技术的、战略的、运作的能力从而使教学更有效率，而布莱尔-布朗政府则引入了一系列源自商业管理的概念和术语来界定校长，例如，方

[1] Tseng Chun-Ying. Changing Headship, Changing Schools: How Management Discourse Gives Rise to the Performative Professionalism in England (1980s—2010s) [J]. Journal of Education Policy, 2014, 30(4): 483—499.
[2] DfEE. Teachers: Meeting the Challenge of Change [EB/OL]. http://www.educationengland.org.uk/documents/gp1998/teachers-change.html, 2015-07-18.
[3] DfES. National Standards for Headteachers [EB/OL]. http://webarchive.nationalarchives.gov.uk/20130401151715/https://www.education.gov.uk/publications/standard/publicationdetail/page1/DFES-0083-2004, 2015-07-18.

向、文化、愿景、使命等。新工党政府于2000年建立"学校领导力国家学院"（National College of School Leadership）[1]，其主要功能是推行针对校长的强制性评估与认证标准——校长国家职业资格（National Professional Qualification for Headship）。新工党政府视校长为学校的"心脏和灵魂"，希望校长能够改变学校的文化，使之能够更好地适应市场的需要和外部经济环境的变化。学校文化的重建伴随着对教师职业的重新定位，以往传统的"专业化"概念更加受到抛弃，商业的理念、伦理和术语被大量移植到学校管理中来[2]。学校文化演变成为一种注重绩效的组织文化，在这种文化下，组织压倒一切的目标是通过最小的投入和最大的产出（效益）来获得优化的绩效，达到"物有所值"。作为学校的"领导者"，校长在促进和传播这种学校文化的过程中扮演着关键的角色。

在重新塑造和重新定义学校文化的过程中，政府希望校长能够成为政府政策的关键代理人（key agents）。在撒切尔-梅杰政府时期，政策文本将校长描述为学校的管理者，校长在预算和人事方面所担负的责任在某种程度上使得他们对新的学校文化不得不进行适应。在这种"管理的专业主义"下，衡量一个校长是否优秀的标准不再是"道德、学术或专业品质"，而是"街头智慧"（street-wise），即能在市场中生存下来并利用市场机会，这才是一个"有效的"校长所应具备的能力。[3]在新工党执政期间，校长被进一步定位为"单独直接负责的领导者"。校长应该在国家考试方面促进学校的绩效，执行国家的改

---

[1] 2013年4月被卡梅伦政府更名为教学与领导国家学院（National College for Teaching and Leadership）。

[2] Thrupp, M., Willmott, R. Education Management in Managerialist times［M］. Berkshire: Open University Press, 2003.

[3] Grace, G. School Leadership: Beyond Education Management an Essay in Policy Scholarship［M］. London: The Falmer Press, 1995.

革政策。[1]除了管理学校的预算和员工，校长还担负着监控学校绩效的责任，"绩效的专业主义"得以逐渐确立，并带来了更多的管理主义的做法。这些做法以"评价""比较""判断""监管"等措辞出现，而所有这些都是为了最大化学校绩效和学生成绩。通过"绩效的专业主义"，新工党政府强化了学校的文化变革，校长不再被视为"首席教师"，而是被视为学校的领导者；校长的工作模式类似于企业家的工作模式，其权威也不再由于他们是教学专家。[2]通过将校长打造成为"领导者"并赞扬他们在改造失败学校、提升教育标准方面的成就，新工党政府意在使学校像企业一样重视"投入—产出"的效率和效果。

2010年卡梅伦政府上台执政之时，上述这种校长角色定位的变化已经基本成型。不过，卡梅伦政府的学校体制改革、绩效问责制度改革和考试制度改革进一步强化了"绩效主义"和"绩效的专业主义"话语下的校长角色定位。将"自由"和"责任"进行捆绑是强化这一模式的关键：强有力的校长意味着校长可以"自由"地开展他们担负着"责任"的工作；校长们现在不仅致力于达到中央政府给他们设定的绩效要求，而且还负责促进在市场力量的支配下对教育进行有效的规划和实施的新制度文化。从某种程度上说，校长的角色发生了更为根本的转变，他们不再是和教师一起工作的专业人士，而成了中央政府教育政策的关键代理人；校长对学校的整体绩效负责，学校的中层管理人员及教师在校长的领导下对学生的成绩直接负责。

从政府的角度看，校长日益变成了政府政策"实施链"中的关键

---

[1] Guntera, H., Forrester, G. New Labour and School Leadership 1997—2007 [J]. British Journal of Educational Studies, 2008, 56(2): 144—162.

[2] Guntera, H. Leaders and Leadership in Education [M]. London: Paul Chapman, 2001.

人物；在政策的实际实施过程中，校长具有战略重要性；赋予校长责任和有条件的自由被视为促进"有效"学习和提升"标准"的关键。因此，我们看到卡梅伦政府执政期间，政府一方面强调要给校长更多的权力，另一方面更加强化了对中小学校的督导和绩效考核。为了使更多的中小学校长成为中央政府教育政策的忠实拥护者和执行者，卡梅伦政府极力推动公立中小学的"学园化"进程，并希望在"自由"与"责任"的双重话语下能够诞生一批"超级校长"，这些"超级校长"能够在最具挑战的环境中管理那些最困难的学校，落实政府的政策，将那些失败的或濒临失败的学校改造成绩效优异的学校。[1]

综上，"绩效主义"与"绩效的专业主义"话语的形成过程与英国中小学校长职业身份的变迁过程是相伴而生的；在政策文本中，"责任"和"自由"被政府有意识地捆绑在一起，从而构成了校长角色的重要特征；而校长的这种角色转变及其职业身份特征，是理解校长与政府、校长与教师之间关系的关键。

正如英国学者杰夫·温蒂（Geoff Whitty）所指出的，随着校长成为领导和管理教师的"领导者"，学校中的管理和行政层级得以建立和巩固，校长和教师之间越来越大的差别强化了自上而下的管理结构，导致管理者和被管理者之间越来越大的鸿沟[2]。因此，尽管中学校长也常常代表自己学校的教师发声，但其职业身份毕竟已不再是普通教师的代表，在包括考试制度改革在内的教育改革中，校长的立场、态度、利益诉求与普通教师并不完全相同。

不过，同样需要指出的是，校长们面对日渐强势的中央政府对

---

[1] Guntera, H. Leadership and the Reform of Education [M]. Bristol: The Policy Press, 2012.

[2] Whitty, G., Power，S. Devolution and Choice in Education: The School, the State and the Market [M]. Buckingham: Open University Press. 1998: 57.

学校教育的干涉，也并非总是顺从和被同化，他们中的一些人也常常对政府的相关政策提出质疑或批评，在学校的实际运转中运用各种策略对某些政策带来的影响进行折中、调和甚至抵制[1]；尤其是在工党议员占据优势的地区，校长们对保守党政府的教育政策不仅常常颇有微词，而且经常通过媒体及所在地区的议员发表公开的批评意见。当然，为了更好地表达和维护自己及自己所在学校的利益诉求和立场观点，各种不同类型学校的校长们组建了各种各样的校长协会。

（二）校长协会

目前，在英国社会和教育界影响力较大的校长协会有以下五个（见表2-4）。

表2-4 英国较有影响的校长协会

中英文全称	英文简称	会员情况
学校与学院领导者协会 Association of School and College Leaders	ASCL	约1.5万名中学校长、副校长
全国校长协会 National Association of Head Teachers	NAHT	约2.7万名中小学校校长、副校长
卓越私立学校校长协会 Headmasters' and Headmistresses' Conference	HMC	270余所私立学校的校长
独立学校校长协会 Society of Heads	SofH	100余所独立学校的校长
文法学校校长协会 Grammar School Heads Association	GSHA	160余所公立文法学校的校长

资料来源：根据英国政府及各校长协会官方网站资料整理。

---

[1] Moore, A. The Developing Role of the Headteacher in English Schools: Management, Leadership and Pragmatism [J]. Educational Management & Administration, 2002, 30(2): 175—188.

上述五个校长协会中，HMC和SofH是私立学校的校长组织，代表的是私立学校及校长的利益；GSHA则代表了公立文法学校及校长的利益。ASCL和NAHT的成员主要是公立学校的校长，主要代表的是公立学校和公立学校校长的利益。总体而言，HMC对近年来英国政府主导的GCSE和A-Level考试制度改革持积极态度，而ASCL和NAHT则对此颇有微词，其他两个校长协会没有表现出明显的倾向。

三、教师／教师工会

英国的各行各业几乎都有自己的工会组织，这些工会组织联合在一起组成了英国工会联合会（Trades Union Congress）。与19—20世纪初工人运动风起云涌的时代不同的是，在早已迈入后工业化时代的英国，如今最为活跃的工会组织通常并不是代表私企员工的工会，而是公共部门雇员所在的工会。教师工会便是其典型代表。

（一）英国教师工会的基本情况

截至2015年4月，在英国工会联合会注册登记的教师工会有十余个之多，其中影响范围较广、影响力较大的教师工会有以下六个（见表2-5）。

表2-5 英国较有影响的教师工会

中英文全称	英文简称	会员人数	会员类别		
			教师	学校领导	教辅人员
全国教师工会 National Union of Teachers	NUT	约33万	√	√	

（续表）

中英文全称	英文简称	会员人数	会员类别		
			教师	学校领导	教辅人员
全国男教师协会与女教师工会 National Association of Schoolmasters Union of Women Teachers	NASUWT	约33万	√	√	√
教师与讲师协会 Association of Teachers and Lecturers	ATL	约16万	√	√	√
声音 Voice	Voice	约2万	√	√	√
全国校长协会 National Association of Head Teachers	NAHT	约2.7万		√	
学校与学院领导人协会 Association of School and College Leaders	ASCL	约1.5万		√（仅中学）	

资料来源：根据英国政府及各工会官方网站资料整理而得。

在这六个教师工会中，Voice成立时间较晚，会员人数较少，以主张温和、反对罢工为特色，但社会影响力也因此较小。上文已经对NAHT和ASCL进行了分析，它们是代表校长、副校长及其他担任领导职务的教师的工会组织，并非普通教师的利益代言人。NUT、NASUWT、ATL则因会员人数较多并能够代表普通教师发声和组织活动，成为英国最为著名的三大教师工会。

1. 全国教师工会

全国教师工会（NUT）源于1870年6月25日于伦敦大学国王学院的一次会议上成立的全国初等教师工会（National Union of

Elementary Teachers，简称NUET）。当时，根据1870年教育法，英格兰和威尔士等地成立了多个地方性的教师协会，NUET正是这些地方性教师协会联合的产物。在1889年NUET的年会上，该组织正式更名为NUT。

目前，NUT是英国最大的教师工会，拥有30万以上的会员，总部位于伦敦，会员则遍布英格兰、威尔士、英吉利海峡群岛（Channel Islands）和英属马恩岛（Isle of Man）。NUT的最高负责人由工会成员选举产生，任期五年且不得连任。NUT每年春季举行一次年会，会议地点不固定，会议日期通常都是在复活节期间。NUT吸纳会员时要求申请者必须是具备教师资格的教师（qualified teachers）或者是正在接受教师资格培训即将获得教师资格的教师（to be qualified teachers），具有教师资格的校长及其他学校管理人员可以申请加入NUT，但没有教师资格的教辅人员则不可以。

NUT宣称该组织致力于维护和提高教师的工作待遇，讨论教育问题，影响政府的教育决策。其目前关注和推动的主要政策议程包括：保障教师获得公正的报酬；使教师获得工作与生活的平衡；反对发展学园式学校和公立学校的学园化；主张取消国家课程考试（National Curriculum Tests）；谋求建立全国统一的教师工会。除了为其会员提供法律保护之外，NUT还建立了两家面向教师提供保险、理财、住房贷款等服务的金融服务公司。

2. 全国男教师协会与女教师工会

全国男教师协会与女教师工会的全称冗长而奇怪，这和其起源和发展的过程有关。NASUWT的前半部分即NAS源自从NUT中分裂出的一个教师组织。1919年，NUT投票通过了"男女同工同酬"（equal pay）这一原则，尽管投票获得通过，但成员内部就此问题的不同意见争论得很激烈，随后一部分反对这一原则的成员在NUT内部建立了旨在维护男性教师利益的全国男教师协会（National Association of Men Teachers，简称NAMT）。1920年，NAMT更名为更为文雅的NAS（National Association of Schoolmasters[1]），最终于1922年从NUT中独立出去，并要求其成员从次年开始不得继续保留NUT会员的身份[2]。早年的NAS致力于将每一个男教师都纳入协会，以保护和促进男教师的利益，确保男教师的社会和经济责任得到认可，确保能够代表男教师与地方教育当局及政府就教育问题进行谈判。此外，NAS当时还主张，所有7岁以上的男孩都应该主要由男教师进行教育，男教师不能在女校长的领导下工作。[3]

随着中等教育的不断普及，NAS在英国各个中学积极招募成员，并运用"集体谈判"（collective bargaining）和举行罢工活动等方式争取男教师报酬和工作条件的提升，并取得了多次成功，使得该组织在英国男性教师中颇具影响力和号召力。但是NAS为了维护男教师权益不惜危害其他教师群体的做法一直以来备受质疑，其组织名称也被批评有性别歧视之嫌。1975年，英国出台了《性别歧视法》（Sex Discrimination Act 1975）。既是迫于压力，也是顺势而为，NAS于1976年和面临同样问题困扰的代表女性教师利益的女教师工会（Union of Women Teachers，简称UWT）合并，成立NASUWT，从而

---

[1] "National Association of Schoolmasters" 在国内一些文献中被翻译成"全国校长协会"，笔者认为是不准确的，虽然当时英国学校担任校长职务的教师确实是男性较多一些，但"Schoolmaster"的含义并不是指"校长"，而是"男教师"的一种更为文雅的说法。

[2] Tropp, A. The School Teachers: the growth of the teaching profession in England and Wales from 1800 to the present day [R]. London: Heinemann 1957: 216.

[3] Blum, A. Teacher Unions and Associations: A Comparative Study [M]. University of Illinois Press, 1969: 54.

形成目前英国第二大的教师工会。[1]

NASUWT同样也是每年举行一次年会，年会上来自全国各地的地方代表讨论确定其政策和活动，并选举产生秘书长等负责人以及由44人组成的全国执行委员会，共同负责该工会的日常事务。在会员构成方面，NASUWT的成员既可以是普通教师，也可以是校长等学校管理人员或教辅人员。

3. 教师与讲师协会

教师与讲师协会的前身之一是由180名女性于1884年创建的"助理女教师协会"（Association of Assistant Mistresses，简称AAM）。这180位女性当时都是在女校工作的人员。起初该协会作为一个专业性组织，关注的只是其工作内容本身——如何更好地教育孩子。但是在1921年，该协会任命代表参加了新成立的旨在解决中等学校劳资问题的柏汉委员会（Burnham Committee），这是该协会从专业研究性组织向教师工会转变的开始。

ATL的另一前身是1891年建立的"中等学校助理教师协会"（Association of Assistant Masters in Secondary Schools，简称AMA）。创立之初，该协会旨在保护和提高中学教师的工作待遇。1899—1908年，在争取助理教师获得终身教职的活动中，该协会发挥了重要的作用。

1978年，AAM和AMA宣布合并，组建了"助理男教师和女教师协会"（Assistant Masters and Mistresses Association，简称AMMA），并于1993年改名为教师与讲师协会（Association of Teachers and Lecturers，简称ATL）。2011年ATL又进一步合并了"学院管理者协

---

[1] Ironside, M., Seifert, R. Industrial Relations in Schools [M]. London: Routledge, 1995: 97.

会"（Association for College Management），其会员分布也随之从初等教育和中等教育界扩展到继续教育和高等教育界。

ATL目前是英国第三大教师工会，拥有约16万名会员。ATL的领导层及各项重大政策在其一年一度的年会上由参会代表选举产生和投票决定，日常事务由秘书长和执行委员会共同负责。

ATL在三大教师工会中一直被认为是相对温和的，比较重视教师的专业发展和教育领域的公平问题。不过近年来，在反对保守党某些教育和社会福利政策以及抗议政府财政紧缩带来的教育经费不足等问题的活动中，ATL越来越活跃，对罢工活动的积极参与态度和其他两大工会几乎没有区别。

（二）三大教师工会的合作与合并趋势

由于历史和自身定位的原因，长期以来，英国的三大教师工会之间在某些问题上步调并不一致，甚至有明显的分歧。不过，它们都通过不同方式对英国教育政策发挥着一定的影响作用。例如，近些年来，NASUWT发起了一系列的活动，包括成功促使普通教学委员会（General Teaching Council）制定的行为准则（code of conduct）被取消，敦促有关部门和人士承认和正视教师所受到的网上欺凌（cyberbullying）及其影响，保护教师在受到恶意和错误指控时的匿名权，禁止极端右翼政党英国民族党（British National Party）的成员从事教师职业等，都取得了成功或者产生了很大的影响。

在2003—2010年工党执政期间，三大教师工会与政府的关系相对友好。其中NASUWT和工党政府还保持了良好的合作关系。工党执政期间，NASUWT加入了工党政府倡导的"社会伙伴"（social partnership）项目。该项目的参与者包括工党政府、雇主协会和多个工会组织，但作为第一大教师工会的 NUT 并未加入这一项目。该项目所举行的会议最初是为了讨论薪酬和劳工问题，后来逐渐扩大到对范围广泛的各种政策建议的讨论。NASUWT 称这一项目为教师带来了益处，即通过达成全国性劳资协议，提升了教师的标准，缓解了教师的工作负担，等等。

不过，"社会伙伴"这一项目仅存在于工党政府任内，2010 年保守党领导的联合政府上台以后并未继续沿用，三大教师工会和政府的关系也变得紧张起来。与政府关系的恶化使得三大教师工会逐渐意识到彼此加强合作的必要性，因此近些年来，三大教师工会有融合的趋势。

尽管 NASUWT 明确表示不会和 NUT 合并，但近些年来也逐渐不再和 NUT 刻意保持距离。2010 年以来，NASUWT 在就教师的工作负担、工作条件、养老金、工作岗位等问题向政府正式提出劳资争议未果之后，组织和参加了很多针对政府的抗议活动。NASUWT 称政府出台的《2011 年教育法》预示着整个英国公立教育的分崩离析，并喊出"归还承诺"（Reclaim the Promise）的口号，呼吁回到英国的《1944 年教育法》。在此过程中，NASUWT 改变了一直以来和 NUT 不进行合作的惯例，鼓励其会员参加 NUT 发起的游行及其他一些针对政府的抗议活动，并于 2012 年宣布和 NUT 一起共同开展合法怠工，还共同举行了 2013 年和 2014 年的教师罢工活动[1]。

2015 年大选前后，为了进一步增强对英国教育政策的影响力，向各主要参选党派以及未来即将诞生的新一届政府施加压力，NUT 和 ATL 公开发表声明称，两者已经开始讨论合并事宜。据媒体报道，拥

---

[1] Wikipedia. NASUWT［EB/OL］. http://en.wikipedia.org/wiki/NASUWT, 2015-04-23.

有33万会员的NUT和拥有16万会员的ATL都认为，两者的合并能够使教师在未来和政府谈判的时候拥有更强的影响力；两者合并后将跃升为全英国第四大的工会组织。两者有意合并的消息起初令人颇感意外，因为很多人认为这两个教师工会不大可能成为盟友，原因在于ATL在三大教师工会中一向以"最为温和"而著称，而且在2015年4月初召开的年会上，ATL并没有提及任何罢工行动；此外，与其他两个教师工会相比，ATL拥有更多的私立学校教师会员；而NUT则在同期召开的年会上号召会员举行罢工，抗议政府拨款缩减，抵制对4岁儿童的新"基准测验"（baseline tests）[1]。

不过，如果考虑到近年来这两大工会在教育政策方面所持立场已经几乎没有区别，它们都反对卡梅伦政府有关自主学校和学园式学校的政策，在维护教师福利，要求提高教育经费，要求改革教育标准局等诉求方面也比较一致，因此，现在两者合并似乎已到了水到渠成的地步。

在英国建立一个统一的教师工会一直是NUT的一大目标，但这一目标的实现多少年来几乎没有进展。现在情况发生了变化，变化的原因之一是英国的基础教育经费在政府的财政紧缩政策下将面临比较严峻的前景，而教育经费的缩减将直接损害到教师工作待遇和工作条件的改善，因此历来都受到所有教师工会的极力反对。

英国工会联合会一直以来也认为，在工会联合会内同时存在多个代表教师的工会是不正常的，其他行业很少这样。有分析者认为，如果三大教师工会全部合并，将会增强教师工会的话语权，将有能力组

---

[1] Garner, R. NUT and ATL: Two of Britain's biggest teaching unions discuss creating a 'superunion'［EB/OL］. http://www.independent.co.uk/news/education/education-news/two-of-britains-biggest-teaching-unions-discuss-creating-a-superunion-10158463.html, 2015-04-23.

织起更大规模的罢工行动。不过，NASUWT的领导层明确表示反对和其他两个教师工会合并。也有分析者认为，即便三大教师工会能够最终全部合并，也并不意味着他们力量增强后会发动更多的罢工，反而可能使一部分持温和主张的力量在教师工会中发挥作用，再加上会员人数巨大，因此合并后的新教师工会反而会倾向于减少罢工行动的频率而提高罢工行动的效率。不过对此有人指出，近年来，为了抗议政府在增加养老金扣款额的同时削减养老金的决策，之前立场较为温和的ATL也已不再"温和"，并和其他两大教师工会一样，积极组织和参与多项罢工活动。对于两大教师工会合并的消息，NUT的秘书长克里斯汀·布洛尔（Christine Blower）称，NUT一直致力于建立一个统一的教师工会，并就此问题与其他对此有所准备的教师工会保持磋商，在最近和政府进行对话的过程中，NUT一直与ATL及其他教师工会保持着紧密的合作。[1]

2015年英国大选前后，三大教师工会活动频繁，其中NUT还不断对外界宣称，在2015年的年会上已经通过了一项动议，如果新一届政府仍然不能对削减教育经费的计划进行修改，那么NUT将在秋季发动一次罢工。三大教师工会的诉求在一定程度上得到了英国几大政党的回应，但获胜的保守党远远达不到教师工会的期望，工党的态度也不尽如人意，且已经在大选中落败，自民党的回应虽然较为积极，但该党在2015年的大选中惨败，连一个联合执政的机会都没有得到。

---

[1] Garner, R. NUT and ATL: Two of Britain's biggest teaching unions discuss creating a 'superunion' [EB/OL]. http://www.independent.co.uk/news/education/education-news/two-of-britains-biggest-teaching-unions-discuss-creating-a-superunion-10158463.html, 2015-04-23.

（三）教师工会对政府教育政策的反对意见

自2010年以来，以NUT为代表的教师工会一直对保守党主导的教育改革政策非常不满。概括而言，它们的反对意见主要集中在以下几个问题上。

1. 关于自主学校和学园式学校

NUT在其官网明确表示，为学园式学校的教师提供支持和保护是NUT的责任，但总体而言，NUT反对学园式学校的相关政策，反对的理由包括：没有证据能够表明学园式学校提高了教育质量；学园式学校可以聘用没有教师资格的教师，NUT反对没有教师资格的人员从事教师工作，因为这有损于教师职业的专业性；学园式学校在教师薪酬和工作条件方面的灵活性损害了教师的国家薪酬体系、教师的工作条件以及教师进行集体谈判的权利；学园式学校脱离地方政府的管理，意味着其不再对地方社区负有民主制度下的责任，减少了与地方政府及其他学校合作的可能；学园式学校能够自行决定招生政策，削弱了地方政府规划和管理学位的能力，并加剧了招生的不公平，加重了社会隔离；学园式学校花费较大，损害了学校拨款的公平性。

2. 关于基准测试

按照英国教育部的要求，从2016年开始，英格兰各地的幼儿教育机构将对刚进入小学学前班（reception）的4岁儿童进行"基准测试"（baseline assessment, baseline testing）。所谓基准测试，是指4岁儿童在开始学前班学习的几周之后，学校将对其读写（literacy）和算术（numeracy）能力进行一次测试。测试的目的是为了完善和细化学校和教师绩效考核制度，将学生4岁时所做的这次测试作为一个"基准"，把学生数年后在第一、二学段结束时（即学生7岁和11岁时）

参加的国家课程考试成绩与之对比,以此判断学生的进步情况。按照计划,2016年将有60万名儿童参与首次英语和数学测试。英国教育部称,开展基准测试能够帮助有关各方明确儿童接受学校教育时的起始水平,便于对学校的绩效进行更准确的评价和考核,学校不得不提高教学质量以提升学生的表现,从而使所有学生在小学毕业时都能拥有良好的阅读、写作和数学水平,从而为中学阶段的学习打下坚实的基础。

有关基准测试的政策计划一经发布,就遭到了NUT的强烈反对。NUT认为这种对4岁孩子开展的测试所构建的是一种不健康的竞争环境,它只会让孩子产生挫败感,给教师带来压力。NUT表示,7岁以前的儿童不应该接受这种测试,而应该通过以游戏为主的课程快乐成长,他们呼吁所有的幼儿教师都抵制基准测试。

3. 关于教育经费

卡梅伦政府的财政紧缩政策所带来的教育经费缩减,是教师工会极力反对的另一重大问题。在2015年大选之前,NUT就表示,"通过表明对这一问题的优先重视程度,我们要向各党派——当然包括保守党和工党——施加压力,告诉他们我们需要更多的教育经费。无论谁赢得大选,都得重视教育经费的问题"。NUT表示,一方面政府提供的教育经费在缩水,另一方面学校现在面临的开支却在大幅增加,原因包括:学生数量持续增长,需要支付给教师的国民保险和养老金在增长,学校应对课程和考试改革的支出也在增长,等等。除了这些开支的增长之外,还应考虑到不少学校多年来一直处于经费拨付不足的处境。NUT秘书长布洛尔向媒体强调,在NUT 2015年的年会上,代表们一致通过了一项动议,如果政府不能对削减教育经费的计划进行修改,那么NUT将在2015年的秋季发动一次罢工。

卡梅伦领导的保守党连任以后,英国基础教育阶段的经费仍处于明显的紧缩状态，教育经费的紧缩对于公立学校尤其是提供第六学级教育的学校影响较大。2016年3月15日，在NUT的领导下，英国各地第六学级学院的教师们开展了一次声势浩大的罢工示威，抗议财政大臣奥斯本即将宣布的含有教育经费缩减尤其是第六学级教育经费缩减的财政预算。这次罢工示威的核心诉求是，政府至少应将16—19岁阶段的教育经费恢复到2010年之前的水平，免除第六学级学院的增值税，且不以转制为学园式学校为前提条件，解除对第六学级学院进行关闭或合并的威胁等[1]。

4. 关于教师的工作压力与工作负担

教师工会认为，在教育标准局和学校排行榜的压力之下，教师的教学自主权日益丧失，学校给教师的创新自由非常有限。例如，NUT秘书长布洛尔表示，教育是为了培养完整的人，但是紧紧地束缚着教师的教育标准局却只重视学术性科目，漠视其他教学内容。一个小学校长曾告诉她，在教育标准局督查并将其学校的评级从优秀降为良好之后，地方教育当局抱怨学校取消了原来的课外活动，该校长只能回应说："你想想看，你是想要足球呢还是想要考试成绩？"[2]

布洛尔所举的例子在学校和教师中具有一定的代表性。其背景是由于英国政府对公立中小学教育质量不满意，因此在新公共管理理念下不断强化对学校的绩效考核，从而使处于教育第一线的教师和校长普遍感到压力与日俱增，来自教师的抱怨和指责也越来越多。但一向直言不讳的教育标准局负责人迈克尔·威尔肖（Michael Wilshaw）则

---

[1] NUT. 6th Form College — Pay and Funding campaign［EB/OL］. http://www.teachers.org.uk/members-reps/6th-form-teachers/pay-and-funding-campaign, 2016-03-13.

[2] Adams, R. Teachers don't like the Tories — so why isn't Labour benefiting?［EB/OL］. http://www.theguardian.com/education/2015/apr/02/teachers-dont-like-the-tories-so-why-isnt-labour-benefiting, 2015-04-23.

在一次公开会议上抨击那些抱怨工作压力过重的教师，称这些教师只是在为学校的表现不佳找借口而已。这位持坚定保守党立场的爵士，认为那些只知道抱怨的校长和教师们并不明白"压力"这个词的真正含义，他说："让我来告诉你们什么是'压力'，'压力'是我父亲那一代人，他们在1950—1960年代拼命地去找工作，为了养育一个人口渐增的家庭，他们每天花很长的时间做三份工作，周末也不能休息；'压力'是如今150万名失业的年轻人所感受到的——他们在学校接受的低质量的教育经历使他们缺乏谋生的技能与证书；'压力'是我1985年开始担任校长时，教职工们经常罢工怠工，我曾在三年的时间里每天都不得不亲自照看学生的午饭，还曾在体育馆里同时负责五个班级的学生，因为没有人教他们。"[1]威尔肖还表示，政府现在已经赋予校长更高的薪水、更多的权力及自主性来提升学校表现，教育标准局不需要那些只会批评教育标准局、政府或是学校管理委员会的校长。

威尔肖的上述发言被媒体报道后引发了更多教师和校长的反对声浪。ATL的前任秘书长玛丽·伯斯蒂德（Mary Bousted）回应称，教育标准局应该停止批评学校教师和校长，专注于协助学校改进的工作，威尔肖对教师的批评并不能给实际的教育带来任何帮助。伯斯蒂德代表ATL表示，现在教师和校长承受的压力确实是越来越大，这些压力来自政府教育改革方案的不断翻新、课程内容难度的增加、考试内容和考试方式的改革、对学校进行排名并根据学生的考试成绩来评价学校和教师的绩效等做法[2]。在2015年的NASUWT年会上，许多学

---

[1] Richardson, H. Ofsted chief Sir Michael Wilshaw: Teachers not stressed [EB/OL]. http://www.bbc.com/news/education-18025202, 2015-04-23.

[2] Garner, R. Teachers don't know what stress is, says Ofsted head [EB/OL]. http://www.independent.co.uk/news/education/education-news/teachers-dont-know-what-stress-is-says-ofsted-head-7734556.html, 2015-04-24.

校的校长批评现任教育标准局局长威尔肖爵士将"恐惧的气氛"引入学校中，并对威尔肖寄希望于通过负面言词和高压策略来提升教育标准表示沮丧与失望[1]。

尽管教师工会近年来举行过多次声势颇大的罢工行动，三大教师工会的合作也日益密切，步调日益统一，与2010年卡梅伦政府刚执政时相比，如今的教师工会似乎拥有了更大的政策影响力，但卡梅伦政府对教师工会所采取的强硬态度一直未曾妥协，教师工会的上述诸多诉求并不容易得到满足。

正如英国学者杰夫·温蒂（亦译"杰夫·维替"）曾经指出的，20世纪80年代以来，伴随着新自由主义和新保守主义思潮的兴盛，全面改革教育体制是自撒切尔政府以来历届英国政府的重要议题；保守党和工党所代表的两大阵营都对教师专业主义的职业意识形态进行了严厉的批评，尤其是对20世纪60年代所倡导的学生中心主义教学论的主导地位发起了不断的攻击和改革。最初是新右派批评家们，他们认为所谓的自由主义教育势力造成了英国教育质量日益下滑，而教师工会就是这种自由主义教育势力的代表之一，教师工会深受意识形态左右，自私自利，为了自身利益而损害公共利益。这种批评在英国取得了很大的效果，撒切尔和梅杰领导的保守党政府对教师工会采取了更为强硬的立场，不断削弱教师职业的专业化特征，在教育思想上则把市场化的思想引入到公立教育当中，强调学生考试成绩的重要性，并以此作为学校办学质量和教师教学质量的重要评价标准。[2]

---

[1] Garner, R. Attack on Ofsted's 'climate of fear' [EB/OL]. http://www.independent.co.uk/news/education/education-news/attack-on-ofsteds-climate-of-fear-7718684.html, 2015-04-24.

[2] 杰夫·维替著，刘邦祥译.职业自我管理、国家控制抑或其它 [J].教师教育研究，2004（5）：68—72.

1997—2010年执政的新工党政府虽然与教师工会的关系相对缓和，但其所采取的教育思想则与保守党并无二致，甚至有过之而无不及。2010年保守党领导的联合政府执政以后，无论是前教育部长戈夫还是教育标准局局长威尔肖，都进一步强化了英国政府多年来在教育领域的新自由主义和新保守主义思想，其突出的表现就是鼓励和强调学校之间的竞争，把大批"失败的"的公立中小学转为学园式学校；在公立中小学教育中引入市场化和私有化的因素，在发展学园式学校的同时新建自主学校；强调和细化对学校和教师的绩效考核制度，更加重视传统学术性学科的教学，改革考试制度，提高考试的难度和对学生的区分度，等等。这些改革尽管毁誉参半、褒贬不一，但对很多教师来说，先抛开是否真的有助于教育和教学质量的改善不谈，这些改革无疑会进一步使教师丧失教学的自主权，增加他们的工作压力。再加上保守党政府所推行的财政紧缩政策以及养老金相关制度改革对教师而言也较为负面，因此，教师的负面情绪日益增长，并通过罢工怠工、示威抗议、对政府的教育改革政策进行冷嘲热讽等各种形式表达出来。

四、学校/学校联盟

（一）全国文法学校协会

在1960年代英国的中学教育综合化运动中，英格兰大部分的公立文法学校都被转制为综合中学，特别是在工党控制的选区内。但仍有一部分公立文法学校得以保留至今，目前英格兰的公立文法学校共有164所。这些公立文法学校实行基于考试成绩的选择性招生政策，学校的地理位置通常位于经济收入较高的中产阶级社区，教育质量和社会声誉明显优于一般的公立学校，每年的申请人数往往远高于招生人数，入学竞争激烈。家长如果在学校附近拥有房产，就可以增加子女被录取的可能，因此学校周边的房产通常价格很高。除了优先招收的学生之外，其他申请就读的学生常常需要在学校或地方组织的考试中表现优秀才有可能被录取。

对于这些"遗留"下来的公立文法学校，英国国内一直有两种截然相反的观点，一派主张彻底废除文法学校，并将现有的文法学校全部改制为综合学校，他们认为文法学校加深了英国的阶级分化和中产阶级的特权；另一派则反对综合学校化，主张保留现有的文法学校，甚至进一步扩大文法学校的数量和规模，他们认为文法学校不仅给家长提供了更多的选择机会，而且为那些家庭背景不好但勤奋好学的孩子提供了跨越阶级隔阂，实现个人奋斗的机会。

为了维护自身的地位和利益，中学综合化运动中得以保留的文法学校及其支持者于1970年代成立了全国文法学校协会（National Grammar Schools Association，简称NGSA）。该协会在其官网上称："NGSA是一个非政治、非营利组织，其支持者包括关心文法学校的维持和发展，珍视其教育选择价值的家长、校董、校长、教师、教育专家及其他人士。我们的目标包括：首先，保存这些优异的但面临多方面威胁的公立学校；其次，鼓励建立更多的文法学校，特别是在那些现在没有文法学校的地区。通过提供全国层面和地方层面的事实信息和充分论据，我们定期为有关文法学校未来命运的争论做出贡献。"[1]

文法学校的支持者和反对者之间进行了数十年的争论，双方争

---

[1] NGSA. Welcome to the National Grammar Schools Association［EB/OL］. http://www.ngsa.org.uk/, 2015-12-27.

执的最终结果是，1998年布莱尔领导的工党政府执政时期，英国议会通过了相关法律，明确规定现有的164所文法学校将得以保留，但禁止再新建文法学校。而全国文法学校协会对此并不甘心，仍然致力于推动政府和议会放松对新建文法学校的限制。为了避免与法律产生冲突，文法学校的支持者们目前寄希望于通过建立分校的模式来实现文法学校的扩张。在文法学校协会及其支持者的强烈呼吁与不懈努力下，2015年10月15日，时任英国教育部长妮基·摩根（Nicky Morgan）批准了位于肯特郡的肯特维尔德文法学校（Weald of Kent Grammar School）的申请，允许该校在离原校址9英里以外的塞文欧克斯（Sevenoaks）新建一个"附属建筑"。

（二）独立学校委员会

独立学校委员会（Independent Schools Council，简称ISC）成立于1974年，是由多个独立学校协会的领导者共同发起成立的，起初名为独立学校联合委员会（Independent Schools Joint Council），1998年改称独立学校委员会。

独立学校委员会目前代表着英国1 200所独立学校，这些独立学校分属于8个独立学校协会，分别是：女子学校协会（Girls' Schools Association，简称GSA）、卓越私立学校校长协会（Headmasters' and Headmistresses' Conference，简称HMC）、预备学校独立协会（Independent Association of Prep Schools，简称IAPS）、独立学校协会（Independent Schools Association，简称ISA）、独立学校校长协会（Society of Heads，简称SofH）、独立学校领导机构协会（Association of Governing Bodies of Independent Schools，简称AGBIS）、英国国际学校委员会（Council of British International Schools，简称COBIS）、

独立学校财会协会（Independent Schools' Bursars Association，简称
ISBA）。

一般而言，独立学校的教学质量远高于公立学校的平均水平，根据英国教育部公布的学校排行榜的数据，2014年独立学校高达1/3的GCSE考生能够获得A*等级，而全国范围内仅有7%的GCSE考生能够获得A*等级；2015年A-Level考试单科平均成绩前100名的考生中，有84名来自独立学校[1]。

独立学校委员会以维护和促进各协会成员学校的共同利益为组织目标，积极就相关政策向英国教育部、议会等政治团体施加影响或开展游说。独立学校委员成立后，还建立了自己的学校督导机构，即独立学校督导团（Independent Schools Inspectorate，简称ISI），负责对成员学校开展类似于教育标准局对公立学校的督导工作。2003年12月，根据《2002年教育法》的相关条款，独立学校督导团获得当时的英国教育与技能部的正式批准，成为政府认可的独立学校督导组织，并向教育部提交督导报告。2007年，独立学校督导团注册成为独立的有限公司，在法律地位上不再从属于独立学校委员会。不过此举的象征意义大于实际意义，其目的不过是为了保障和彰显独立学校督导团开展工作时的公正性和独立性。

目前，独立学校委员会将自己的战略目标概括为五个方面，包括：为成员协会实现自己的目标提供支持，为各协会成员之间的沟通交流提供场所；通过和决策者及意见形成者一起开展目的明确、重点突出且高效的活动来维护和促进独立学校的发展；为独立学校提供重

---

[1] Lenon, B. Private schools are competing against the highest performing state schools — and often winning. This is nothing new [EB/OL]. https://www.tes.com/news/school-news/breaking-views/private-schools-are-competing-against-highest-performing-state, 2016-02-11.

要的法律及管理层面的指导；开展和组织有权威的研究和成果汇编，以支持独立学校的教育活动；为家长决策提供有关独立学校的信息。该委员会的重点工作包括：支持和引导独立学校在公共考试和国家课程上达成一致意见；维护和促进独立学校在保持慈善机构地位、招收国际学生等方面的利益；推动独立学校对适当的监管与督导的认识；支持独立学校提供早期教育；通过调查统计收集和分析独立学校的年度数据；分析独立学校在国家考试和大学录取方面的表现；开展有关独立学校声誉及财务标准的调查；为专家团队提供支持；通过媒体提升成员协会及独立学校的声誉；确保面对媒体能够发出一致的声音；为每一所成员学校提供高质量的新闻服务；支持市场化和学校改进，提供有关独立学校的方便实用的信息[1]。

五、高校/高校联盟

英国目前共有高校130余所，"英国大学协会"（Universities UK）是它们共同的代表组织。不过，由于在办学的历史、规模、质量和社会声誉等方面存在一定差异，不仅公众、媒体和教育界对英国高校有各种各样的层次划分，如"古典大学""红砖大学""新大学""1992后大学"等，不同层次和类型的高校出于自身的某些利益和目的，也常常组建各种大学联盟、智库及相关组织，例如"罗素集团"（Russell Group）、"1994集团"（1994 Group）、"北方大学联合会"（Northern Consortium）、"百万+"（Million+）、"大学联盟"（University Alliance）等。其中最具代表性、影响力最大的是代表英国高校整体利益的"英国大学协会"，以及代表特定精英大学利益的

---

[1] ISC. About us［EB/OL］. http://www.bbc.com/news/education-34535778, 2015-12-27.

"罗素集团"和"1994集团"。

（一）英国大学协会

英国大学协会（也译作"英国大学校长联合会""英国大学联合会"等）于1918年正式成立，原名"英国大学副校长与校长委员会"（Committee of Vice-Chancellors and Principals of the Universities of the United Kingdom，简称CVCP）。1918年刚成立时，该组织的成员仅包括22所大学，随着英国大学数量在之后的近百年间的不断增长，新成员不断加入。2000年，该组织更名为英国大学协会，英国所有130余个高等教育机构都是其成员。

该组织旨在为高等教育机构提供支持，维护和促进高等教育机构的利益，通过发布研究报告和关键信息，对议会和政府进行游说，协调高等教育机构间的合作等方式促进高等教育的繁荣和多样化，分享知识和实践经验。近年来，英国大学协会对于高等教育公平的问题较为关注，2013年该协会发布了一份名为《所有人都能入学》（Access for All）的研究报告，主张提升高等教育入学机会平等的程度。报告指出，公立学校学生进入罗素集团大学的比例正在持续下降，与私立学校的学生相比，公立学校中享受免费校餐的学生进入牛津大学和剑桥大学的可能性非常低。[1]

（二）罗素集团

"罗素集团"成立于1994年，目前是由英国24所一流研究型大学

---

[1] Universities UK. Access for All［EB/OL］. http://www.universitiesuk.ac.uk/highereducation/Pages/AccessforAll.aspx#.Vpz5VtITPXQ, 2015-10-30.

组成的大学联盟（见表2-6）。其最初发起的时候有17所大学，由于当年这17所大学在伦敦大学学院附近的罗素广场（Russell Square）前的罗素酒店（Hotel Russell）举行了第一次非正式会议，因此该联盟将自己命名为"罗素集团"。在罗素集团的官网上，该联盟称其工作重心在于提高成员高校的研究实力，增加成员高校的经费收入，促进成员高校招收最优秀的教师和学生，降低政府的干预，增强成员高校间的合作等。[1]不过在外界看来，其使命主要是代表这些大学游说政府和国会，通过撰写和发布相关研究报告，就与其利益相关的事务表达和维护自身的利益。

表2-6 "罗素集团"所属高校一览表

学　校　名　称	加入时间
牛津大学（University of Oxford）	1994年
剑桥大学（University of Cambridge）	1994年
帝国理工学院（Imperial College London）	1994年
伦敦大学学院（University College London）	1994年
伦敦政治经济学院（London School of Economics and Political science）	1994年
布里斯托大学（University of Bristol）	1994年
曼彻斯特大学（University of Manchester）	1994年
谢菲尔德大学（University of Sheffield）	1994年
伯明翰大学（University of Birmingham）	1994年
爱丁堡大学（University of Edinburgh）	1994年
格拉斯哥大学（University of Glasgow）	1994年

[1] Russell Group. About［EB/OL］. http://www.russellgroup.ac.uk/about/, 2015-12-10.

（续表）

学　校　名　称	加入时间
利物浦大学（University of Liverpool）	1994年
诺丁汉大学（University of Nottingham）	1994年
利兹大学（University of Leeds）	1994年
南安普顿大学（University of Southampton）	1994年
纽卡斯尔大学（Newcastle University）	1994年
华威大学（University of Warwick）	1994年
伦敦国王学院（King's College London）	1998年
加迪夫大学（Cardiff University）	1998年
贝尔法斯特女王大学（Queen's University Belfast）	2006年
杜伦大学（Durham University）	2012年
埃克塞特大学（University of Exeter）	2012年
伦敦玛丽女王大学（Queen Mary University of London）	2012年
约克大学（University of York）	2012年

资料来源：http://www.russellgroup.ac.uk/。

根据2014年英国"研究卓越框架"（REF）的评估，罗素集团大学虽然只占英国高等教育机构总数的15%，却创造了44%的经济产出、68%的世界一流科研成果。据统计，罗素集团每年获得的经费和合同收入约占全英高校的2/3，单所大学的年经费收入平均为5.9亿英镑。由于罗素集团在英国高等教育中占据举足轻重的地位并发挥极其重要的作用，因此它对议会和政府的教育决策拥有很大的影响力。

不过，虽然罗素集团的成员高校都拥有很高的社会声誉，但英国社会各界对罗素集团也不乏批评质疑的声音，这些批评主要集中于三个方面：

其一，罗素集团的存在造成了高等教育经费分配的不公平，不利于高等教育机构间的公平竞争，不利于鼓励创新和提高效率，降低了学生以更低学费获得更多选择的可能性。

其二，罗素集团成员高校所取得的优势地位并没有坚实的"证据"可作为支撑，除了牛津大学和剑桥大学之外的其他22所成员高校在教学、科研的某些领域并不见得一定比罗素集团以外的其他十几所著名大学（即下文所述的"1994集团"的成员高校）更优秀。

其三，罗素集团在近年来的高等教育改革中，是政府提高大学学费举措的坚定支持者，其一味强调收取高额学费的合理性立场忽略或漠视了学生的利益，在扩大高等教育参与，促进公平入学和社会流动方面并未发挥积极作用。

（三）1994集团

"1994集团"也称"1994大学联盟"。该联盟由英国一些规模较小的研究型大学于1994年随着罗素集团的成立而成立，其目的是在和罗素集团的竞争中维护成员高校的利益。1994集团认为其成员高校是"国际认可的英国大学，有着共同的目标、标准和价值观"。事实上，1994集团和罗素集团的许多成员高校在建校历史、办学水平、社会声誉等方面有许多共同特点，它们的区别主要在于学校规模大小和有没有医学院，罗素集团的高校通常规模较大，且大多设有医学院，而1994集团的高校规模相对较小，且多数大学没有医学院。

"1994集团"建立之初也有17所成员高校，其中伦敦政治经济学院和华威大学既属于1994集团，同时也属于罗素集团。之后，该联盟规模最大时，成员高校数量一度增加到19所，但后来不少成员高校因为各种原因陆续退出。2012年，随着7所成员高校的退出（其中4所转而加入罗素集团），"1994集团"开始面临瓦解，并最终于2013年11月宣布解散（见表2-7）。

表2-7 "1994集团"所属高校一览表

学 校 名 称	加入时间	退出时间	备　注
巴斯大学（University of Bath）	1994年	2012年	
伦敦大学伯贝克学院（Birkbeck College, University of London）	1994年		
杜伦大学（Durham University）	1994年	2012年	2012年加入罗素集团
东安格利亚大学（University of East Anglia）	1994年		
埃塞克斯大学（University of Essex）	1994年		
埃克塞特大学（University of Exeter）	1994年	2012年	
伦敦大学金史密斯学院（Goldsmiths College, University of London）	1994年		
兰卡斯特大学（University of Lancaster）	1994年		
伦敦政治经济学院（London School of Economics）	1994年	2006年	1994—2006年同时隶属于罗素集团
曼彻斯特理工大学（University of Manchester Institute of Science and Technology）	1994年	2004年	2004年并入罗素集团的曼彻斯特大学
雷丁大学（University of Reading）	1994年	2013年	
伦敦大学霍洛威学院（Royal Holloway, University of London）	1994年		
圣安德鲁斯大学（University of St Andrews）	1994年	2012年	

（续表）

学 校 名 称	加入时间	退出时间	备 注
萨里大学（University of Surrey）	1994年	2012年	
萨塞克斯大学（University of Sussex）	1994年		
华威大学（University of Warwick）	1994年	2008年	1994—2008年同时隶属于罗素集团
约克大学（University of York）	1994年	2012年	2012年加入罗素集团
伦敦大学亚非学院（SOAS, University of London）	2006年		
莱斯特大学（University of Leicester）	2006年		
拉夫堡大学（Loughborough University）	2006年		
伦敦大学玛丽王后大学（Queen Mary, University of London）	2006年	2012年	2012年加入罗素集团
伦敦大学教育学院（Institute of Education, University of London）	2009年		2014年并入罗素集团的伦敦大学学院

资料来源：https://en.wikipedia.org/wiki/1994_Group。

第三章

英国中等教育考试制度改革中的利益关系与博弈

尽管在民主制度相对完善的英国，政府在相关政策的决策过程中能够充分倾听各类利益相关者的不同声音，并受到来自议会和公共机构的权力制衡，但这并不意味着所有利益相关者的利益诉求都能得到满足。就中等教育考试改革而言，一方面，政府自身也是利益相关者之一，政府在考试制度改革中的利益诉求，简言之就是使考试改革能够贯彻执政党的执政理念并与其他基础教育改革政策相配合，因此在决策之初往往已经有了某些特定的政策理念和政策倾向；另一方面，即便决策者站在完全中立的立场上，在面对互相冲突且难以调和的利益诉求时，最终也必须做出一定的取舍。因此，各利益相关者或利益集团都会运用各种博弈策略，不遗余力地对决策者施加影响，以便在利益博弈中使自己的利益最大化。

第一节

英国教育政策制定过程中的权力制衡

　　关于政策制定的主体，学术界的研究文献中通常有两类表述方法。

　　一类是将政策制定主体按照某一个或多个维度进行区分。例如，美国政治学学者托马斯·伯克兰德（Thomas A. Birkland）将政策制定的主体分为"正式参与者"和"非正式参与者"，认为正式参与者包括国家的立法、司法与行政系统，这些主体拥有制定和执行政策的权力，其权力来源于法律赋予的职责。非正式参与者主要包括利益集团、普通公民、大众媒体等，这些主体虽然参与政策制定过程，但并没有"除了民主社会中每个公民都拥有的参与权之外的其他法定的权力和责任"[1]。这种划分方法的优势在于，能够使研究者更为准确和细致地分析政策制定过程的参与主体；其劣势在于，按照这种界定方法，参与主体的覆盖范围和进一步的细类划分往往会过于繁多和复杂。

另一类表述方法则对政策制度主体不加区分，通常将政策制定的主体笼统地视为政府，这种表述方法的优点是较为简洁，缺点是忽视了"政府"一词有狭义和广义两种解释，狭义的政府专指负责执行和贯彻法律、组织国家事务的行政机关[2]，而广义上的政府泛指各类国家权力机构，既包括行政机关，也包括立法机关和司法机关，甚至还包括其他依法行使权力的公共机构[3]。

由于社会政治体制和文化传统的不同，国内大多数有关英国教育的研究在阐述和分析英国的教育政策或教育改革时，通常都使用广义的政府概念，对所研究的教育政策究竟是来自立法机关还是行政机关，抑或是其他公共机构，一般并不详加区别和分析。在本研究的其他章节，为了表述上的方便，笔者也常采用广义的政府概念论述相关问题。但在本节，为了能够阐述清楚英式民主决策中的权力来源和权力构成，深入分析其制衡和合作机制，则有必要使用狭义上的政府概念。除此之外，要想阐述清楚英式民主决策中的权力来源和权力构

[1] Birkland, T.A. An Introduction to the Policy Process: Theories, Concept and Models of Public Policy Making [M]. New York: M.E. Charp. Inc., 2005: 50.
[2] 袁晖. 当代西方行政管理体制 [M]. 济南：山东人民出版社，2000：17.
[3] 孙关宏. 政治学概论 [M]. 上海：复旦大学出版社，2008：130.

成，深入分析其制衡和合作机制，我们还需要将其放在英国政治制度的大背景中予以思考。

一、英国的政治制度及其特点

在实行君主立宪制的英国，国家元首和最高权力拥有者理论上是英国君主。但实际上，女王（国王）的元首地位只是象征性的，其实际行使的权利仅限于被咨询的权利、向议会和内阁提供意见和警告的权利。英国政治的最高权力实际上掌握在国会和内阁手中。虽然英国的政治结构不像美国那样具有明确的三权分立特征，但也处处体现着权力制衡的思想。这种权力制衡不仅体现在国会上、下两院之间，也体现在国会与政府（内阁）之间、执政党和反对党之间，以及政府和独立于政府的公共机构之间。

（一）国会

英国国会（the parliament）分为上议院和下议院，上议院又称贵族院（house of lords），下议院又称平民院（house of commons）。上议院的议员主要由王室后裔、世袭和新册封的贵族、上诉法院法官和教会领袖等构成，不经选举产生。经过数百年的发展演变，上议院的权力现在已经相对有限，历史上遗留下来的司法权也于1999年转移给了新成立的最高法院。不过上议院仍保留了对政府公共政策的质询权和监督权以及对立法的审查权，可在法案草案的审查过程中提出必要的修改意见，在极少数情况下也可以要求推迟某些法案的通过[1]。与上议院相比，下议院的活动对英国社会的实际影响力更大，下议院不仅是

---

[1] UK parliament.House of Lords［EB/OL］. http://www.parliament.uk/business/lords/, 2016-02-12.

英国中央层面的立法机构，而且是英国政党政治的中心舞台。通常每五年一次的英国大选，各参选政党在各选区的候选人所竞争的目标就是下议院的议员席位。

英国国会上、下两院都设有数量众多的委员会，这些委员会各司其职，主要包括两大类，一类称为"立法委员会"（legislative committees），其职责是对政府或议员提交的草案进行审查、讨论和提出修订意见；另一类称为"专门委员会"（select committees），其职责是专门负责某一领域的相关事务，并检视、监督和调查内阁政府各部委的工作，例如，下议院的教育委员会（Education Committee）就专门负责下议院有关教育领域的相关事务，并检视、监督和调查教育部各方面的工作[1]。

（二）政府、内阁、影子内阁

英国媒体、公众和教育界所说的政府（government），通常是指中央层面的政府[2]，即由内阁（cabinet）和内阁下属各部组成的中央层面的行政机构。内阁的负责人被称为首相（prime minister），内阁各部的负责人被称为国务大臣（secretary of state）或内阁大臣（minister），中文文献中常译为部长，例如教育大臣（secretary of the state of education）也常被翻译为教育部长。国务大臣/部长通常由数量不等的次级国务大臣/高级副部长（minister of state）和议会副大臣/初级副部长（parliamentary under-secretary of state）协助开展工作。

---

[1] UK Parliament. Committees［EB/OL］. http://www.parliament.uk/business/committees/, 2015-12-20.
[2] 英国的地方政府，英国社会通常称之为"local authority"或"local council"，地方政府的权力完全控制在由当地民众选举产生的地方议会手中，负责地方行政事务的各个机构通常都是地方议会设立的各种委员会而已。

每个部门中都有一名被称为常务次官/常务秘书（permanent secretary）的资深公务员，常务次官和其领导下的若干公务员负责开展日常和具体工作。常务次官及其领导下的公务员需保持政治中立，不参加党派活动，其聘任也与执政党或内阁的任期没有必然联系[1]。

一般情况下，在大选中获得下议院半数以上席位的政党即可成为执政党，执政党的领袖随即担任内阁首相，并任命本党议员组建新一届内阁政府。而最大的在野党则随之成为"正式的反对党"（official opposition），并组织本党议员组成"影子内阁"（shadow cabinet）。"影子内阁"和内阁一样，也任命负责各种事务的"影子大臣"[2]。在议会中，"影子内阁"常常会就广泛的议题阐述本党的观点，并与内阁进行针锋相对的辩论，如果执政党推行和计划推行的某些政策存在争议和瑕疵，就更会受到反对党的猛烈批评和质疑。

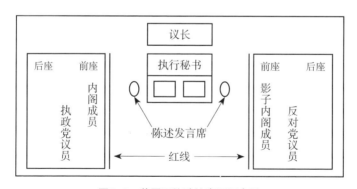

图3-1　英国下议院议事厅示意图

[1] 中国驻英国经商参处.英国政府及公共部门基本架构简介［EB/OL］. http://ccn.mofcom.gov.cn/spbg/show.php?id=10055, 2016-02-14.
[2] UK Parliament.Government & Opposition［EB/OL］. http://www.parliament.uk/mps-lords-and-offices/government-and-opposition1/, 2016-01-28.

从历史上看，英国大选偶尔也会发生没有任何一个政党能获得半数以上席位的情况，即形成所谓的"悬浮议会"（hung parliament）。这种情况下，通常会有两个或两个以上的政党通过协商组成联合政府（coalition government），例如2010年的大选就是如此，最后获得议会席位排名第一的保守党（306个席位）和排名第三的自由民主党（57个席位）联合起来组建了战后第一个联合政府，而议会席位排名第二的原执政党工党（258个席位）则宣告下野，并成为正式的反对党。

英国首相及其领导下的内阁政府的行政权力不仅必须通过议会大选获得，而且在其执政期间也必须对议会负责，定期向议会"汇报工作"，并接受和回答议员特别是反对党议员的质询。内阁推动的法案和有争议的议案，例如教育法和有关考试制度改革的议案，如果在议会辩论和投票中遭到多数议员反对，就无法生效和实施。

（三）公共机构

在英国，除了内阁所属各部门外，还有许多准政府的和非政府的公共机构也承担着一定的公共行政职能。内阁各部的大量工作都需要通过这些公共机构开展，或者是和这些公共机构共同开展。以教育部为例，该部的工作目前就需要和10个各种各样的公共机构共同开展。根据其法律地位的不同，这些机构在官方的定义中被分为执行机构（executive agency）、非内阁机构（non-ministerial department）、非部委公共机构（non-departmental public body，简称NDPB）和其他公共机构等几大类。

1. 执行机构

执行机构是在内阁领导下为某些专门性目的而设立的提供服务或

履行行政职能的部门[1]。内阁无须通过议会就可以创设或撤销这种部门，因此从这个意义上说，它们并不完全独立于内阁，可视为内阁各部下属的准政府机构。这类机构一般由其所属部门的一名大臣或部长主管，具体工作由负责执行工作的机构负责人领导开展，通常还设有一个委员会指导机构的各项工作。其雇员虽然也属于公务员序列，但其资金来源各不相同，有的依靠政府拨款，有的则主要或完全依靠收费。

英国教育部下属的教育资助局（Education Funding Agency）、教学与领导力国家学院（National College for Teaching and Leadership）、标准与考试局（Standards and Testing Agency）就属于此种类型的执行机构，分别负责基础教育经费拨款、教师和校长培训、国家课程及其考试等方面的事务。

2. 非内阁机构

非内阁机构通常是依据法律设立的，并直接对议会负责，以避免受政党政治的过多干扰。因此此类机构通常独立于内阁的领导，其所负责的工作通常是那些被认为无须或者不适宜受到政党政治影响的领域。负责人通常是高级公务员或专业人士，常常负有对某个领域进行监管和督查的职责，其部门预算来自政府财政，需由财政部报议会决定。

与教育部有密切联系的非内阁机构有两个，分别是资格及考试监督办公室（Ofqual）和教育标准局（Ofsted）。这两个机构都独立于内阁政府运作，直接向议会负责。

---

[1] 刘波.英国法庭科学服务部的市场化变迁及其启示 [J].证据科学，2014（2）：11.

3. 非部委公共机构

非部委公共机构是指在政府行政工作中扮演一定的角色，但在运作上享有一定程度自主权的公共机构。虽然这些机构不是也不从属于内阁各部委，但内阁各部委需就其所资助的非部委公共机构向议会负责，因此可视为一种准政府机构。与英国教育部相关的非部委公共机构又分为两类，一类是执行性非部委公共机构（Executive NDPB），另一类是咨询性非部委公共机构（Advisory NDPB）。

执行性非部委公共机构需依据法律设立，通常提供某种特定的公共服务，由一个委员会而非内阁大臣进行管理，拥有独立的人事与预算并接受外部审计，雇员一般都不是公务员，管理层一般由主管部委部长遵照公职任命督察长办公室（Office of the Commissioner for Public Appointments）的操作规范进行任命。

咨询性非部委公共机构通常由内阁部委依据行政命令设立，主要负责就相关事务向内阁部委提供独立的专家咨询意见。此类机构通常没有固定职员和部门预算，所有开支均由设立部委负责提供。

在教育部的合作机构中分别有一个执行性非部委公共机构——儿童专员办公室（Office of the Children's Commissioner）和两个咨询性非部委公共机构——学校教师审议机构（School Teachers' Review Body）、社会流动与儿童贫困委员会（Social Mobility and Child Poverty Commission）。

4. 其他公共机构

与教育部相关的其他公共机构包括政府平等办公室（Government Equalities Office）和学校仲裁办公室（Office of the Schools Adjudicator）。

二、教育政策制定中的决策主体与决策程序

在上述政治制度的制约下，英国教育政策制订过程中的决策主体

和决策程序相当复杂。以中等教育考试制度的改革政策为例，首先，从教育决策主体上讲，教育部并非唯一的决策机构，除了教育部之外，议会的教育委员会以及作为非内阁机构的资格及考试监督办公室在教育决策中也拥有举足轻重的地位。其次，从教育政策的实际决策过程来看，教育部、议会教育委员会、资格及考试监督办公室也都是改革政策决策的参与者，三者之间既有制衡也有合作，共同推动着考试制度改革政策的制定（如图3-2所示）。

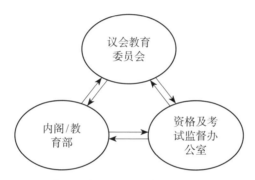

图3-2　英国考试制度相关政策的决策主体示意图

（一）政策制定主体

1. 内阁的教育部

英国教育部的前身可追溯到1839年成立的枢密院教育委员会（Committee of the Privy Council on Education）、1856年成立的中央教育署（Education Department），以及1899年成立的国会教育委员会（Board of Education）。[1] "二战"结束前夕，保守党人温斯顿·丘吉

---

[1]　Derek Gillard. Education in England: a brief history［EB/OL］. http://www.educationengland.org.uk/history, 2015-12-28.

尔（Winston Churchill）领导下的英国政府于1944年首次在内阁成立了教育部。之后数十年间，英国教育部在其发展历史上经历了多次名称变换：1964年哈罗德·威尔逊（Harold Wilson）领导的工党执政后，将其改名为教育与科学部（Department of Education and Science）；1995年被约翰·梅杰（John Major）领导的保守党改名为教育与就业部（Department for Education and Employment）；2001年被托尼·布莱尔（Tony Blair）领导的新工党政府改名为教育与技能部（Department for Education and Skills）；布莱尔之后继任的工党首相戈登·布朗（Gordon Brown）上台后，又将教育与技能部一分为二，中小学教育由儿童、学校和家庭部（Department for Children, Schools and Families）负责，高等教育和延续教育则由创新、大学和技能部（Department for Innovation, Universities and Skills）负责；2010年大卫·卡梅伦（David Cameron）政府执政后，将儿童、学校和家庭部重新更名为教育部（Department for Education，简称DfE），而创新、大学和技能部则改名为商业、创新和技能部（Department for Business Innovation and Skills）。上述这些名称更改并不只是简单的文字变化，而在一定程度上体现了不同时期、不同执政党、不同政府在执政理念方面的差异，这些有差异的理念对英国教育的传统和现实有着十分重要的影响。[1]

据统计，英国议会审议的法案只有10%左右是由普通议员提出的，80%以上的法案都是由执政党组建的政府提出的。普通议员提出的法案往往是其所在选区或某些利益集团写好后请他们出面提出而已。而政府各部提出的法案则是在内阁统一领导和协商下，由各部拟

---

[1] 杨光富.从教育部名称的变更看英国教育政策的走向 [J].外国中小学教育，2009（9）：9—12.

定初稿后，由内阁的法案起草室统一起草，然后由政府提交议会讨论表决。[1] 由于学校教育关乎千家万户，最能牵动民意，因此各政党都非常重视教育部所负责的相关事务，不仅会在大选前的施政纲领和施政演说中对教育的改革或政策计划大谈特谈，当选后的新一届政府也常常把教育法案的通过和教育改革计划的实施作为其重要的施政业绩，以此来兑现其在大选前提出的施政纲领和对选民的承诺。也正因如此，教育部推出的改革或政策往往会处于媒体和舆论的聚光灯下，受到全社会的极大关注。

2. 下议院教育委员会

教育委员会是英国下议院为数众多的专门委员会之一，其职责是对教育部和相关机构（包括Ofsted和Ofqual）的政策、行政和开支进行监管。教育委员会的成员由11名议会"后座议员"（back-bencher）[2]构成。2015年6月18日，下议院教育委员会进行了换届选举，新任主席为保守党议员尼尔·卡迈克尔（Neil Carmichael），委员会的成员数量和党派构成则未发生变化。包括主席在内，教育委员会共有11名委员，其中保守党党员6人，工党党员4人，苏格兰民族党党员1人。

下议院教育委员会是一个调查委员会（investigative committee），而非立法委员会（legislative committee）[3]，尽管这意味着该委员的职责主要是对教育部及相关机构的工作进行质询和调查，而非发起投票决定通过或否决相关教育法案，但教育委员会提出的意见和建议既具有

---

[1] 蒋劲松.英国的法案起草制度 [J].大人工作通讯，1996（10）：38.

[2] 所谓"后座议员"，是指未在执政党的内阁或反对党的影子内阁中担任职务的议员。在议会举行会议或辩论时，在内阁或影子内阁中担任职务的议员坐在前排，而未担任职务的普通议员则坐在后排，因此得名。议会专门委员会的成员由后座议员担任，同样体现英国政治制度中权力制衡的思想。

[3] UK Parliament. Committees [EB/OL]. http://www.parliament.uk/business/committees/, 2015-12-20.

议会的权威，又往往承载着舆论和民意，因此一般都会得到教育部的高度重视和认真对待。教育委员会通常会设定自己的工作议程，定期和不定期地选择一些主题对教育部及相关机构提出有针对性的质询，每次质询都会提前进行公示并欢迎各利益相关方提交书面意见。和议会其他各委员会一样，教育委员会质询的口头答辩环节通常都是在国会大厦内的其他办公场所公开举行，现场会进行录像并实况播出，答辩的发言会以文字形式收录在议会议事录中供人获取和查阅。

3. 资格及考试监督办公室

作为国家层面的资格证书及课程考试监管机构，资格及考试监督办公室的前身可追溯到1917年成立的中等学校考试委员会（SSEC）。中等学校考试委员会的成立是政府介入考试监管事务的标志，而A-Level证书最初也正是由中等学校考试委员会于1947—1951年提出并设立的。1964年工党执政后，中等学校考试委员会被改组为课程与考试学校委员会（Schools Council）。1983年保守党政府又将课程与考试学校委员会一分为二，改组为中等考试委员会（SEC）和学校课程发展委员会（SCDC）。1988年，随着GCSE证书的推出，新成立的学校考试与评价委员会（SEAC）接手了对证书和考试的监管职责。1993年，英国政府将负责管理国家课程的国家课程委员会（National Curriculum Council，简称NCC）和学校考试与评价委员会进行合并，组建了新的学校课程与评价局（SCAA）。1997年，学校课程与评价局又和国家职业资格委员会（National Council for Vocational Qualifications，简称NCVQ）合并，改名为资格与课程局（QCA）。2007年9月，当时工党政府的儿童、学校和家庭部宣布，对资格和考试进行监管的职责将从资格与课程局（QCA）中独立出来，转交给即将成立的资格及考试监督办公室，而且新成立的资格及考试监督办公室将会是一个直接向议会负责，独立于政府运行的公共机构。2008年4月，资格及考试监督办公室正式开始运转并延续至今。其起源及变迁史如图3-3所示。

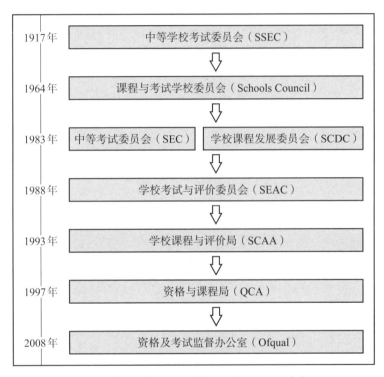

图3-3 英国证书与考试监管机构的名称与历史变迁

注：2008年QCA的部分职能转给资格与课程发展局（QCDA），部分职能转给Ofqual，2010年QCA正式解散，QCDA和Ofqual获得法定地位。2011年QCDA的职能被标准与考试局（STA）取代，2012年QCDA被撤销。因此，资格及考试监督办公室作为独立的监管机构正式取代QCA是从2010年开始的。

（二）政策制定程序

在现行英国政治制度下，教育部虽然是中央政府负责教育相关事务的行政机构，但其所推动的重大教育政策必须获得国会的认可才能出台和实施。所谓重大教育政策，大体可以分为两类：一类是需要通过立法才能实施的教育政策，另一类是无须通过立法就能实施的其他重大教育政策。

1. 需要立法的重大教育政策

如果执政党认为某些计划推行的教育改革政策非常重要，希望通过立法增强教育政策的效力，或是计划推行的教育政策与现行法律条款有不一致的地方甚至是相互冲突的，那么这时执政党就会谋求出台新法案或对相关的旧法案进行修订。按照英国国会的立法程序，政府需要将法案草案（Bill）按照规定的格式提交国会，国会通过之后才能成为正式的法案（Act），如卡梅伦政府任内通过的《2010年学园式学校法案》（Academies Act 2010）、《2011年教育法》（Education Act 2011）、《儿童与家庭法案》（Children and Families Act 2014）等。

法案草案从提交国会到最终通过成为正式的法案，需要经过复杂而漫长的民主程序。在向国会提交法案草案时，政府可以选择将草案先提交给下议院或上议院，但大多数情况下是先提交给下议院。下议院收到政府的草案之后，首先会对草案进行"一读"（first reading），这个阶段主要是宣布草案的名称，并把草案打印出来分发给各个议员，然后规定"二读"（second reading）的日期。在"二读"阶段，议员们会对草案的主要原则进行讨论，通常情况下，草案一般不会在这个阶段被否决。之后草案会被提交给一个常务委员会，由该委员会对草案的详细内容进行审查，并在必要的时候进行修改，该阶段被称为"委员会阶段"（committee stage）。常务委员会由若干下议院议员组成，其成员的党派构成通常与各党派议员在下议院的比例大致相同。常务委员会对草案做出修改之后，会在下议院将修改稿向所有议员进行报告，即进入"报告阶段"（report satage）。在这个阶段，每一个议员都有机会对草案提出自己的看法，并进行投票。此后就进入到下议院讨论的最后一个阶段"三读"（third reading），这个阶段一般非常简短，不会对草案做出大的修改，如果有大的修改的话，草案就必须回到常务委员会，进行更深入的调研。下议院的立法程序结束之后，草案会被提交给上议院并在上议院再经历一轮上述程序。上议院可以对草案进行修改，然后把修改意见返回到下议院，由下议院来考虑是否接受上议院的修改意见。下议院一般不会否决上议院的修改，因为这些修改通常没有太大的分歧。[1]最后在两院都通过以后，法案草案会被提交给英国女王（国王），经过女王（国王）的批准正式成为法律。[2]其流程如图3-4所示。

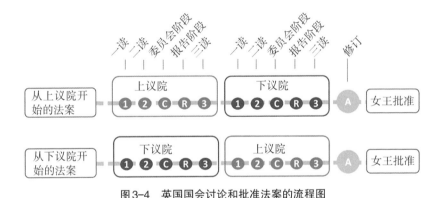

图3-4　英国国会讨论和批准法案的流程图

资料来源：英国国会网站http://www.parliament.uk/about/how/laws/passage-bill/。

2. 无须立法的重大教育政策

如果政府计划推行的教育改革或教育政策与现行法律并不冲突，则一般不需要进行立法。尽管并不需要进行专门的立法，但一些教育改革和教育政策由于涉及多方利益，社会影响较大，因此常常会引发社会各界的讨论和争议。对于这类无须立法的重大教育政策，政府在

---

[1] 吕杰昕.英国教育政策的制定过程分析［J］.教育发展研究，2006（10）：43—47.

[2] UK Parlliament. Passage of a Bill［EB/OL］. http://www.parliament.uk/about/how/laws/passage-bill/, 2016-01-05.

制定政策的过程中也需要经历复杂的决策程序。一般情况下，这类重大教育政策的出台，需要教育部和议会教育委员会及相关的公共机构互相沟通、共同合作。最终形成改革方案或政策文本通常需要历经三个阶段：（1）分析存在的问题。在这一阶段，政策制定者需要对所关注的教育问题进行深入分析，构建初步的改革计划或政策设想。（2）撰写并发布政策草案的咨询稿（consultation）。在这一阶段，政策制定者首先会组织专家撰写政策草案的咨询并向公众公开发布，征求公众特别是利益相关者的意见和建议，根据需要有时还会组织利益相关者进行面对面的沟通和交流，以便更全面更深入地收集意见和建议。咨询截止日过后，政策制定者会统计和分析所收集到的意见和建议，并发布相应的咨询报告（response to consultation）作为对咨询参与者的回应。

在上述任一阶段，政府都有可能主动或被动地接受媒体采访，回应社会各界的质疑和批评。除此之外，政府还需要在议会上对自己的改革或政策进行主动阐述，并接受反对党议员或议会教育委员会的质询，以此获得议会、议员、社会舆论和民众的支持。对于一些争议较大的教育改革或政策，在野的反对党也往往会抓住机会，在议会的日常辩论或者反对党日（opposition day）[1]的辩论中，作为专门议题发起对执政党的质疑和抨击，要求执政党对改革计划或政策文本做出修改甚至撤销。本研究所关注的中等教育考试制度改革就是一个典型的

---

[1] 所谓"反对党日"（opposition day），是指按照规定由反对党设定议程的议会辩论日。在每年的大多数日子里，英国议会的议程都是由执政党领导下的政府设定的，但在"反对党日"，议会的议程由反对党设定，反对党可以自己关心的议题举行辩论。英国的每届议会有20个"反对党日"，通常最大的反对党可获得17个"反对党日"，第二大反对党可获得3个"反对党日"。"反对党日"内，对有关议题的辩论结束后，议员们会就反对党发起的议题进行投票，尽管投票结果通常会以反对党议题未获多数议员赞同而结束，但辩论和投票仍然会对执政党造成一定的压力，并影响议题所涉相关事项的后续发展。在英国议会的历史上，也偶尔发生过反对党发起的议题在辩论结束后的投票中获得多数议员赞成的案例。

例子：2012年9月17日，反对党工党就以考试改革为议题，发起了对教育部长戈夫的考试改革计划的质疑和抨击，尽管在最后的投票中工党并未获得多数议员支持，但这次辩论还是对教育部的考试改革计划产生了一定程度的影响，出于各方面的考虑，戈夫和教育部对改革计划进行了一定的调整，并舍弃了其中一些争议和阻力较大的改革计划。

第二节

中等教育考试制度改革中的利益诉求与博弈

从英国中等教育考试制度的形成与变迁史来看，中等教育考试制度本身就是各利益相关者进行博弈的结果，各利益相关者的利益诉求有时能够达到平衡，但大多数时候都呈现出一定的冲突，当冲突难以调和时，就容易引发制度的重要变革，而变革的结果通常是强势利益相关者的利益诉求优先得到满足。

一、中等教育考试制度利益相关者的利益诉求

不同的利益相关者从各自的利益和需求出发，对中等教育考试制度持有不同的评价与看法，对是否需要改革以及如何进行改革有着不同的利益诉求。核心利益相关者的利益诉求可以大致分类如下。

（一）中央政府的利益诉求

关于政府是否存在自身的利益，学术界有两种不同的观点。一种观点认为，政府也有自身的利益；另一种观点则认为，政府作为公共利益的代表者，没有也不应该有自身的利益。例如启蒙思想家让·雅克·卢梭（Jean-Jacques Rousseau）在其被后人视为现代民主制度基石的《社会契约论》中，从天赋人权和主权在民的思想出发，提出政府仅仅是受全体公民的委托而行使权力，这种权力来自公民权利的让渡，因此政府除了公共利益以外，在行使公共权力的过程中不应追求任何个人或团体的利益。美国现代政治学家萨缪尔·亨廷顿（Samuel Huntington）也持类似观点，他虽然承认政府利益的存在，但认为政府利益就是公众利益[1]。

笔者认为，所谓政府没有自身利益的观点所描述的只是一种应然状态，而不是实然状态。事实上，即便是在西方民主国家，由于政府通常都是由某个持特定意识形态和执政理念的政党组建的，因此政府行使的公共权力都不可避免地会打上执政党自身意识形态和执政理念的烙印，更何况政府各部门的具体工作并不是由机器而是由一个个具有特定信念和秉性的人负责的。具体到英国而言，卡梅伦政府上任以来，其教育改革和教育政策的理念秉承和结合了经济上的"新自由主义"与政治文化上的"新保守主义"（neoconservatism）。在这种理念的指导下，英国中央政府一方面不断削弱地方政府的教育管理权力，给中小学更多的办学自主权；另一方面又加强了对中小学校的绩效

---

[1] 李峻.转型社会中的高考政策研究——基于利益相关者理论的分析 [M].长沙：湖南人民出版社，2012：58.

考核。这种看似矛盾的改革实际上并不矛盾，所谓通过改革"给学校更多办学自主权"影响的只是地方政府对教育的控制权，而中央政府对教育的控制权反而通过对中小学的绩效考核得到了加强。在英国社会，中学生的GCSE和A-Level考试成绩不仅是衡量学生学业成败的标准，也是衡量中等学校办学质量的标准，其在教育标准局对中学的督导评价指标体系中，也具有重要的地位。因此，从这个层面上讲，中等教育考试制度的改革是卡梅伦政府基础教育改革的重要一环。政府在考试改革中的利益诉求可以概括为：通过改革重塑GCSE和A-Level证书的标准和声誉；通过提高课程及考试的要求和难度，使各年龄段英国青少年的知识和技能达到更高的水平，在日益激烈的国际竞争中更具竞争力，为英国经济的发展培养高质量的人才；通过改革考试模式，使教师和学生的教与学更有效率，促进中小学教育质量的提高；除此之外，中等教育考试制度的改革还应该能够和其他基础教育改革和政策形成有力的配合，特别是与学校绩效考核制度及学校体制改革相配合。

（二）考试机构的利益诉求

考试机构的利益诉求在于维护和尽可能地提高自己的市场份额和社会声誉。正如前文所述，尽管英国的四大考试机构大都宣称自己是非营利性机构或慈善组织，但事实上，它们都需要依靠收取的考试费等收入来维持机构的生存与发展。因此，一方面它们彼此之间存在竞争关系，都希望在证书和考试市场上更具竞争力，获得更多的市场份额；另一方面，它们之间也存在合作和联盟的关系，需要共同面对政府和资格及考试监督办公室的监管和改革要求。特别是卡梅伦政府执政以来，以前教育部长戈夫为代表的一部分内阁官员，认为多家考试机构竞争导致课程和考试难度不断降低是 GCSE 和 A-Level 成绩膨胀、证书贬值、考试评分屡屡出错的一大原因，为此一度计划将针对考试机构的改革作为 GCSE 和 A-Level 改革的重要组成部分，要么通过竞标实行单一科目由单一考试机构独家负责的制度，要么干脆取消这些考试机构，改为建立一个"国有"（state owned）考试机构，负责开发和提供 GCSE 和 A-Level 的课程与考试。尽管由于种种原因，英国教育部后来放弃了针对考试机构的改革计划，但种种迹象表明，这种放弃是暂时性的，在考试制度改革实施的过程中，当教育部和考试机构之间有较大冲突时，教育部曾不止一次表示内阁仍在考虑针对考试机构的改革以及建立国有考试机构计划并未被完全放弃。考试机构为了自身的生存和发展，自然也不会坐以待毙，通过各种渠道、各种方式说服政府放弃威胁到考试机构生存和发展的改革计划，维护自身存在的合理性并为政府和公众认可，是其核心利益诉求之一。除此之外，压缩考试开发和运行的成本，提高考试费用，也是其重要利益诉求之一。

（三）高校和雇主的利益诉求

从世界范围来看，高校生存发展状况的优劣主要取决于自身创造知识的多寡和所培养人才的素质高低[1]。好的社会声誉和教育质量会吸引优秀的学生，而优秀的学生反过来也有助于维持好的教育质量和社会声誉。学生的知识、技能、背景、素养的重要性不亚于教师的重要性。因此，对于 GCSE 和 A-Level 考试制度及其改革，高校关注的重

---

[1] 李峻.转型社会中的高考政策研究——基于利益相关者理论的分析 [M].长沙：湖南人民出版社，2012：66.

点在于GCSE和A-Level考试制度是否能为它们判断学生的知识技能提供准确的参考，是否有利于保障自己的生源质量。因此高校在考试制度改革中的利益诉求是，GCSE和A-Level应该能够为学生的大学学习打下良好的基础，其证书等级能够帮助大学准确地判断申请者的知识技能和学习潜力。越是名牌大学，这种利益诉求就越强烈，表达这种诉求的立场也越强硬。

在目前的英国中等教育考试改革中，罗素集团所属大学特别是剑桥大学对政府将有关AS从A-Level中独立出去改革方案的反对最为高调，原因在于在现行的英国大学申请及招生制度下，学生进行大学申请时所提交的A-Level的成绩是预估成绩[1]，剑桥大学认为在学生的申请材料中，AS证书最能帮助学校判断申请者的学术水平和潜力，因此强烈反对将AS从A-Level中独立出去。剑桥大学表示，他们担心一旦AS从A-Level中独立出去，很多学校将不再提供AS课程，由此会造成AS证书在学生申请材料中的普遍欠缺，并导致大学更难判断学生的学术水平和潜力，如果政府执意进行这项改革，剑桥大学将恢复自己的入学考试。最终，政府并未对剑桥大学的诉求进行妥协，而剑桥大学的多个学院和主要专业也已确定从申请2017年秋季入学的学生开始实行自己的入学考试，入学考试的笔试时间将安排在面试之前。其实，英国两所顶级精英大学中的另一所大学——牛津大学的不少学院和专业早在几年前就已经恢复了面试之前的入学考试，只不过没有剑桥大学这样高调而已。早在2009年，牛津大学在历史、英语、语言、数学、科学等专业的申请者中，需要在面试之前参加牛津

---

[1] 大多数英国学生通常在13年级的秋季学期通过英国大学和学院招生服务中心（UCAS）提交大学入学申请，此时学生尚未获得A-Level证书，因此学生的申请材料中只有A-Level的预估成绩。而大学发放的入学录取通常是"有条件的"，即学生将来的A-Level成绩达到相应等级才能被录取。

大学自行组织的入学笔试的学生比例就已达到70%[1]，当时牛津大学的主要理由是，A-Level考试成绩的膨胀导致很多申请者都有A或A*等级的A-Level证书，大学不得不举行自己的入学考试，以便更好地判断申请者的学术水平和潜力。

在英国，雇主常常和高校一起被当作GCSE和A-Level证书最重要的"使用者"。雇主和高校对GCSE和A-Level证书的相同诉求是希望能够通过这些证书判断候选人的能力和潜力，不同之处在于高校更关心证书所代表的学生的学术能力和潜力，而雇主更关心证书所能代表的学生的实际工作能力和潜力。因此，雇主对于考试制度改革的利益诉求是希望课程和考试能够更有利于培养学生的实际工作能力和综合素质。英国工商业雇主的代表组织"英国工商业联合会"（Confederation of British Industry，简称CBI）近年来多次宣称英国学校正在沦为"考试工厂"，呼吁进行相关改革以改变这种局面，并提倡在取消GCSE考试的基础上，将职业类课程与A-Level课程统一在一起，建立一种面向18岁年轻人的新的证书及考试制度。

（四）学校和校长的利益诉求

学校和校长的利益诉求较为复杂多样，虽然笼统上可以说，所有的学校和校长都希望考试制度的改革与发展有利于本校的生存发展和社会声誉，但由于学校的类型、社会声誉、所面临的实际情况各不相同，不同的学校和校长对于考试制度改革的立场态度和利益诉求就会

---

[1] Graeme Paton. Oxford and Cambridge introduce new entrance tests [EB/OL]. http://www.telegraph.co.uk/education/6561399/Oxford-and-Cambridge-introduce-new-entrance-tests.html, 2016-02-06.

有所不同。大体而言，可以分为以下三种。

第一种是对考试制度改革总体持肯定与支持态度的学校。这类学校以办学质量和社会声誉较高的私立学校和公立文法学校为代表，这些学校所在的选区通常也是保守党议员胜出的选区。这类学校的利益诉求是，GCSE和A-Level考试所带来的分数膨胀无益于其高水平办学质量的展示，因此它们通常支持旨在提高GCSE和A-Level的课程难度、严格考试制度、使证书等级更具区分度的改革，因为这种导向的改革能够使这些学校的办学质量和学生的竞争优势得到更充分的展示。例如，2012年9月，在时任教育部长戈夫向下议院提出有关GCSE和A-Level改革的初步设想之后，HMC的主席克里斯托弗·雷（Christopher Ray）、副主席肯尼斯·达勒姆（Kenneth Durham）和秘书长威廉·理查德森（William Richardson）就分别在《泰晤士报》《独立报》和《每日电讯报》上撰文，对戈夫的改革方向给予肯定和支持，并代表HMC提出了对考试制度改革的期望。克里斯托弗·雷在文章中称：教育部长的改革努力值得赞扬，由于GCSE所存在的各种问题，很多私立学校干脆放弃了国内的GCSE考试，转而组织学生参加原本是为国际学生设计的IGCSE考试，如果教育部长的改革得以成功，那么这种现象可能会得以改观；但是教育部长必须倾其所能确保新考试制度具备坚实的基础，不能仍像现在一样，每当学生和学校对考试结果提出异议时，那些应该对此负责的机构就拿所谓的"申诉制度"（appeals system）做挡箭牌，将学生和学校对考试公正性的要求推脱搪塞过去。克里斯托弗·雷在文章中还一针见血地指出，英国教育中的证书考试和授予其实就是一种"产业"（industry），如果不对这个"产业"自身及其监管进行认真的改革，那么其他任何改革，包括限制考试机构间的竞争等，都可能会使问题变得更加糟糕。[1]

第二种是对考试制度改革总体持观望态度或无明显立场的学校。这类学校以办学质量和社会声誉处于中上水平的公立学校为代表。作为普通公立学校，这类学校通常不会在媒体上发出多大的声音，它们也会参与考试制度改革的意见反馈，但通常关注的只是课程和考试设计中的一些细节性问题，对整体上的改革政策持观望和适应的态度，较少对考试制度进行旗帜鲜明的支持或反对。

第三种是对考试制度改革总体持批评和反对意见的学校。这类学校以办学质量和社会声誉处于中下水平的公立学校为代表，以工党控制的选区最为典型。这类学校对考试改革的批评性意见通常会通过媒体或所在选区的议员进行表达，它们的利益诉求往往和所在选区的政治诉求紧密相连，例如，质疑改革的必要性，批评保守党所推行的改革政策将进一步削弱教师的专业性和教学自主权，给学校、校长、教师、学生带来更多的压力，导致学校沦为"考试工厂"，等等。

需要指出的是，由于学校及其校长的利益诉求受多方面因素的影响，因此上述划分并不是绝对的。例如，有的学校可能总体上对考试制度改革持肯定态度，但对改革政策的某些具体内容却持激烈的反对态度；某些学校发出的声音也有可能和与之同类的其他学校相反；在任校长和已卸任校长的态度也会有所不同，等等。

（五）教师的利益诉求

整体而言，教师的利益诉求主要表现为，教师们（尤其是公立学

---

[1] HMC. England's 'examinations industry'：deterioration and decay［EB/OL］. http://www.hmc.org.uk/wp-content/uploads/2012/09/HMC-Report-on-English-Exams-9-12-v-13.pdf, 2015-01-02.

校的教师们）普遍希望考试制度应该有助于教师的教学，不能过多地削弱教师的自主性，不应对教师的工作产生过大的和不必要的压力和负担。在这种利益诉求的驱使下，教师们近年来对保守党推行的教育改革颇为不满，对于考试制度和绩效考核制度叠加效应所带来的压力意见很大。虽然GCSE和A-Level考试制度及其改革并不是教师工会批评和反对的重点，但教师工会对GCSE和A-Level考试制度包括卡梅伦政府执政以来的考试制度改革颇多微词。

当然，这是就教师整体特别是以教师工会的意见作为概括而言的，具体到教师个体，每个教师对考试改革的各个方面都会有各种不同的看法，对自己所在学科涉及的改革政策持积极肯定态度的教师也并不鲜见。

（六）学生及家长的利益诉求

中等教育考试关乎千家万户的切身利益，每年GCSE和A-Level考试成绩的发榜，都是决定无数英国青少年学生今后命运的关键时刻。这一点，其实中英两国并没有什么本质的差别。然而吊诡的是，一方面，在英国中等教育考试制度改革的进程中，学生及其家长作为考试制度改革最核心、最重要的利益相关者之一，与其他核心利益相关者相比，其声音和诉求显得相对弱小和模糊不清，对决策者的影响力更是远远低于其他核心利益相关者；另一方面，其他的利益相关者或利益集团在阐述自己意见的时候，往往会声称自己的意见代表了学生和家长的利益诉求。产生这种局面的原因是多方面的，真正将其梳理清楚是一件非常困难和复杂的任务。笔者在此只能做出尝试性的粗略分析，概括如下：

首先，绝大多数学生（及其家长）虽然置身于考试制度之中，但通常并不真正了解和关心考试制度及其变革。这从教育部和资格及考试监督办公室等机构发起的历次有关考试制度改革的咨询分析报告的数据中便不难看出，与其他利益相关者相比，来自家长和学生的反馈意见与其庞大的人数相比完全不成比例。此外，笔者实地调研中同样发现，学生和家长对考试制度改革的了解常常仅限于听说有这回事，对于考试制度会如何改革，则知之甚少。当然，这并不是说学生不关心自己的考试及成绩，正如萨利·鲍尔（Sally Power）等学者所指出的，许多学生对自己在同伴中处于怎样一种位置非常清楚，无论他们是否乐意，作为未成年人的他们在中学阶段的教育和考试制度中扮演的是"适应和追求学业进步"的角色[1]，因此，无论私底下他们对教育和考试制度有多少抱怨，通常只有在考试结束成绩发布之际，才会有学生出于自身利益真正向考试制度及相关机构（学校、考试机构、资格及考试监督办公室）表达诉求，而他们的诉求通常也集中于一类：认为自己所获的分数等级可能存在评价错误，要求重审自己的试卷和成绩。

其次，相比其他利益相关者，中学生及其家长的身份是临时的、不固定的。一般情况下，学生和家长对考试制度的关心，仅限于学生就读10—13年级期间和前后几年，基础教育结束离校之后，大多数学生及其家长便不会再关心中等教育考试制度。此外，学生作为一个整体，其对于考试制度的立场和诉求十分多样化，以至于根本没有一个声音能够广泛代表学生这一群体，即便是把群体限定为一个小的范围，例如同一个城市、同一个社区，也常常如此。即便是同一所学校的学生，即便当他们长大成人，心智更为成熟时，其对自己所经历的教育和考试制度的评价也会有极大的差异。萨利·鲍尔等人在所做的

---

[1] 萨利·鲍尔等.教育与中产阶级［M］.胡泽刚，译.长沙：湖南教育出版社，2008：56—70.

个案研究中曾举过一个生动的例子：毕业自同一所学校的两名受访者回忆自己的中学时代时，一位受访者称"我希望米尔塘男生中学跟我当年读书时一样棒"，另一位受访者则称"我恨不得眼看着米尔塘男生中学整个儿地烧成灰"。[1]

再次，虽然在总体上，学生及家长在考试制度改革中的利益诉求大都是希望考试制度有利于自己（自己的孩子）获得更为良好的教育，但这是一个极为含糊的目标，因为对于什么样的教育才是更为良好的教育，不同学生和家长的看法会有很大不同，有时甚至截然相反。在具体层面上，来自不同家庭背景的学生及其家长，甚至是同一家庭的学生和家长，对于考试制度的看法和诉求都是高度分散和分化的。例如，对学生而言，有的学生可能会抱怨改革前的课程和考试已经太难了，希望改革之后能更容易点；有的学生则觉得难度不大，希望改革有助于自己获得更具挑战力和竞争力的成绩和等级；有的学生则无所谓，或者说不出什么观点和诉求。对家长而言，有的家长关注的是考试制度公平与否，有的家长关注的是考试制度有效与否，也有不少家长并不怎么关心。

总之，各种原因交织在一起，造成学生和家长这一考试制度的重要利益相关者没有一个能够代表自身发声的统一组织或团体，因而也无法形成稳定和强大的利益集团。学生和家长所能表达的利益诉求和对改革政策的关切，往往只能代表有限的个体或小规模的群体。这一类利益相关者所能发出的声音与其庞大的人数相比远远不相称，对决策者的影响力也明显低于其他利益相关者，尤其是那些已经形成强势利益集团的利益相关者。

---

[1] 萨利·鲍尔等.教育与中产阶级［M］.胡泽刚，译.长沙：湖南教育出版社，2008：56—70.

二、中等教育考试制度改革中的博弈关系与博弈类型

（一）博弈与博弈论

中文的"博弈"一词本义是指围棋对弈，通俗地说就是下围棋。该词最早出自《论语·阳货》，"子曰：饱食终日，无所用心，难矣哉！不有博弈者乎？为之，犹贤乎已。"南宋理学家朱熹在《四书章句集注》中解释称，"博，局戏；弈，围棋也。"[1]在当代汉语中，"博弈"一词常使用由"博弈论"引申出的含义，在学术、商业、政治、社会生活等领域，从不同角度可以有不同解释。通常情况下，其基本含义是指在一定条件下，遵循一定的规则，一个或多个按照理性思维行事的个体或团队选择某些行为或策略，并获得相应结果或收益的过程。该词有时也用作动词，指上述过程中个体或团队对特定行为或策略的选择与实施。

"博弈论"译自英文"game theory"，也称"对策论"，最初只是一种经济学理论，用以研究利益主体如何根据一定的信息参数来分析与自己利益关联者和利益冲突者的经济行为，并如何选择对策调整自身的经济行为。[2]1944年美国数学家和计算机学家冯·诺依曼（Von Neumann）与经济学家奥斯卡·摩根斯坦恩（Oskar Morgenstern）合作出版的《博弈论与经济行为》是其作为一种经济学理论正式诞生的标志。1950年，美国数学家和经济学家约翰·纳什（John Forbes Nash）在其对非合作博弈中的均衡策略问题的研究中提出了"纳什均

---

[1] 朱熹.四书章句集注［M］.长沙：岳麓书社，2008：247—248.
[2] 李峻.转型社会中的高考政策研究——基于利益相关者理论的分析［M］.长沙：湖南人民出版社，2012：97.

衡"（Nash equilibrium）等概念，进一步推动了博弈论的发展。[1]到了1980年代以后，博弈论的发展和运用开始从经济学扩展到其他社会学科，博弈论的影响力日益扩大。目前，不仅至少已经有8位经济学家凭借与博弈论相关的研究成果获得了诺贝尔经济学奖，而且博弈论已经为政治学、管理学等社会科学诸多学科和研究领域所广泛使用。

（二）博弈论的基本概念

经过历代学者和众多学科的发展与应用，"博弈论"在当前的学术研究界实际上已经演变为一个庞大而复杂的理论群，不同的学科和研究者可以从不同的视角和研究目标出发，运用其中的全部或部分概念与原理。笔者结合本研究的研究内容，将博弈论的基本概念阐述如下。

1. 博弈参与者

博弈参与者也称"局中人"（player），是指参与政策博弈的个人或团体。按照博弈参与者数目的多少，博弈可以分为"两人（方）博弈"和"多人（方）博弈"。[2]博弈参与者数目的多少不仅会影响博弈的复杂程度，也会影响博弈的性质和特点。在本研究中，围绕中等教育考试制度及其改革，政府、考试机构、高校、教师、家长及学生等核心利益相关者都可视作博弈参与者。虽然考试制度改革总体上而言必然涉及多个利益相关者的切身利益，但并非所有的政策措施都会触动所有利益相关者的利益，因此，根据某项具体政策涉及的利益问题的不同，既有两方博弈，也有多方博弈。例如，关于考试机构是否

---

[1] 沈琪.博弈论教程［M］.北京：中国人民大学出版社，2010：7.

[2] 有观点认为博弈也可以是单人博弈，指单个博弈方依据某些信息选择适合自己利益的行为与策略的过程。笔者对此并不赞同，笔者认为，所谓的单人博弈，只不过是模糊了其他博弈对象而已。

有必要保持多家并存竞争的局面，主要是政府和考试机构间的两方博弈，而有关AS是否应该从A-Level中独立出去，则是涉及政府、高校、考试机构、中学等多方的博弈。再如，从GCSE和A-Level考试制度的形成变迁史来看，现行的考试制度是政府、高校、考试机构、雇主、行会、中学、校长、教师、学生及家长等利益相关者进行多方博弈形成的结果；而有关考试制度主导权的博弈则主要存在于政府和大学之间。

2. 博弈策略

博弈策略是指博弈中各博弈方所采取的对策谋略或行动方案。在每局博弈中，每个博弈参与者通常都有数量不等的可供选择的策略或行动方案。根据所有博弈参与者所拥有的策略数量的多少，可以将博弈分为有限策略博弈和无限策略博弈。在博弈中，如果所有博弈参与者能够采取的策略总数是有限的，则称为"有限博弈"，反之则称为"无限博弈"。在英国中等教育考试制度有关各方的博弈中，如果我们以历史的、动态的眼光来考察，围绕考试制度的博弈似乎是无限的，但当我们聚焦于某一具体阶段或某一项具体政策时，则通常是"有限博弈"。

3. 博弈收益

博弈收益是指参加博弈的各博弈方从博弈中所获取的利益，它是各博弈方进行博弈的结果，是判断博弈方行为和策略得失成败的依据。收益既可以是与物质财富有关的利润、收入等，也可以是非物质的声誉、地位、影响力等。收益可以为正也可以为负，也正因为如此，博弈收益也被称为博弈得失。如果对所有博弈参与者的收益进行总和上的衡量，则可以按总收益的衡量结果将博弈分为"零和博弈""正和博弈"和"负和博弈"。例如，按照英国政府的观点，

GCSE 和 A–Level 考试制度中就存在两类"负和博弈"的现象：其一，由于多家考试机构都可以提供同一门科目的 GCSE 或 A–Level 证书，因此，对于某一考试机构而言，如果其所提供的课程和考试比别的考试机构更难，那么学校就会放弃它的课程和考试转而选择其他考试机构的相对较为容易的课程和考试，所以，最好的策略就是降低课程和考试的难度以便占领更多的市场。考试机构之间的这种博弈导致它们竞相降低课程和考试的难度，从而造成 GCSE 和 A–Level 考试成绩的膨胀和证书社会信誉的下降。其二，教师负责的"控制性评价"也是如此，如果某一教师在其所负责的"控制性评价"中判分过于严格，那么在其他条件相同的情况下，该教师所教学生的成绩就会低于其他教师，为了避免这种不利状况的发生，教师的最优策略就是在自己负责的"控制性评价"中放松标准甚至采取不当手段对学生进行"放水"。因此，我们不难理解为什么英国政府会在本轮考试制度改革中一度计划要取消多家考试机构的并存和竞争，去除或尽量减少"课程作业"和"控制性评价"在 GCSE 和 A–Level 考试成绩中的比重。

4. 博弈信息

博弈信息是指博弈方所掌握的影响自己策略或行为选择的信息，特别是有关其他博弈方的备选策略和行为的信息。按照博弈方对信息了解和掌握的程度，可分为完全信息博弈和不完全信息博弈。完全信息博弈是指在博弈过程中，各参与者对所有其他参与者的特征、待选策略及其收益函数等信息都有准确的掌握，否则，就是不完全信息博弈。此外，博弈论中有关静态博弈与动态博弈的划分也与博弈信息这一要素有密切关系。静态博弈是指各博弈方同时或可看作同时（例如，行动虽然有先有后，但后行动者并不知道先行动者采取了什么策略，即没能掌握有关先行动者的必要信息）选择的博弈。如果博弈中的行动有先后次序，而且后行动者在选择行动前能够洞悉先行动者的策略和行为，则属于动态博弈。在如今的英国社会，由于决策者的决策需履行严格的民主程序，政府信息披露制度也比较完备，因此各利益相关者围绕考试制度改革与政府进行的博弈，大多数情况下属于完全信息博弈和动态博弈，但各利益相关者之间及其内部进行的博弈，有时则属于不完全信息博弈或静态博弈。例如，考试监管机构在要求各考试机构重新设计某门学科的课程与考试的过程中，尽管有考试监管机构所要求的标准，但各个考试机构设计的课程和考试在难度方面常常也会有所差别。对于单个考试机构而言，究竟将课程和考试的难度设定到何种水平是一个值得仔细考虑的问题，这其中就涉及考试机构之间的相互博弈。从英国媒体的报道来看，某家考试机构因为所设计的课程和考试难度过低而遭到其他考试机构批评的现象屡有发生。

5. 博弈均衡

博弈均衡是指在某些情况下，博弈各方认为自己采取的策略或行为实现了自己的最大效用，都对当前的博弈结果满意（尽管各方实际得到的效用和满意程度是不同的）而不愿改变自己的策略这样一种相对稳定平衡的状态。在英国中等教育考试制度的历史演变过程中，我们可以发现，由于参与考试制度或政策博弈的利益相关者在构成与特点方面经常发生变化，因此各利益相关方所达成的博弈均衡状态维持的时间总是很短暂，由不均衡引发考试制度变革才是常态。

（三）中等教育考试制度改革中的利益博弈

尽管博弈论的内容十分庞杂，存在众多分支理论，但其所运用的核心概念和基本解释，通常都与博弈者的利益诉求及各方之间互动的关系及策略密切相关。因此，借用博弈论的基本概念和理论，可以在一定程度上深化对英国中等教育考试制度中各利益相关者之间利益关系、利益冲突、利益博弈的理解和分析。在本研究中，笔者主要分析三类与利益相关者之间的博弈有关的问题：一是中等教育考试制度的各利益相关者之间的博弈关系；二是中等教育考试制度的各利益相关者之间的博弈类型；三是中等教育考试制度的各利益相关者所采用的博弈策略。其中，第三个问题涉及的内容和细节较多，需要在后续章节单独予以分析。本节先概述和分析前两个问题。

1. 中等教育考试制度各利益相关者之间的博弈关系

如本章第一节所述，中等教育考试制度的各利益相关者有着各自不同的利益诉求，在考试制度变革和相关改革政策制定的过程中，各利益相关者都希望自己的利益诉求能够得到满足，都在追求自身利益的最大化。因此，他们之间存在着广泛的博弈现象，笔者将其概括为以下几类，并结合案例予以说明。

（1）决策者（国会、政府、公共机构）之间的博弈

正如上文所述，在英国，内阁政府下属的教育部并非中等教育考试制度改革唯一的决策主体，除了教育部之外，独立于政府运转的资格及考试监督办公室在中等教育考试制度改革中也发挥着极为重要的作用，此外，由于考试改革牵涉面广，各方争议较大，因此议会的教育委员会也非常关注并参与和影响了考试改革的相关事务和进展。从教育政策的实际决策过程来看，教育部、议会教育委员会、资格及考试监督办公室三者之间并不总是持相同的意见，三者之前存在一定的博弈关系。例如，在卡梅伦政府第一个任期内，三者之间就是否应该废除GCSE证书并另建一套新的资格证书进行了一场博弈。博弈的结果是：提出废除GCSE证书并另建新资格证书体系的教育部转变了态度，放弃了该项计划，转而谋求在保留GCSE的基础上对其进行改

革；而原来对教育部考试改革计划持模糊态度的教育委员会在GCSE
需要改革这一问题上也有了与教育部大体一致的态度；资格及考试监
督办公室作为英国的考试监管机构，虽然此前也有过对考试制度进行
改革的意向和表示，但一直没有像样的动作，而只是关注如何对现有
考试制度的一些细节进行修订和完善，经过此番博弈，资格及考试监
督办公室在议会教育委员会与教育部达成相对一致的看法后，对考试
进行全面改革的立场也更加坚定，并很快着手制定了考试改革的日程
表，陆续开展了各种主题的调研和咨询活动。

（2）决策者与考试机构之间的博弈

决策者与考试机构的博弈由来已久。从历史上看，双方的博弈从
考试机构诞生至今一直持续进行着。正如前文所述，英国的考试机构
最初完全由大学和行会主导，中央政府最初在与大学和行会的博弈中
一度处于弱势地位，直到1917年成立了中等学校教育委员会。尽管
当时中等学校教育委员会的大部分成员仍是来自各个大学考试委员会
的代表，但它标志着政府已经开始正式介入中等教育考试的协调和监
管。此后，随着政府权力在教育领域的不断增强和延伸，中等教育考
试制度变革和监管的权力逐渐从大学和行会向政府转移，其代表性事
件包括大学自行举办的入学考试不断萎缩直至完全取消，并被政府主
导建立的GCSE和A-Level考试体系彻底取代。总的来看，如今的考
试机构，只是在既定制度和政策下负责课程考试和证书授予的具体实
施工作，属于决策者监管的对象，它们对于考试改革决策也只有反映
意见、参与咨询的权利，在当前的博弈中已经处于弱势地位。尽管如
此，一方面，由于大学和行会对考试机构的影响仍在，例如多个考试
机构仍然和大学和行会有着密切的关系，有的甚至就是从属于大学和
行会的分支机构；另一方面，即便与决策者相比稍显弱势，但考试

机构已经形成了相当体量的利益集团，因此在其与决策机构的博弈中所能选择的策略和施展的空间仍然不可小觑。一个最近的例子就是在2012年教育部最初表示的改革计划中，一度打算取消同一科目的考试证书可由多家考试机构提供的制度，改为同一科目的考试证书只能由一家考试机构独家承担，但该改革计划并不符合考试机构的利益，因此受到多数考试机构或明或暗的反对，再加上其他原因，该项改革计划后来被迫取消，在最终的决策中，同一科目的考试证书可由多家考试机构提供的局面基本没有改变。

（3）决策者与高校之间的博弈

决策者与高校之间的博弈主要体现在决策者与少数著名大学的博弈上，原因在于，除了著名大学以外的大多数普通大学，对于考试制度改革并没有多大的主动发声的愿望，即使少数普通高校有表达利益诉求的愿望和行为，但其在高等教育中的地位决定了其所发出的声音并不为公众及媒体所重视，因此也不构成与决策者的博弈。但是以罗素集团为代表的著名大学则不然，这方面最典型的例子当属剑桥大学。剑桥大学不仅是英国最古老、最著名、社会影响力最大的两所大学之一，也是剑桥考试集团（英格兰目前提供GCSE和A-Level证书的四大考试机构之一的OCR是其分支机构之一）的"上位组织"（parent organization），同时还是近年来对英国教育部推行的考试制度改革批评最为频繁、最为激烈的大学。教育部与剑桥大学博弈的焦点之一在于，是否应该将AS从A-Level中独立出去，教育部力主将AS独立出去，而剑桥大学则强烈反对，并威胁称一旦AS独立出去，剑桥大学将恢复自己的入学笔试，作为AS考试的替代品。最终双方均未妥协，AS从A-Level中独立出去已是定局，而剑桥大学也已于2016年2月2日宣布，从2017年入学的学生开始，剑桥大学大多数学院和专业的申请者需要于前一年的11月左右参加剑桥大学的入学笔试。[1]

（4）考试机构之间的博弈

如前文所述，考试机构之间的博弈主要表现在各考试机构为了在市场竞争中处于优势，竞相降低课程和考试的难度，从而造成GCSE和A-Level考试成绩的膨胀，证书的社会信誉下降。除此之外，考试机构之间的博弈之前还表现在GCSE和A-Level课程和考试科目的设立上，各考试机构为了实现差异化竞争，开设了一些并没有必要单独存在的科目，即一些科目虽然名称不一样，但其实际内容其实有较多互相重复之处，或者一些科目完全可以并入到另一些科目当中。

（5）考试机构与学校、校长、教师、学生之间的博弈

考试机构与学校、教师、学生之间的博弈主要表现在两个方面：其一，尽管大体而言在证书与考试市场上，考试机构是"卖方"，学校是"买方"，考试机构是课程及考试的"生产者"，教师和学生是课程及考试的"消费者"，但由于任课教师负责的"课程作业"和"控制性评价"在不少科目的总成绩中占有一定的比重，因此考试机构对于负责"课程作业"和"控制性评价"的学校教师也有一定的监管权力，那些在"课程作业"和"控制性评价"的评分中违规操作、弄虚作假的教师和学校一经发现就会受到一定的惩罚；其二，每次考试成绩公布以后，都会有一定数量的学生和教师对考试机构给出的分数或等级非常不满并进行申诉，要求重新判分或重新评定等级。围绕着考试评分、等级评定所引发的某些事件往往伴随着双方的激烈博弈。例如，2012年，由于GCSE英语的春季考试和夏季考试在等级评定过程

---

[1] Greg Hurst. Cambridge University to bring back entrance exams [EB/OL]. http://www.thetimes.co.uk/tto/education/article4680510.ece, 2016-02-09.

中采取了不同的分数线，导致英格兰、威尔士和北爱尔兰很多参加夏季考试的考生在分数相同的情况下未能获得C等级。当年8月，GCSE英语考试的结果公布以后，参照春季考试的等级评定标准认为自己能够得到C等级的学生及其所在学校的教师、校长大失所望，他们按照规则向考试机构和资格及考试监督办公室提起申诉，要求按照春季考试的等级划分标准重新予以等级评定，但考试机构和资格及考试监督办公室的答复是不能进行重新评定[1]，理由是夏季考试的等级评定在程序和方法上并没有错误，重新评定会造成更大的不公平，不过为了照顾参加夏季考试的学生及其教师和校长们的情绪，考试机构和资格及考试监督办公室表示，当年的11月份将允许在GCSE英语夏季考试中未能获得C等级以上的学生免费进行一次重考，虽然之后有多达4.5万名的学生参加了11月份的重考[2]，但失望的学生、教师、校长等利益相关者们并没有因得到这次重考机会就善罢甘休，而是在重考结束之后提起了诉讼，将考试机构和资格及考试监督办公室告至了英国高等法院（high court），并称这次GCSE英语考试等级评定事件发生的原因是教育部和资格及考试监督办公室为了降低"分数膨胀"而人为设置了GCSE考试"等级天花板"，当时这种有关教育部和资格及考试监督办公室刻意降低GCSE通过率的"阴谋论"说法被媒体广为报道。2012年12月，高等法院为此举行了听证会并由各方提交了证据。2013年2月，高等法院最终驳回了该项诉讼，表示尽管诉讼者所声称的"不公平"确实存在，但考试机构和资格及考试监督办公室在此次

---

[1] 威尔士的考生除外，原因在于威尔士地区的GCSE考试由威尔士地方政府负责监管，威尔士地方政府裁定由WJEC重新进行等级评定。

[2] BBC. Thousands of pupils to resit English GCSEs［EB/OL］. http://www.bbc.com/news/education-19895530, 2016-02-09.

事件的处理上并不存在法律上的错误，"不公平"的原因在于上届政府任内引入的 GCSE 模块化考试制度的设计有问题，2012 年 GCSE 英语春季考试的等级评定标准不能用于夏季考试，如果采用春季考试的等级评定标准来评定 GCSE 英语夏季考试的等级，将会造成更大的不公平。[1]诉讼虽然最终未能胜诉，但这次事件毕竟造成了巨大的社会影响，英国下议院教育委员会也介入了对此次事件的调查，尽管教育委员会的调查结论和高等法院基本一致，即此次事件的原因在于上届政府于 2007—2009 年引入的模块化考试存在设计缺陷，以及在绩效考核压力下教师在"控制性评价"中过于宽松的评分，但教育委员会强调，不仅考试机构和资格及考试监督办公室应该从此次事件中汲取经验，避免类似事件再次发生，教育部也应该注意在其正在进行的考试制度改革中多倾听专业人士的意见，将学生的利益置于最重要的位置，避免改革后的考试制度出现类似的缺陷。[2]

2. 中等教育考试制度各利益相关者之间的博弈类型

在中等教育考试制度各利益相关者之间的博弈中，根据博弈参与者数量的不同，博弈是否能够达成有效的协议，博弈赖以进行的时间空间和社会环境、各博弈方所能获得的信息及所能采取的策略选项数量等因素的不同，可以将各利益相关者之间的博弈划归为不同的博弈类型，部分博弈类型在上文阐述博弈论基本概念时已进行了阐述，这里主要讨论中等教育考试制度中的合作博弈与非合作博弈，以及非合作博弈中产生的"囚徒困境"现象。

---

[1] BBC. Court rejects bid to overturn GCSE grades [EB/OL]. http://www.bbc.com/news/education-21426396, 2016-02-09.

[2] House of Commons.2012 GCSE English results [EB/OL]. http://www.publications.parliament.uk/pa/cm201314/cmselect/cmeduc/204/204.pdf, 2016-02-09.

（1）合作博弈和非合作博弈

根据博弈参与者彼此之间是否能够达成具有约束力的协议，博弈可以分为合作博弈和非合作博弈。合作博弈是指博弈各方通过达成具有约束力的协议，各方的利益都有所增加（即各方都能得到正收益），或者至少一方的利益有所增加而其他各方的利益不受损害（即在没有任何一方收益为负的前提下，至少一方获得正收益）。由于合作博弈能使整个社会的利益有所增加（即各方的总收益为正），因此在称呼上常被视同于"正和博弈"。非合作博弈是指博弈各方在无法达成具有约束力的协议的情况下，通过策略选择追求自身利益最大化的行为或过程。尽管非合作博弈并不意味着博弈各方之间只有冲突关系，但它通常用来描述一种具有对抗性质的博弈，因此从博弈的总收益上讲，非合作博弈往往表现为零和博弈或负和博弈。英国中等教育考试制度各利益相关者和利益集团之间的博弈既有合作博弈，也有非合作博弈，既有正和博弈，也有零和博弈和负和博弈。

从中等教育考试制度的形成变迁史来看，GCSE和A-Level考试之所以能够取代各大学自行组织的考试，成为统一的中等教育考试制度，就是政府和大学及各考试机构合作博弈的结果。大学和考试机构虽然让渡了部分权利给政府，但仍然是证书和考试市场的"生产者"和"运营者"，政府虽然获得了对考试制度监管和变革的主导权，但也充分尊重了大学和考试机构的地位和作用，它们之间的合作博弈使得英国的中等教育考试制度得以不断完善，并适应了英国教育的发展，从而使整个社会的利益有所增加，因此可视为是一种正和博弈。不过，围绕考试制度及其变革，各利益相关者之间并不总是能从集体理性出发达成彼此都能够自愿遵守的决策或协议，因此也存在大量的非合作博弈，其中一些还伴随着"囚徒困境"现象的出现，表现为一种负和博弈。

（2）"囚徒困境"

所谓"囚徒困境"（prisoner's dilemma），是美国兰德公司1950年提出的一个博弈论模型：两个共同犯罪的人被捕入狱，警察对其实施了分别关押和审讯，两人无法互相沟通情况。警察告知他们，如果两个人都不坦白，则由于证据不足，会被判每人坐牢一年后释放；如果一人坦白而另一人不坦白，坦白者会立即获释，另一人则会被判坐牢十年；如果两人都坦白，则因证据确实，两人都会被判坐牢八年。在这种情况下，两个囚徒所面临的就是一个不完全信息静态博弈，如果囚徒从个体理性出发进行选择，其结果将是两人都坦白，均被判八年刑期。其博弈策略的方案组合如图3-5所示。

	乙	
	坦白	不坦白
甲 坦白	甲坐牢8年，乙坐牢8年	甲立即释放，乙坐牢10年
不坦白	甲坐牢10年，乙立即释放	甲坐牢1年，乙坐牢1年

图3-5 "囚徒困境"博弈示意图

"囚徒困境"的博弈模型说明了个体理性与集体理性之间的冲突，是博弈论中负和博弈最具代表性的例子。现实生活中，因各利益相关者仅从自身利益和个体理性出发，不愿或不能进行合作，或者因信息交流不畅所导致的"囚徒困境"现象普遍存在。英国中等教育考试制度利益相关者之间的博弈同样存在这种现象。例如，各考试机构为了在市场竞争中取得优势地位，竞相降低考试难度和评分标准项，从而导致GCSE和A-Level分数的膨胀、证书的贬值，最终不仅损害各考试机构的社会声誉，也对英国教育与社会的整体利益造成了损害；从某种程度上讲，各考试机构之间的这种博弈就是一种"囚徒困境"下的负和博弈。再如，在原有的GCSE和A-Level考试制度中，学生的平时成绩在许多科目中都得到了充分的考虑，在总成绩中所占比重相当大；然而许多学校和任课教师为了使自己的学生获得高分，会不适当地甚至是违规地拔高学生的平时成绩，随着这种现象越来越普遍，那些对学生平时成绩评价标准严格的学校和教师反而发现自己处于不利地位，因此也会逐渐降低对学生平时成绩的评价标准，采取各种手段提高学生的平时成绩。学校与学校之间、教师与教师之间的这种非合作博弈最终导致的结果是，考试监管机构不得不推出相应的制度改革，削弱由教师负责评价的学生平时成绩在总成绩中的比重，甚至予以取消。而这也是英国考试制度改革中，GCSE和A-Level考试为何会由模块化考试改为终期性考试，减少课程作业或控制性评价的比重，强调笔试的重要性的一大原因。不少教师和学者指责这种改革将削弱教师的专业自主性，而且不利于对学生的全面评价，终期性考试会给学生造成较大心理压力，等等。

第三节

中等教育考试制度改革中利益相关者的博弈策略

一、利益集团影响公共政策的途径与策略

利益集团是指一定数量和规模的利益相关者基于共同利益而形成

的正式或非正式的团体或组织。在民主社会中，结社权是一项基本的公民权利，受到社会的尊重和法律的保护。在英、美等国，具有相同或相似利益诉求的社会成员常形成各种利益集团，并借以组织社会活动、参与政治生活、影响公共政策的决策，其目的是为了更有效地维护自身权益。发展成熟、监管完善、合法活动的利益集团既是社会民主的体现与表征，也是维系和促进社会民主的重要力量。由于公共政策通常涉及对社会利益关系与利益结构的调整，因此在利益集团充分参与的政治体制中，公共政策的制定与实施过程在很大程度上体现为不同利益集团之间、利益集团与决策者之间的互动与博弈过程。[1]英国中等教育考试制度的改革就涉及诸多利益集团的利益，改革政策的制定与实施过程中，利益集团无论是支持还是反对，都对改革的走向与前景产生一定的甚至是重要的影响。

中等教育考试改革政策的制定是一个多方博弈与互动的过程，各利益相关者为了使自己的利益最大化，会通过各种不同的途径和方式对决策者施加影响，其中已经形成利益集团的利益相关者更是会通过各种博弈策略，不遗余力地表达自身的立场和利益诉求，以便决策者的最终政策能够向己方利益倾斜。概括而言，英国社会中利益集团影响决策者决策的手段和策略主要包括直接游说、间接游说、影响选举、建立联盟、示威抗议、司法诉讼等。

（一）直接游说

直接游说，也称内部游说，是指利益集团为实现其政策目标，与

---

[1] 周世厚.利益集团与美国高等教育治理——联邦决策中的利益表达与整合 [M].北京：中央编译出版社，2012：1.

决策者（国会议员、政府官员及公共机构主要负责人）面对面沟通交流的活动。直接游说是利益集团对决策者施加影响的各种手段中使用最频繁、效果最直接、地位最重要的手段。

在当代英国，公开的直接游说，只要不掺杂贿赂等违法行为，都属于合法活动。合法的直接游说通常有以下几种方式：

1. 与决策者保持常规联系和信息沟通

利益集团会通过各种方式与决策者保持稳定的常规联系。这种联系尽管有时也通过私人渠道，但通常都可以通过官方渠道，因为决策者的工作地址、邮箱、电话等信息都是对公众开放的，利益集团可以通过面谈、电话、邮件、传真等方式，就自己关心的问题向决策者表达利益诉求，阐述态度看法，提出意见建议，或者要求决策者提供更多的信息或解释。

2. 参加决策者举行的咨询或研讨活动

英国国会无论是审议法案还是就某一议题举行日常辩论，都会向公众提前发布预告，对于争议和影响较大的法案或议题，还会通过进行咨询、组织研讨等各种形式征求社会各界尤其是利益相关者的意见建议。同样，政府和公共机构在制定政策的过程中，通常也会进行多轮咨询和研讨，收集、统计、分析社会各界特别是利益相关者的意见和反馈。如果决策者发起的咨询或研讨活动与利益集团的自身利益密切相关，那么利益集团都会非常重视并积极参与，无论是书面意见还是口头意见，往往都能在认真研究的基础上提出鲜明的论点、丰富的论据和强有力的论证。

3. 与决策机构之间保持人员流动

实现和促进与决策机构间的人员流动，是利益集团开展直接游说的重要方式之一。一方面，利益集团常常会直接或间接聘用从决策机构离任的前议员、政府前官员以及公共机构的前任负责人，例如评价与资格联合会的现任首席执行官安德鲁·霍尔（Andrew Hall）之前就曾在资格及考试监督办公室（Ofqual）的前身——资格与课程局（QCA）——担任过部门主任和首席执行官[1]；另一方面，利益集团也会将自身的代理人和游说人员推选或扶持为国会议员、政府和公共机构的官员或工作人员。通过这种人员的双向流动，利益集团可以更加高效地对决策者施加影响。

除此之外，利益集团也常常会采用一些处于法律和道德的灰色地带甚至是不合法的手段进行直接游说。例如，为决策机构或决策者提供免费服务，直接或间接承担咨询或研讨活动的举办等；邀请决策者出席利益集团主办的公开或非公开的社交性聚会和宴会，以及以研讨会等冠冕堂皇的理由举行的旅行和娱乐活动等；为议员或政府官员提供政治信息，进行政治利益交换等。近些年来，英国媒体曾曝光多起此类丑闻。例如，2010年，记者假扮成企业负责人，请议员帮企业游说，前运输部长拜尔斯称，时任商务大臣曼德尔森可以帮"客户"取消不利于"客户"的政府计划；2012年，时任保守党财务主管克鲁达斯被卧底记者揭发以安排与首相卡梅伦等高官见面为诱饵，向商业人士索要高额捐款；2013年，有记者乔装成一家太阳能公司的关系人，几名议员表示愿意利用自己的身份，以有偿游说的方式帮这家公司争取利益；2015年英国大选前夕，《每日电讯报》和第四频道记者伪装成外国公司的员工，对十余名国会资深议员进行了试探，结果多名议员"晚节不保"，表示愿意在获得一定报酬的情况下为私人企业疏通

---

[1] William Stewart. AQA's new boss just happy to break exam silence［EB/OL］. https://www.tes.com/article.aspx?storycode=6061319.

关系[1]。

（二）间接游说

间接游说，也称外部游说，是指利益集团利用第三者影响决策者的游说策略。在不方便通过直接游说或者直接游说效果不好的情况下，以及当利益集团的利益与公共利益有较大冲突，或容易引起决策者和公众误解和抵制的时候，利益集团就会通过第三方，包括选民、一般公众、其他利益集团或利益相关者，对决策者施加影响，以实现自己的利益诉求。间接游说可以使利益集团处于幕后，使第三方的游说活动给人以自发形成的假象。[2]间接游说通常有以下两种方式。

1. 开展公共宣传

公共宣传是指利益集团从自己的立场出发，采用不同形式的宣传材料，通过各种类型的媒体和信息载体向公众进行宣传，使公众按照有利于利益集团的视角了解和思考有关问题，进而形成和引导公众舆论的策略。公共宣传是利益集团通过公众舆论对决策者施加影响的常用方式之一。除了通过报纸和杂志等传统媒体[3]引导公众舆论外，在当今信息化社会中，利益集团也非常重视对网站、论坛、脸书（Facebook）、推特（Twitter）等网络新媒体的运用。

2. 动员特定的公众群体或选民

动员特定公众群体或选民的方式也被称为"草根游说"

---

[1] 韩旭阳.英议员赚外快遭"钓鱼调查" [EB/OL]. http://epaper.bjnews.com.cn/html/2015-03/01/content_564215.htm?div=-1, 2015-12-20.

[2] 孙大雄.宪政体制下的第三种分权 [M].北京：中国社会科学出版社，2004：49.

[3] 与美国不同的是，英国严格禁止竞选党派购买广播台和电视台的广告时段用于大选宣传，参加竞选的各党派在大选期间可获得分配好的竞选宣传广告时段。但对于利益集团购买的广播和电视的广告时段，以及其播出的有关竞选的宣传内容，目前的监管措施还不够严格。

（grassroots lobbying）或"基层游说"。这种方式与公共宣传的区别在于，公共宣传的受众一般不局限于特定的目标群体，从政府官员到普通民众，从利益相关者到无利害关系者，都是宣传的对象，而基层游说的重点在于寻找与利益集团有某些共同或相近利益的特定公众群体或选民，发动和依靠他们对决策者施加压力和影响。

（三）影响选举

为了增强对决策机构的影响力，利益集团还会直接介入国会的议员选举，为符合自己利益的候选人提供支持，帮助其在自己的选区取得选举胜利，以此为今后的游说活动建立良好的人脉关系。利益集团介入议员选举的方式主要有以下几种：

1. 帮助或反对竞选候选人

为了帮助有利于自己的候选人取得竞选成功，除了号召本集团的内部成员为其投票拉票外，利益集团还会通过组织竞选志愿者、组织竞选演讲会等方式帮助候选人动员选民，甚至还会对候选人直接进行包装和培训，提供信息收集和宣传材料制作等服务和支持。在某些特定利益集团成员众多或影响力较大的选区，某些候选人有时也会主动与利益集团联系，谋求利益集团的支持。

与之相对应的是，对于那些与自己利益相冲突的候选人，利益集团通常会采取相反的态度，除了号召本集团的内部成员不投该候选人的票外，还会通过组织各种形式的活动，动员选民不选该候选人，甚至还会收集并向媒体透露该候选人的历史污点等负面信息。在某些特定利益集团成员众多或影响力较大的选区，候选人有时会不得不与自己有理念冲突的利益集团进行一定的妥协，以缓和双方的冲突。

2. 向候选人提供政治捐款

按照英国议会选举的有关规定，为了防止个别候选人试图花大笔金钱"买通"选举，英国大选中的拉票活动只能由不获报酬的选举义工进行，严禁有金钱交易的劝投拉票行为；对于候选人能够开支的细节以及各政党的竞选总经费也有严格的限制。由于候选人的交通和住宿等个人开支不得列入选举经费，因此候选人公开的竞选经费大多数都是用于选举传单的印刷和购置文具等。而参选政党的竞选经费总额取决于它所参选的选区数量，每个选区的议席一般可以获得不超过3万英镑的经费。在竞选宣传活动举行期间，捐款报告必须每周递交给选举委员会审阅，候选人个人接受超过1 000英镑的捐款，党派竞选支部接受超过5 000英镑的捐款，都必须上报选举委员会。[1]尽管如此，无论是参选政党还是各个参选候选人通常都对政治捐款有很大的需求，因为通常情况下，竞选的真正花费实际上要远远大于上报给选举委员会的报表上的数额。

（四）建立联盟

建立联盟是利益集团广泛采用的另一重要博弈策略。利益集团的结盟对象通常是与自己有着共同的或相似的利益诉求，或对某一问题持相近立场的其他利益集团。通过结盟，它们可以同时或互相配合开展有关行动，这样可以避免不必要的重复劳动，实现信息共享，提高活动效率，节省单个集团的开支，还可以尽可能地减少盟友彼此之间不必要的差异、误解或竞争。这些都有利于利益集团增强和扩大自身

---

[1] 法律教育网.英国议员选举制度［EB/OL］. http://class.chinalawedu.com/news/15300/157/2006/5/
xi611022352971560002256-0.htm, 2016-01-03.

的影响力，有利于对决策者表达利益诉求和施加影响。利益集团的结盟现象不仅广泛存在于同类利益集团之间，也广泛存在于不同种类的利益集团之间。

同类利益集团的结盟往往伴随着或者说可以被视为更大规模利益集团的形成。例如，英国七大考试机构共同组成的"资格证书联合委员会"（Joint Council for Qualifications，简称JCQ）就是一个颇具代表性的例子。JCQ由成立于1998年的"普通资格证书联合委员会"（Joint Council for General Qualifications，简称JCGQ）和成立于1992年的"国家职业资格证书联合委员会"（Joint Council for National Vocational Qualifications）于2004年合并而成。合并后的JCQ对内协调各考试机构的工作，对外则代表各考试机构的利益发出统一的声音。JCQ在其官网上称其组织目标为：通过协调各考试机构的考试管理和相关安排，为学校提供方便；为各考试机构提供一个进行战略对话、信息交流和利益表达的平台；对来自考试监管机构、政府和其他利益相关者的政策和要求做出统一的回应，在与媒体和各有关方面的交流中，代表其成员发出一致的声音；提供一个考试机构与包括高校、教师及其代表组织在内的重要利益相关者进行集体讨论的渠道。为了达到上述目标，JCQ负责开展一系列的工作和活动，包括每年8月公布GCSE和A-Level的考试结果，发布有关如何进行考试的建议、指导和规则等[1]。

（五）示威抗议

与其他博弈策略相比，示威抗议是一种较为激进的施压方式。

---

[1] JCQ. Aboutus［EB/OL］. http://www.jcq.org.uk/about-us/our-aims, 2016-01-05.

一般来说，越是处于弱势地位，越是利益诉求长期得不到满足的群体，越有可能采取这种激进的手段[1]。在本研究中，教师和教师工会是采用这种博弈策略较多的利益相关者（利益集团），并且通常采用罢工或游行的方式。2010年以来，教师工会已经多次举行抗议政府缩减公共教育经费的罢工或抗议示威活动。例如，2016年3月15日，英国全国教师工会（NUT）领导英格兰90余所第六学级学院的教师发起了一场声势浩大的示威活动，抗议政府对第六学级学院的经费削减。

（六）司法诉讼

在游说等策略不起作用的情况下，司法诉讼也是利益集团影响政策制定的一项有效策略。从广义上讲，司法机构在某种程度上也承担着决策者的角色。但与议会、政府、公共机构有所不同的是，法院不会主动参与利益冲突的调解和裁定，它只有在接到当事者提起的司法诉讼后才会介入。也正因如此，司法诉讼通常被视为各利益集团维护自身利益的最后选择[2]。例如，2012年，一些对当年度GCSE英语夏季考试的等级评定结果不满的学生、教师和校长，在申诉未果的情况下，将考试机构和资格及考试监督办公室告至英国高等法院。尽管诉讼人是167名学生，但诉讼的实际运作者是这些学生背后的支持者，包括150所学校、42个地方议会以及校长协会和教师工会等多个专业团体。再如，2016年2月，NUT宣布将在2016年3月15日组织第六学级教

---

[1] 周世厚.利益集团与美国高等教育治理——联邦决策中的利益表达与整合［M］.北京：中央编译出版社，2012：291.
[2] 周世厚.利益集团与美国高等教育治理——联邦决策中的利益表达与整合［M］.北京：中央编译出版社，2012：292.

师举行罢工和示威游行活动之后，英国教育部在与NUT沟通未果的情况下，也曾向英国高等法院提起诉讼，称NUT即将举行的示威活动是出于特定的"政治目的"而非"劳资纠纷"，要求高等法院裁决该活动非法[1]。

此外，利益集团在使用这一博弈策略时，有时只需要威胁进行诉讼就能在一定程度上达到目的或获得彼此谈判妥协的筹码，而不一定真的需要付诸实施。

不同的利益集团对于以上几种博弈策略，有的会单独运用或侧重运用某一种策略，有的则会综合运用多种博弈策略。上文列举的一些例子都是某一个利益集团运用某一种博弈策略的案例。在更多情况下，利益集团通常会同时运用或连续运用多种博弈策略，从而在多个方面对决策者施加影响，使决策进程尽可能地向有利于自身利益的方向发展。为了更深入细致地了解中等教育考试改革中的利益关系和利益博弈，本研究将在第四章有关中等教育考试制度改革的政策制定过程研究中，对利益集团与利益集团之间、利益集团与决策者之间的利益冲突与利益博弈进行更为深入细致的梳理和剖析。

二、政府推行考试制度改革所采取的策略

从博弈论的角度分析，在与考试制度改革的各利益相关者或利益集团进行博弈的过程中，英国政府的主要博弈策略是加强对政府政策的公共宣传和舆论造势，以及在各种场合通过各种方式开展对各个利

---

[1] Judith Burns. Government seeks High Court ban on sixth-form strike plan [EB/OL]. http://www.bbc.com/news/education-35777343, 2016-03-15.

益集团的反向游说。

（一）政策宣传与舆论造势

英国伦敦大学教育学院教授保罗·莫里斯（Paul Morris）指出，各国政府在推行教育改革过程中进行政策论证和舆论造势时所采用的策略，通常可概括为以下三种：第一种是基于历史的策略，即通过回溯历史为当前的改革计划寻找依据，声称所提出的改革计划将有助于重建或巩固该国的悠久文化或民族传统。例如，英国对其择校传统的维护。第二种是基于意识形态的策略，即提出一系列有关正确开展学校教育的信念，声称所提出的改革计划将有助于实现这些信念。例如，英国当年为建立更为公平、平等的教育制度的综合中学改革就是诉诸这种逻辑取得成功的。第三种是基于国际比较的策略，即通过国际比较归纳出他国的成功经验，声称所提出的改革计划借鉴了他国的成功做法，而这种政策的移植或借用将有助于改进本国的教育。运用此策略时，决策者通常会宣称某些世界潮流的存在（例如学校教育的市场化和私有化），并强调如果自己的国家不顺应这些潮流，那么将在全球经济中失去竞争力。[1]

笔者认为，英国在本轮中等教育考试制度改革中，英国政府在政策论证和公共宣传上综合运用了以上三种策略。

1. 基于历史传统的策略

英国政府强调其推行考试改革的目的之一是为了重塑GCSE和A-Level历史上的良好信誉。GCSE和A-Level不仅在英国国内一度被称

---

[1] Morris, P. Pick 'n' Mix, Select and Project; Policy Borrowing and the Quest for 'World Class' Schooling: An Analysis of the 2010 Schools White Paper [J]. Journal of Education Policy, 2012, 27(1): 89—107.

为教育评价的"黄金标准",而且在国际上也享有很高的声誉,在包括美国在内的各发达国家的大学招生规则中普遍得到认可。英国政府指出,由于近些年来GCSE和A-Level所发生的分数膨胀和频频事故,它们的信誉已经受到严重的损害,英国国内的一些顶尖学校为了使自己的学生在大学申请中更具竞争力,越来越多地选择GCSE和A-Level以外的证书和课程。在这种情况下,重塑GCSE和A-Level历史上的良好信誉显得非常重要和紧迫。

2. 基于意识形态的策略

英国政府强调,考试制度存在的问题是造成部分公立学校教学质量不佳的重要原因,因此必须加大课程难度,严格考试制度,这样才能实现建设世界一流基础教育的宏伟目标。这与保守党近年来秉承的新自由主义和新保守主义相结合的意识形态是一致的。新自由主义强调自由竞争和市场的作用,其在教育和考试制度上的表现在于,考试制度应该具有良好的区分度,能够激励那些勤奋努力的学生,家长和学校可以通过在校学生的考试成绩判断和选择学校,从而实现学校的优胜劣汰。新保守主义强调规则和权威,而严格的考试制度无疑有助于树立教育中的规则和权威。

3. 基于国际比较的策略

正如莫里斯所指出的,在确定一个问题并提出解决方案的过程中,基于历史传统的和基于意识形态的政策制定策略都不可避免地高度依赖于主观的个人信念,而在当今社会,人们的个人信念是多样化的,某种信念的支持者在面对相反的信念时往往并无多少优势可言。因此,相对于基于历史传统和意识形态的策略,基于国际比较的政策制定策略更能团结不同的思想信念,是决策者最喜欢和最经常使用的政策制定策略,而且还常常被决策者用来为基于历史传统和意识形态的策略做掩护[1]。在笔者看来，英国政府在推行中等教育考试制度改革的过程中就充分运用了基于国际比较的政策制定策略。主要表现在以下两个方面：（1）英国政府在为包括考试制度改革在内的基础教育改革政策进行论证和舆论造势时，经常援引经合组织PISA2009和PISA2012的数据，指出英国学生近年来虽然在国内的GCSE和A-Level考试中成绩节节攀升，但在国际测试中的排名却出现明显下滑且处于落后位置。这样做的目的在于通过援引学生表现国际排行榜上的量化标准和统计数据，使政策制定过程和政策解决方案看上去显得更为客观和科学；以国际比较的数据作为发起改革的理由以及改革政策制定的依据，会具有内在的吸引力，不仅使改革具备更充足的理由，并且使改革政策显得是"以证据为基础"（evidence-based）的。（2）正如黛博拉·斯通（Deborah Stone）所指出的，要使一项改革政策获得支持，决策者通常需要首先将一些现状归纳为一个有待解决的问题，但糟糕的现状并不一定会成为一个问题，除非人们认为这个糟糕的现状完全是可以被人为控制的[2]。GCSE和A-Level虽然近些年来确实频频出现问题，但是否真的存在分数的"通货膨胀"，是否真的需要全面改革，英国社会各界对此是有争议的。政府在政策制定的过程中，充分运用了国际比较的策略，使人们看到国内GCSE和A-Level考试成绩逐年上升的同时，英国学生在PISA中的国际排名反而越来越差，从而有效地论证了对GCSE和A-Level进行全面改革的必要性。

---

[1] Morris, P. Pick 'n' Mix, Select and Project: Policy Borrowing and the Quest for 'World Class' Schooling: an Analysis of the 2010 Schools White Paper [J]. Journal of Education Policy, 2012, 27(1): 89—107.

[2] Stone, D.A. Causal stories and the formation of policy Agendas [J]. Political Science Quarterly 1989, 104(2): 281—300.

（二）反向游说

所谓"反向游说"，是指在实行权力分立、权力制衡的代议制民主政治体制下，为了使政策制定的博弈结果尽可能地满足自己的期望，不仅利益集团会对国会和政府进行游说，政府往往也会对国会和利益集团进行游说。为了以示区别，研究者一般将后者进行的游说称为"反向游说"。正如有学者所指出的，在有关利益集团的研究中，研究者通常只关注利益集团对国会和政府的游说，而常常忽略了政府对国会和利益集团的反向游说[1]。

在中等教育考试制度改革的进程中，英国政府对国会和利益集团的游说活动大量存在，可以分为直接游说和间接游说两大类。

1. 直接游说

政府对国会和利益集团的直接游说包括内阁成员或政府官员在议会或其他场合向议员或利益集团的代表主动阐述自己的政策或改革计划，解释政策的合理性和可行性，寻求议员或利益集团的理解和支持，尽可能地减少和降低对方的误解和抵触。

2. 间接游说

政府对国会和利益集团的间接游说通常有两种形式：其一，政府委托第三方机构或个人发布支持政府政策的研究报告，通过这些研究报告向国会或特定的利益集团施加影响，以此说服对方，使其能够支持或至少不反对政府的改革政策；其二，通过利益集团对国会施加影响，或者通过一个利益集团向另一个利益集团施加影响，以此说服对方，使其能够支持或至少不反对政府的改革政策。

---

[1] 孙大雄.宪政体制下的第三种分权［M］.北京：中国社会科学出版社，2004：115.

第四章

卡梅伦政府执政以来英国的中等教育考试制度改革

2010年5月英国大选结束后，保守党和自由民主党组成了英国战后第一个联合政府，由保守党党魁卡梅伦担任首相，自由民主党党魁尼克·克莱格担任副首相。经过两党的讨价还价，由保守党原影子教育大臣迈克尔·戈夫出任新组建的教育部部长，而两党公布的共同施政纲领中，基础教育方面也主要体现了保守党的政策理念和改革计划。

2010年11月，英国教育部发布了《教学的重要性：2010年学校白皮书》（The Importance of Teaching: The Schools White Paper 2010），这是卡梅伦领导下的联合政府执政后颁布的首份教育施政纲领，被视为卡梅伦政府后续各项基础教育改革的蓝图和指南。该白皮书指出，英国政府推行教育改革的目标是为了创建世界一流的学校教育体系，为国民经济的长足发展提供坚实的基础，确保英国在未来的全球竞争中立于不败之地。为了实现这些目标，政府将围绕中小学校的教学与管理、课程与评价、体制与经费等方面全面推进基础教育的改革[1]。英国政府近年来推行的一系列中等教育考试改革，最早即可追溯到这份白皮书，有关GCSE和A-Level的改革设想正是在这份白皮书中被作为教育改革的重要组成部分首次正式提出的[2]。

在2015年5月的英国大选中，保守党取得了议会多数席位，卡梅伦获得连任并得以摆脱自民党单独组阁，从而使基础教育领域的上述各项改革议程得以继续有效地推进。其中最引人关注的几项改革包括：学校体制改革、考试制度改革和学校绩效问责制度改革。这三项改革彼此联系、互为背景，在共同塑造英国基础教育新前景的同时，

---

[1] 冯加渔.创建世界一流的学校教育体系——英国学校白皮书《教学的重要性》解读及其启示［J］.外国中小学教育，2012（3）：1—6.
[2] Ofqual. Perceptions of A Levels, GCSEs and Other Qualifications in England — Wave 13［EB/OL］. https://www.gov.uk/government/statistics/perception-of-a-levels-and-gcses-wave-13, 2016-01-18.

也引发了英国教育界内外广泛而激烈的争论。虽然本研究主要关注的是考试制度的改革，但是由于上述三项改革彼此联系、互为背景，因此要想对考试制度改革有全面而深入的理解，就必须将其置于其他两项改革的背景中进行分析。本章首先概述和分析英国的学校体制改革和绩效问责制度改革，然后分析和探讨中等教育考试制度的政策制定过程以及政府推进考试制度改革所采用的策略。

第一节

考试制度改革的政策背景

一、学校体制改革

（一）改革的原因和政策措施

进入21世纪以来，历届英国政府一直将提高英国基础教育质量，打造世界一流的中小学教育作为一大教育改革目标[1]，2010年以来执政的卡梅伦政府对此更是不遗余力。在奉行"新自由主义"教育改革理念的卡梅伦政府看来，改革的措施应着眼于解决目前公立中小学办学质量方面存在的三大问题：其一，英国公立中小学的整体办学质量

---

[1] Alexander, R.J. 'World Class Schools' — Noble Aspiration Or Globalised Hokum? [J]. Compare: A Journal of Comparative and International Education, 2010, 40(6): 801—817.

不如人意，这导致英国学生已经落后于世界其他国家的同龄人，其突出表现是在近几次经合组织（Organization for Economic Cooperation and Development）举办的国际学生评估项目（the Programme for International Student Assessment，简称PISA）中，英国的国际排名处于较为落后的位置；其二，在弱势群体聚居区存在许多"失败的学校"（failing schools），而地方政府长期以来缺乏有效的手段和措施来提高薄弱学校的教育质量；其三，即使在一些中产阶级社区，由于不少公立学校对于提高自身办学质量毫无远见和抱负，因此其办学质量长期表现一般或处于濒临失败的状态。

在英国中央政府看来，要解决上述问题，必须依靠中央政府的有力干预。因此，英国教育部不断强调，要提高英国基础教育的标准和质量，就必须对公立学校的办学体制进行改革，在强化绩效责任的基础上给中小学校以更多的自主权。英国教育部经常援引经合组织的PISA报告以及芬兰、瑞典等国家的例子，称有证据表明，在课程、预算、人事等方面给学校更多的自主权，有助于缩小学生之间的学业差距，提高学校的办学质量；允许家长、教师、慈善机构等团体或个人开办学校有助于满足当地社区的需要并提高教育质量。

在上述理念的指导下，一方面，英国中央政府不断强化教育问责制度，使教育标准局对公立学校的督导评估工作从过去的抽样督导发展为每校必督，并重点针对问题学校开展深度督导[1]；另一方面，积极推进学校办学体制的多样化，强调家长应拥有选择权，鼓励学校间的竞争和优胜劣汰，在强调绩效责任的基础上有条件地扩大公立学校的

---

[1] 王璐.英国现行教育督导制度的机构设置、职能范围与队伍建设 [J].比较教育研究，2013（10）：34—38.

办学自主权。为了建立一个能够满足家长选择权并专注于提高教学标准的教育体系，2010 年以来，卡梅伦政府对英国公立中小学的学校体制进行了大刀阔斧的改革，其中最为引人关注的政策是将越来越多的公立学校转制为由中央政府直接拨款，脱离地方当局控制，拥有更多自主权的"学园式学校"。

（二）英国公立中小学的"学园化"（academisation）进程

1. 学园式学校的类型与特点

在英国，学园式学校是指由中央政府直接资助，不受地方政府管理的公立学校。目前此类学校大部分是中学，也有一部分是小学。在法律地位上，学园式学校被定义为拥有办学自主权、非营利的慈善信托机构（charitable trusts）。由于成立年代不同以及成立时所依据的教育政策背景不同，学园式学校又可分为以下几种类型。

（1）"受资助的学园式学校"（sponsored academies）。此类学校通常是从原有的公立学校被动转制而成的，也是学园式学校中最早出现的类型。最初是由于一些公立学校办学质量较差，在中央政府的干预下被迫转制，由中央政府批准的资助者（sponsor）负责办学，资助者通常是大学、企业、慈善机构或个人。由于此类学园式学校出现最早，因此也被称为"传统的学园式学校"（traditional academies），以区别后来出现的其他类型的学园式学校。新工党政府执政期间建立的学园式学校大都属于此类型。

（2）"自愿转制的学园式学校"（voluntarily converted academies）。此类学校也是从原有的公立学校转制而成的，所不同的是，它们是自愿转制的。此类学校在完成自愿转制后便拥有学园式学校的法律地位，和"受资助的学园式学校"一样，由中央政府直接提供拨款，脱离地方政府的控制，拥有更多的办学自主权。此类学园式学校在转制前办学质量不一定差，转制后也不必非得有一个资助者。

（3）"自主学校"（free school）。此类学校是按照"自主学校计划"（Free School Programme）建立的学园式学校。与上述两类学园式学校不同的是，"自主学校"并非由原有的公立学校转制而来，而是完全新建的学园式学校。

（4）"大学技术学院"（university technical colleges，简称UTCs）。此类学园式学校的特点是，其举办者通常是大学（university）、雇主（employer）或继续教育学院（further education college）。其招生范围仅限于14—19岁年龄段的学生，雇主参与学校课程的安排，以确保学生能够掌握工作中实际需要的技能。其办学目的指向于满足来自产业界和雇主对某些特定类型的技术人才的需求。其课程安排结合了学术类课程和职业类课程，并注重在工作场景中培养学生的实际能力。

（5）"工作室学校"（studio school）。此类学园式学校的特点是规模较小，学生人数最多不超过300人，其他方面和UTCs大致类似。

与其他仍由地方政府控制的公立学校（local authority maintained school）一样，学园式学校也必须开设国家课程中的核心课程，接受教育标准局的督导。其在办学自主权等方面的优越性和主要特点可概括为以下几点。

（1）在经费方面，与受地方政府资助的公立学校相比，从中央政府直接获得资助的学园式学校获得的生均教育拨款最高可以多出10%[1]。此外，一些学园式学校还可以从个人或企业资助者那里获得额

---

[1] BBC. Academies-old and new explained [EB/OL]. http://www.bbc.co.uk/news/education-13274090, 2015-
06-22.

外的办学经费。学园式学校可以自由支配自己获得的教育经费。

（2）在师资方面，学园式学校可以聘用未获得教师资格的（unqualified）人员担任教师，可以自行决定教师的薪资待遇，既可以通过提供较高的工资吸引和留住优秀教师，也可以对表现较差的教师予以降薪或辞退。

（3）在招生方面，学园式学校根据自身办学特色的需要，可以按照学生的某些能力和表现，选择一定比例的生源，选择性招生的招生数最高可占该校招生总人数的10%。在一定的条件下，学校还可以拒绝某些学生的入学申请。

（4）在学校的日常管理方面，学园式学校的管理权归学校的董事会（governing body），校长在董事会的授权下负责学校的日常管理工作。在拥有资助者的学园式学校，资助者对学校有一定的影响力，不仅可以任命部分管理者，还可以影响到学园式学校的课程设置、校风以及新建筑的建设等。

（5）在课程和教学方面，虽然学园式学校也必须遵守国家课程有关数学、英语和科学这三门核心课程的要求，而且学生在16岁义务教育结束时也必须参加GCSE考试，但学校可以根据自身办学特色的需要，在遵循国家课程基本原则的基础上，对课程科目和课程内容进行灵活设置。许多学园式学校会有一个或多个特色科目或专门领域，例如科学、艺术、商业、计算机、工程、数学、现代外语、表演艺术、体育、技术等。此外，学园式学校还可以自主设置学期长度，也可以适当延长每天的教学时间[1]。

---

[1] Jessica Shepherd. Academies to become a majority among state secondary schools [EB/OL]. http://www.theguardian.com/education/2012/apr/05/academies-majority-state-secondary-schools, 2015-06-23.

2. 英国政府推行学园式学校的政策脉络

学园式学校最初是由布莱尔领导下的新工党政府提出的，其政策理念可追溯到撒切尔时代所推行的"直接拨款学校"（grant maintained school）。布莱尔政府当时推出"学园式学校计划"（The Academies Programme）的初衷是为了改造那些分布在大城市弱势群体聚居区的薄弱中学，提升这些地区的教育质量。2000年，当时新工党政府的教育与技能部部长大卫·布朗奇（David Blunkett）正式宣布推行学园式学校的计划。布朗奇称此类学校将"接管或取代低成就和处于特殊不利境地的学校，通过地方教育当局、社会志愿力量、教会团体、商业赞助者的伙伴关系得以建立和管理，通过改进管理、教学方法，并在至少一个课程领域有专业性侧重，来提高学生的学业成就，打破低期望的循环"。[1]在最初的几年里，学园式学校的完整称呼是"城市学园式学校"（city academies）。根据《2000年学习与技能法案》（Learning and Skills Act 2000），工党政府于2002年3月创建了首批3所"城市学园式学校"。在随后公布的《2002年教育改革法》（Education Act 2002）中，由于学园式学校的建设不再局限于大城市的内城，因此其前面的"城市"一词被去掉了[2]，最终形成了"学园式学校"这一目前已广为人知的概念。

2010年，保守党领袖卡梅伦领导的联合政府执政以后，推进学园式学校的发展逐渐成了英国政府在基础教育领域的一项核心政策。2010年7月，英国政府颁布了《2010年学园式学校法案》（Academies Act 2010），该法案从法律层面使得英格兰所有公办中小学都可以转

---

[1] Ball, S.J. Academies in Context: politics, business and philanthropy and hierarchical governance [J]. Management in Education, 2009(3): 100—103.

[2] House of Commons. Education Act 2002 [EB/OL]. http://www.legislation.gov.uk/ukpga/2002/32/pdfs/ukpga_20020032_en.pdf, 2015-06-24.

为学园式学校，并提出了旨在鼓励民间团体和个人新建学园式学校的"自主学校计划"。根据该计划，政府将积极扶持教师联合会、慈善组织、社区、家长团体及其他社会机构开办"自主学校"；任何个人或团体，只要愿意推动平等和民主价值观念，能够做到尊重个人，善待环境，并且承诺反对暴力和种族主义，都可申请开办"自主学校"[1]。

2012年6月，英国教育部发布了一份报告，对2010—2011学年学园式学校的办学质量进行了分析，内容包括学园式学校的数量、类型、地理分布。该报告肯定了学园式学校改革所取得的成果，展示了办学自主权促进学校教育质量提高的证据。2013年6月，教育部又发布了一份报告，对2011—2012学年学园式学校的教育质量进行了分析，再次举例阐述了转制为学园式学校如何使原来的公立学校获得了益处并提高了其办学质量。通过这些报告和其他多种方式，英国政府不断强调公立中小学转为学园式学校可以使学校在课程、预算和人事等方面拥有更大的办学自主权，以加强该政策对公立学校和公众的吸引力。

在卡梅伦政府的第一个任期内，一方面，学园式学校的覆盖范围从中学扩展到了小学；另一方面，不仅有更多的薄弱学校主动或被动地转制为学园式学校，而且一些在教育标准局的督导检查中被评为"良好"（good）乃至"优秀"（outstanding）的学校也转制成为学园式学校。因此，2010—2011学年及以后的数年间，学园式学校的数量及其占英国中小学总数的比例迅猛增长。截至2012年9月，已经有超过一半的英国公立中学转制成为学园式学校[2]。截至2014年8月，学园式学校的总数已经

---

[1] House of Commons. Academies Act 2010 [EB/OL]. http://www.legislation.gov.uk/ukpga/2010/32/contents, 2015-06-24.

[2] Jessica Shepherd. Academies to become a majority among state secondary schools [EB/OL]. http://www.theguardian.com/education/2012/apr/05/academies-majority-state-secondary-schools, 2015-06-25.

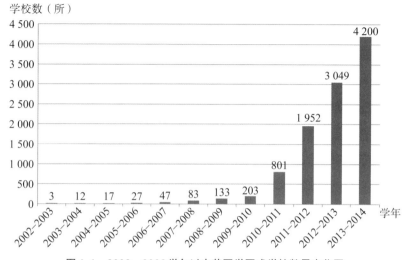

图 4-1　2002—2003 学年以来英国学园式学校数量变化图

资料来源：整理自英国教育部网站的统计数据。

达到 4 200 所，覆盖的学生数达到 240 万人[1]（如图 4-1 所示）。

2015 年 5 月，保守党再次赢得英国大选，随即卡梅伦政府便宣布将兑现竞选宣言中的有关计划，在今后五年内新建 500 所"自主学校"[2]，并将英格兰目前大约 1 000 所表现"不上不下的"（coasting）公立中小学转制为学园式学校[3]。在此计划下，英国政府将继续鼓励中小学校自愿转为学园式学校；鼓励优秀的学园式学校帮助薄弱学校提高教育标准；加强表现不佳的学校和善于提高教育质量的资助者之间的合作；增加"自主学校""大学技术学院""工作室学校"的数量；鼓

[1] National Audit Office. Academies and maintained schools: Oversight and intervention ［EB/OL］. http://www.nao.org.uk/wp-content/uploads/2014/10/Academies-and-maintained-schools-Oversight-and-intervention.pdf, 2015-07-01.

[2] Coughlan, S. Free school expansion plans launched ［EB/OL］. http://www.bbc.co.uk/news/education-32830488, 2015-06-25.

[3] SecEd. The Education Bill 2015: Lack of 'coasting' definition causing 'fear and confusion' ［EB/OL］. http://www.sec-ed.co.uk/news/the-education-bill-2015-lack-of-coasting-definition-causing-fear-and-confusion, 2015-06-22.

励教师、慈善机构、家长及其他团体或个人创办新的"自主学校";在家长要求增加更多学位的地区创办新的学园式学校。此外,2015年6月,保守党政府向议会提交了《教育及收养法案》(Education and Adoption Bill),该法案通过以后,政府将有权要求所有被教育标准局评为"不足"的学校转制为学园式学校[1]。

(三)公立学校"学园化"政策引发的争议

虽然学园式学校从最初推行时就受到一些质疑,但由于前期其数量较少,且最初都是从最失败的那些公立中学转制而成的"受资助的学园式学校",即由私人或私立组织接管教学质量非常差的公立中学,并提供资金和管理人才,新工党执政期间,政府还要求资助者必须负担其所资助的学园式学校10%的经费开支,因此在最初的几年里,学园式学校在促进公立学校多样化,提高教育质量方面的作用还是被广泛认可的,虽然也有一些质疑的声音,但并未引起普遍的关注。而且最初的几所学园式学校也确实取得了较为明显的成就,与"转制前缺乏领导力的失败学校"形成了明显对比。其中最为英国政府和学园式学校支持者所津津乐道的就是现任教育标准局负责人、首席督学(chief inspector)迈克尔·威尔肖曾担任校长的"莫斯伯恩学园式学校"(Mossbourne Academy)。该学园式学校于2004年由地处伦敦内城弱势群体聚居区的一所"失败的"公立中学转制而成。2004至2011年威尔肖担任校长期间,将这所"失败学校"奇迹般地改造成为一所"优秀学校",在2006年和2010年的两次督导评估中,该校都被教

---

[1] Burns, J. All failing schools to be academies under new bill [EB/OL]. http://www.bbc.com/news/education-32978355, 2015-06-22.

育标准局评为"优秀"。威尔肖不仅因此被英国媒体誉为"超级校长"（superheads），而且自2012年起在政府的任命下开始担任教育标准局负责人和首席督学。

不过，在保守党的政策驱动下，与新工党政府执政时相比，"学园式学校"的性质和特点、发展趋势和方向都已经发生了重要的变化，学园式学校的作用已经不再限于对表现极差的公立中学进行改造。为了鼓励优质学校、慈善机构及其他团体或个人的参与，卡梅伦政府已经取消了资助者在资金投入方面的硬性要求。因此，随着学园式学校数量的快速增长，围绕着学园式学校的办学模式、办学质量、相关政策的必要性和合理性、给英国教育带来的影响，特别是公立学校的"学园化"是否意味着公立教育的"私有化"（privatisation）等问题，英国社会和教育界出现了越来越激烈的争论。

一方面，以英国教育部为代表的政府部门坚称学园式学校促进了学校办学体制的多样化，提高了公立教育的办学活力，成功改造了很多"失败的学校"，使英国公立中小学的教育质量得到了提升。因此政府今后还将继续加大学园式学校的政策力度，不仅要让那些"失败的学校"和"有待提高的学校"（require improvement schools）转制成为学园式学校，还要把大约1 000所办学质量"不上不下、得过且过的学校"（coasting schools）转制为学园式学校，同时鼓励更多的"优秀学校"（outstanding schools）转制为学园式学校或参与学园式学校的创建。除中央政府以外，对学园式学校政策最为支持的当属参与举办学园式学校的私人或各种慈善组织。其中一些私人或慈善组织以"连锁"（chains）或"联盟"（federation）形式举办的学园式学校已经具备相当的规模，并仍在计划继续扩大其办学数量。

另一方面，大批量公立学校转制为学园式学校引发了中央政府、地方政府、校长、教师、家长和学生等不同利益群体之间越来越多的冲突和矛盾[1]，引发了越来越多的批评和质疑。批评者的主要观点可概括为以下几个方面。

（1）少数所谓取得巨大成功的学园式学校是政府耗费大量资金的结果，是"样板工程"；还有一些学园式学校之所以能在教育标准局的评估中取得进步，是因为这些学校得益于选拔性招生政策或要了一些"小聪明"，有的让学生尽量选择容易考出好成绩的GCSE课程（如公民、宗教等科目），有的则在招生时拒绝了一些表现较差的学生，而这对于中小学办学质量的全面提高并没有益处，反而造成了资金的浪费，加剧了教育不公平[2]。此外，一些公立中小学在转为学园式学校后，教育质量并没有得到改善，有些甚至还恶化了。学园式学校有没有大规模实施的必要，究竟能不能带来公立学校教育质量的全面提高，目前仍然缺乏足够的证据。

（2）学园式学校脱离地方政府的控制，削弱甚至剥夺了地方议会和社区居民对自己所在地区的公立教育和学校管理表达意见的权利，损害了英国民主制度的基础。在目前由工党控制的选区，这种批评意见和对学园式学校的抵制尤其强烈。

（3）学园式学校的发展已经脱离了其最初旨在帮助弱势群体聚居区提高公立学校办学质量的轨道；将越来越多的公立学校转交给私人或私人机构办学，这种"学园化"运动其实是保守党政府在将英国的公立教育"私有化"，但"私有化"并不是解决公立学校存在教育质

---

[1] Hannah Richardson. Academy row school governors sacked by Michael Gove［EB/OL］. http://www.bbc.co.uk/news/education-17385311, 2015-06-22.

[2] Rebecca Smithers. Flagship schools attacked over costs［EB/OL］. http://www.theguardian.com/uk/2004/aug/31/schools.newschools, 2015-06-30.

量问题的"灵丹妙药",公立学校的"私有化"只不过是保守党一贯的意识形态在教育领域的延伸而已。

(4)学园式学校可以聘任没有教师资格的人员做教师,并且可以自由决定教师的工资待遇,这进一步损害了教师职业的专业化水平和职业声誉,不仅不能缓解当前英国面临的师资短缺问题,反而会造成年轻人不愿从事教师职业,从而使将来出现更严重的教师短缺问题。

在英国,持上述批评意见的人士广泛分布于社会各界,包括政界人士、评论家、教育研究者、教师和教师工会、家长和普通民众。英国国会下议院在2015年1月发布的一份报告也指出:"此时此刻,政府应该停止学园式学校的扩张,除非有充分的证据,否则不要轻易做出学园式学校取得成功的结论。'学园化'既非总是成功的,也非改造薄弱学校的唯一办法。"[1]笔者认为,上述批评意见有其中肯之处,尽管英国公立学校确实在一定程度上存在政府所声称的那些问题,但公立学校大规模"学园化"的必要性和合理性,"学园化"能否全面提高英国公立中小学的教育质量,仍然有待进一步的观察和探讨。

二、绩效问责制度改革

(一)改革的原因

英国中央政府对公立中小学校的绩效问责制度(accountability system)源于撒切尔时代的教育改革,随着《1988年教育改革法》的推行,英国中小学普遍实施的国家课程和考试、GCSE考试、A-Level考试为学校绩效考核和问责制提供了量化测评的工具。此后,经过几

---

[1] House of Commons. Academies and free schools[EB/OL]. http://www.publications.parliament.uk/pa/cm201415/cmselect/cmeduc/258/258.pdf, 2015-06-30.

十年的发展演变，当2010年卡梅伦政府上台时，英国针对中小学的绩效考核和问责制度已经相当细致和完备。为了使民众特别是有择校意向的家长和学生充分了解和比较各个学校的办学质量和水平，英国政府不仅要求所有的中小学都必须把教育标准局的督导评价报告公示在自己学校的网站上，而且在教育部的官网上还专门设置了名为"学校绩效表"（school performance tables）的专栏，以便民众特别是家长和学生了解和比较不同学校的优劣。

英国教育部发布的"学校绩效表"被英国教育界形象地称为"学校排行榜"（school league tables）。对中学而言，学生在GCSE和A-Level等考试中所取得的考试成绩是决定其"排行"的重要指标，与此同时，也是政府的绩效问责制度中重要的测算指标。尽管这种绩效问责制度自诞生以来一直受到反对和批评，但由于撒切尔政府以来的历届英国政府对此一直常抓不懈，不仅没有向反对意见妥协，反而对绩效考核和问责制度进行了不断的细化。

2013年10月，英国教育部学校事务大臣表示，在政府对绩效问责制度发起的咨询中，有足够的证据表明，在中等教育层面，问责制中的一个核心测评指标——11年级学生在GCSE考试中获得包括英语和数学在内的5个A*—C等级的人数百分比——无论对中学的教学还是对考试制度而言，都产生了不良影响[1]。这些不良影响突出表现在以下三个方面。

一是造成了部分学生学习面的狭窄化和某些重要学科选修人数的下降。一些学校或教师为了使学生能够获得5个A*—C等级的GCSE证

---

[1] DfE. Reforming the accountability system for secondary schools [EB/OL]. https://www.gov.uk/government/speeches/reforming-the-accountability-system-for-secondary-schools, 2016-02-09.

书，会让学生在英语和数学外，尽量选修一些较容易的课程，如公民、宗教等，而尽量不选修难度较大的课程，如外语和某些科学类课程等。

二是造成了部分学校和教师对学生不能一视同仁，甚至将少数学生放弃。上述指标的存在导致有些学校和教师会把主要的精力放在那些成绩处于C等级边缘的学生身上，对那些成绩较为优秀的以及成绩很难达到C等级的学生则予以忽视和放弃。

三是造成一些学校或教师会引导学生提前参加GCSE考试，造成学生为了考试而学习，"考完就丢"，"考完就忘"。通常情况下，学生应该在11年级结束时参加GCSE考试，但是有些学校或教师为了提高学校在上述指标上的表现，会鼓动学生在10年级就提前参加GCSE考试，一旦学生某门课的成绩达到了C等级或以上，就会在11年级就把这门课程放在一边，集中力量准备其他科目的备考，如果没有达到C或以上等级也没关系，反正还有重考的机会。

由上述内容可以看出，英国教育部之所以要对问责制度进行改革，除了要消除问责制度存在的弊端以外，还因为问责制度与考试制度息息相关。对此，英国教育部也毫不讳言地表示："考试制度改革和问责制度改革有着紧密的联系，这也是为什么我们会将问责制度改革的咨询草案和GCSE的改革计划一同发布的原因。"教育部还援引经合组织2009年PISA报告的话称："全世界最有效的教育制度，就是那些给予学校高度自主权的同时又实行明确而强有力的问责制的教育制度，来自OECD的证据表明，强有力的问责制是提高学生学业成就的关键。"[1]

---

[1] DfE. Reforming the accountability system for secondary schools［EB/OL］. https://www.gov.uk/government/uploads/system/uploads/attachment_data/file/249893/Consultation_response_Secondary_School_Accountability_Consultation_14-Oct-13_v3.pdf, 2015-12-12.

（二）改革的具体措施

2013年2月7日—5月1日，英国教育部发布了一份有关中学绩效问责制度改革的咨询草案，广泛征求社会各界意见。2013年9月29日，教育部长戈夫宣布，今后在统计填写学校绩效表格时，将会只计算学生第一次参加GCSE考试所获得的成绩等级。戈夫称，有充分的证据表明，"提前参加考试的学生总体上的表现更差，即便把他们重考的成绩算进来也是如此。考生在还没有准备好的情况下就被迫参加考试，以至于一些正常情况下在11年级结束时参加考试可获得更高等级的学生们最终只获得了C级证书。此外，我相信这种情况还导致课程的狭窄化，学校和教师关注的不是如何使学生打好在该学科成功发展的基础，而仅仅是为了通过考试"。[1]

2013年10月14日，教育部发布了名为《中学问责制度改革》（Reforming the Accountability System for Secondary Schools）的报告。该报告集中阐述了政府的改革理念和即将推行的政策。报告称，新的问责制度将致力于使学校关注所有的学生，使学生学习更为广泛的课程，并提出今后将引入一个被称为"八科进展"（Progress 8）的指标作为学校绩效考核和问责制度的核心指标。

所谓"八科进展"，是指学生在8门科目中取得的进展，这8门科目包括：英语、数学、3门其他的"英国文凭"（English Baccalaureate，简称EBacc）科目（即科学或计算机科学、地理或历史、现代外语或古典语言），以及其他3门科目（既可以是"英国文

---

[1] DfE. Changes to early entry at GCSE [EB/OL]. https://www.gov.uk/government/news/changes-to-early-entry-at-gcse. 2016-01-13.

凭"中的其他科目，也可以是其他经过认可的艺术性、学术性或职业性科目）。按照教育部的计划，这一指标将从2016年开始实施，相关的数据将从2016年年底或2017年年初开始出现在学校的绩效考核表中。

同一天，教育部学校大臣大卫·劳斯（David Laws）在国会宣布了政府的中学问责制度改革政策。劳斯表示："我们将要求所有学校在它们自己的网站上以标准格式发布关键信息。从现在开始，这些关键信息必须包括以下四项重要指标：（1）学生在8门科目中所取得的进展，以便家长能够看到学生在该校有进步或有退步；（2）所有学生在同样的8门科目中所获得的平均成绩，这个指标能够显示出该校学生所获GCSE证书的平均等级；（3）英语和数学获得C及以上等级的学生所占的比例；（4）能够获得'英国文凭'的学生所占的比例，这项指标保持当前的格式。……除此之外，我们还计划把一项毕业去向的指标纳入进来，这项指标可以显示出有多少学生继续学习，有多少学生就业，包括接受延续教育培训。"[1]

综上，教育部对于中学问责制评价指标的改革可以概括为三点：

其一，原来的评价指标中，计算的课程数量只有5门，现在则扩展到8门，而且既纳入了英语、数学等核心学术性科目，也给学校、教师、学生留下了一定的灵活余地，可以让他们选择能够展示自己优势的其他几门科目，有助于学生学习到既重要又广阔且满足个性化需求的课程。

其二，在原来的评价指标下，学生只需达到C等级即可，改革

[1] House of Commons. Parliamentary Debates (hansard)［EB/OL］. http://www.publications.parliament.uk/pa/cm201314/cmhansrd/chan54.pdf, 2016-01-11.

后，除了要计算核心学术性课程达到C及以上等级的学生比例以外，还要计算8门课程的平均分，这种情况下，学校就不得不重视每一个学生的学业成绩，而且还得努力使每一个学生的成绩都能尽量更好。

其三，只把学生第一次参加GCSE获得的成绩计入学校绩效评价的数据，可以有效地防止学校和教师鼓动学生提前参加考试，从而使学生的学习进度更自然更合理，能够在一定程度上减少"考完就扔""考完就忘"的现象。

第二节

考试制度改革的政策制定过程

2010年大选前夕，英国保守党在其发布的竞选纲领《诚邀您参与英国政府》（Invitation to Join the Government of Britain）中，明确提出了一旦当选将对考试制度进行改革的设想。在该竞选纲领中，保守党将有关基础教育的议题置于名为"改变社会"的章节之中，认为英国教育存在很多问题，强调"英国在阅读、数学和科学上的世界排名一直在下滑，已经落后于其他国家"，表示如果能在大选中胜出，保守党"将恢复严格的课程与考试制度，并使每位家长都拥有选择一所好学校的权利"，不仅要"改革国家课程，使其更具挑战性"，还要"对工党执政时期实行的考试制度进行改革，确保英国的考试制度成为世界上最为严格的考试制度"。[1]而2010年大选后与保守党共同组建联合政府的自由民主党则在其竞选纲领《为了您而变革》（Change That Works for You）中提出，自由民主党计划设立一种新的资格证书体系，将普通中等教育证书（GCSE）、高级水平普通教育证书（A-Level）和高质量的职业资格证书结合起来[2]。

2010年5月大选结束后，保守党和自由民主党成立了联合政府，由保守党领袖卡梅伦担任首相，自由民主党领袖克莱格担任副首相。在联合政府随后发布的施政纲领中，有多处内容涉及对考试制度进行改革的计划[3]。

2010年11月，卡梅伦领导下的联合政府发布了教育改革白皮书《教学的重要性》。白皮书提出，政府将致力于创建世界一流的学校教育体系，为了实现这一目标，新一届政府将从促进教师专业发展，提高校长领导能力，推进课程考试改革，革新学校体制，加大经费投入等几方面对基础教育进行全面改革[4]。在有关课程考试改革的部分提出了一些初步的具体计划，例如修改重考规则，统整考试科目，减少考试次数等。

2012年9月，英国时任教育大臣戈夫（Gove）提出将废除GCSE考试，由英国文凭证书（English Baccalaureate Certificates，简称EBCs）考试取而代之。但之后，该改革计划遭到各方的强烈反对。

[1] Conservative. Conservative Manifesto 2010［EB/OL］. http://www.slideshare.net/CitywireWebsite/conservative-manifesto-2010-3719472, 2015-12-10.

[2] Liberal Democrat. Liberal Democrat Manifesto 2010［EB/OL］. http://www.slideshare.net/CitywireWebsite/liberal-democrat-manifesto-2010, 2015-12-10.

[3] 何伟强.英国新一届联合政府的教育政策发展动向——基于竞选纲领与施政纲领的解析［J］.浙江外国语学院学报，2011（2）：60—65.

[4] 冯加渔.创建世界一流的学校教育体系——英国学校白皮书《教学的重要性》解读及其启示［J］.外国中小学教育，2012（3）：1—6.

无奈之下，戈夫于2013年2月宣布放弃以EBCs取代GCSE的方案，转而谋求在保留GCSE考试的前提下对其进行改革。

一、改革方案的酝酿与发起（2010年11月—2013年6月）
（一）白皮书与考试改革的初始计划（2010年11月—2013年1月）

在2010年11月英国政府发布的教育白皮书《教学的重要性》中，英国政府第一次正式提出了对考试制度进行改革的计划。白皮书表示，为了重建人们对GCSE和A-Level证书的信心，教育部正在会同资格及考试监督办公室制定改革计划，改革的初步计划包括将GCSE和A-Level考试改为终期性考试，提高考试的难度和要求等。白皮书称，"我们和资格及考试监督办公室一起，将确保大学和学术团体能够充分地参与到A-Level的改革中"。

就在教育部紧锣密鼓地研究考试制度改革计划的前后，GCSE和A-Level考试频频出现问题。例如，2010年夏季考试中，评价与资格联合会的评分工作中出现了部分试卷漏评的问题，导致615名学生的GCSE、AS或A-Level考试成绩未能获得他们应该得到的等级。[1]2012年，由于模块化考试制度存在的缺陷，GCSE英语的春季考试和夏季考试在等级评定过程中采取了不同的分数线，导致受到"不公正对待"的学生、教师和校长们在申诉未果的情况下，将考试机构和资格及考试监督办公室一起告上了最高法院。诸如此类的考试事故和事件的发生，既加大了教育部推进考试改革的决心，也为教育

---

[1] Ofqual. Details of the inquiry into incomplete marking by AQA［EB/OL］. http://cern.europarchive.org/tna/20101213224931/http:/www.ofqual.gov.uk/news-and-announcements/164/440, 2015-04-30.

部推进考试改革提供了更充足的理由。

2012年3月，当时的教育部长戈夫正式致信资格及考试监督办公室，表达了对A⁻Level证书质量的关切[1]。资格及考试监督办公室几天后回信称，将就A-Level的改革开展咨询，以应对这些关切。[2]2012年春夏之际，资格及考试监督办公室发布了一份有关A-Level的研究报告，该报告总结了来自教师、雇主以及来自高等教育界代表的意见，并研究了其他国家对相同年龄段学生的评价标准与方法。2012年6—9月，资格及考试监督办公室发起了一项咨询，就A-Level改革征求了教育专业人士和公众的意见，包括对取消每年1月份考试的意见。并在全国范围内同范围广泛的利益相关者——包括高等教育界人士、中小学教师、残疾人团体的代表——进行了面对面的讨论。

2012年9月17日，时任教育部长迈克尔·戈夫在下议院提出，由于2011年GCSE英语考试出现的问题，教育部现在倾向于废除GCSE证书，由新的所谓"英国文凭证书"取而代之。新的"英国文凭证书"将涵盖几门核心的学术性科目——英语、数学、科学、历史、地理和语言等，也就是当时英国官方所谓的"英国文凭"（English Baccalaureate，简称EBacc）[3]所包含的那些学术性科目。此外，戈夫还表示，新的考试制度将结束考试机构之间的竞争，每个科目将由一

---

[1]　DfE. Letter from Secretary of State to Chief Executive of Ofqual［EB/OL］. http://ofqual.gov.uk/documents/letter-from-secretary-of-state-on-a-level-reform-march-2012/, 2015-05-01.

[2]　Ofqual. Letter from Chief Regulator to Secretary of State for Education［EB/OL］. http://ofqual.gov.uk/documents/letter-to-secretary-of-state-on-a-level-reform-april-2012/, 2015-05-01.

[3]　"英国文凭证书"（English Baccalaureate Certificates，简称EBCs）和"英国文凭"（English Baccalaureate，简称EBacc）是两个相互联系而又不同的概念，戈夫计划推出的"英国文凭证书"是指一种新的证书体系，而"英国文凭"是当时就已存在的一个有关学校绩效考核的概念，指学生能够获得五门以上A⁺—C等级的传统学术性GCSE证书，这5门科目必须包含英语、数学，另外3门包括1门科学（如物理、化学、科学综合等）、1门外语（既可以是古典语言如拉丁语、希腊语，也可以是现代外语如德语、法语、西班牙语等）、1门其他科目（历史或地理）。

家考试机构独家负责，为期五年。[1]

随后，英国教育部为戈夫的上述改革计划发起了一项名为"改革关键学段4的证书"的政策咨询，征求社会各界的意见和建议。在意见征集期间，有关人士对课程内容及EBCs的改革计划表达了强烈的担忧，特别是对那些目的在于培养学生创造性的非学术性科目的前景表示担忧，例如艺术、戏剧、音乐、信息与通信技术、体育运动等科目。[2]此外，由单一考试机构负责某一科目考试的改革计划也受到了很大的质疑和反对。

2012年11月，资格及考试监督办公室确定将从2014年开始取消A-Level每年1月份的考试。

2013年1月16日在英国国会下议院的"反对党日"，工党以考试制度改革为议程，对保守党的改革计划发起了猛烈的抨击，双方进行了长达四个小时的激烈辩论。[3]尽管在辩论结束后的投票中，工党发起的动议并未获得多数议员的支持，但考试改革计划反对者的意见及其论据在辩论中得到了充分的表达和展示，并受到下议院教育委员会的重视。随后，下议院教育委员会在其报告《从普通中等教育证书到英国文凭证书》（From GCSEs to EBCs）中，对政府有关EBCs的改革计划表示担忧，要求政府提供更多的证据来论证EBCs改革计划的必要性。教育委员会认为，GCSE的品牌并未损坏到无法修复的程度。[4]

[1] House of Commons. Parliamentary Debates（hansard）Monday 17 September 2012［EB/OL］. http://www.publications.parliament.uk/pa/cm201213/cmhansrd/chan45.pdf, 2015-05-02.

[2] Warwick Mansell. Education in brief: will EBCs raise achievement for all students?［EB/OL］. http://www.theguardian.com/education/2012/dec/10/english-baccalaureate-certificates-drama, 2015-05-02.

[3] House of Commons. Parliamentary Debates (hansard) Wednesday 16 January 2013［EB/OL］. http://www.publications.parliament.uk/pa/cm201213/cmhansrd/chan97.pdf, 2015-05-02.

[4] House of Commons Education Committee. From GCSEs to EBCs: the Government's proposals for reform［EB/OL］. http://www.publications.parliament.uk/pa/cm201213/cmselect/cmeduc/808/808.pdf, 2015-05-02.

（二）GCSE 改革计划的修订（2013年1—2月）

按照英国媒体的说法，在经历了各方面的激烈批评和反对之后，戈夫颜面尽失地进行了"掉头"（U turn）[1]，最终宣布放弃以EBCs取代GCSE的方案，转而谋求在保留GCSE考试的前提下对其进行改革。不过，从戈夫在2013年2月6日给资格及考试监督办公室负责人格莱尼丝·史黛丝（Glenys Stacey）的信以及2月7日在国会上的发言来看，戈夫并不认为自己原来的改革计划是错误的，他之所以对改革计划做出改变，是综合考虑各方面意见和因素的结果。

在给格莱尼丝·史黛丝的信中，戈夫首先对资格及考试监督办公室就改革计划所提供的意见和建议表示感谢，然后谈了改革政策今后的努力方向。戈夫称："通过我们开展的咨询，我仍然认为改革迫在眉睫，我们的资格证书应该能够媲美和优于世界上那些表现最为优秀的国家和地区，但是现在的GCSE不能确保我们的学生取得最好的成就。在我们举办的咨询中，大家普遍认为应该对其进行改革。但也有很多人有说服力地认为通过对GCSE进行全面改革，它能够再次成为令人推崇的资格证书，能够获得学生、雇主、延续教育和高等教育机构的信任。因此，我决定保留GCSE并对其进行全面的改革。"[2]

在信中，戈夫还提出了他对多项细节问题的设想，包括改革的时间安排、课程设置和课程内容、评价方式、试卷的设计和难度、评分等级的修改等，要求资格及考试监督办公室能够尽快开展相关工作，

---

[1] Andrew Grice, Richard Garner. Michael Gove forced into humiliating U-turn over EBacc [EB/OL]. http://www.independent.co.uk/news/education/education-news/michael-gove-forced-into-humiliating-u-turn-over-ebacc-8484074.html, 2015-05-02.

[2] DfE. Ofqual policy steer letter: reforming Key Stage 4 qualifications [EB/OL]. http://media.education.gov.uk/assets/files/pdf/l/ofqual%20letter.pdf, 2015-05-02.

以便第一批新的GCSE课程能够于2015年投入使用，并使学校能够有至少一年的时间对此提前做好准备，并强调指出GCSE应该继续肩负多方面的使命：其首要目的是判断学生的学业成就，其次是为学生今后的进一步学习打好基础，此外它还是用于评价学校绩效责任的指标和工具。戈夫对资格及考试监督办公室有关考试机构改革的建议表示赞同，称虽然他仍然认为多个考试机构同时负责相同科目考试造成了考试难度的竞相下降，但在改革课程及考试本身的同时，对考试机构也进行改革确实具有较大的潜在风险，因此他同意暂时放弃有关单一学科由单一的考试机构负责的改革计划。除此之外，戈夫的这封信还表明，教育部也已经就A-Level做好了初步的改革计划，只是暂时还没公布而已。戈夫在信中表示，希望资格及考试监督办公室对于是否开始A-Level的类似改革提出意见。

2013年2月7日，教育部长戈夫在下议院的发言中正式宣布，他将放弃之前提出的两项改革计划，一是有关一门科目仅由一个考试机构负责的改革计划，二是有关"英国文凭证书"的改革计划。戈夫表示将继续让多家考试机构在相同考试科目上开展竞争，GCSE也不会被EBCs取代，而是要在保留GCSE的基础上对其进行改革，新的GCSE课程将于2015年9月实施；除此之外，教育部还将一并发起对AS和A-Level考试的改革。

戈夫在发言中称："去年9月，我们提出了有关GCSE的证书改革计划，旨在解决分数膨胀、考试难度越来越低等问题。尽管经过草案咨询和意见征集，我们发现各界对考试制度需要改革存在共识，但我提出的一项改革计划有点过于远大了——我之前的想法是停止多家考试机构相互竞争，改为一个科目的考试仅由一家考试机构负责。考试监管机构资格及考试监督办公室最近几个月为了保障考试的标准做了大量卓有成效的工作，资格及考试监督办公室认为维持考试市场的竞争是有利的。因此我决定为了防止'过犹不及'，我将不会继续推行'一门科目一个考试机构'的改革计划，而是集中精力对当前的GCSE进行改革。……我已经要求资格及考试监督办公室确保核心学术性科目（英语、数学、科学、历史和地理）的新GCSE能够于2015年开始教学。我相信这些改革计划能够在全国范围内迅速地、显著地提高教育标准，使更多的年轻人具备他们实现自身全部潜能所需的知识和技能。……我们也要对A-Level考试进行改革。中学和大学对A-Level频繁的、模块化的评价方式都感到不满，认为这不利于学生进行有效的学习，所以我们将在学校和大学领导者的帮助下对这些考试进行改革。GCSE和A-Level都将改为终期性考试，即通常在课程全部结束时进行考试。"[1]

（三）A-Level改革计划的提出及其引发的争论（2013年1—4月）

早在2013年1月，英国媒体就曝出一份教育部的A-Level考试改革方案，其中最引人关注的传言是，教育部计划将AS从A-Level中独立出去，使之成为一个独立的证书，其成绩不再计入A-Level的成绩。2013年3月，教育部对此传言予以确认，由此引发了各利益相关方对考试改革的又一轮热议和争论。

2013年4月16日的国会辩论中，工党议员西玛·马赫塔（Seema Malhotra）以政府的AS和A-Level考试改革计划为议题，发起了对

---

[1] House of Commons. Parliamentary Debates (hansard) Thursday 7 February 2013［EB/OL］. http://www.publications.parliament.uk/pa/cm201213/cmhansrd/chan113.pdf, 2015-09-04.

保守党政府的批评和质询。保守党内阁学校大臣大卫·劳斯（David Laws）和工党影子内阁的影子学校大臣凯文·布伦南（Kevin Brennan）均参加了辩论。在这场辩论中，辩论双方尤其是工党议员的论据中频频援引各利益相关者和利益集团的观点，因此该次议会辩论不仅是两党对A-Level改革计划利弊分析的大讨论，也是各利益相关者和利益集团以议会辩论为舞台，对自己的立场和影响力的一次集中展示。笔者在此将整场辩论中双方的发言内容整理、概括并摘录如下[1]。

本次议会辩论由工党发起，因此总体而言，工党处于攻势，而保守党处于守势。上半场基本上由工党议员轮番发言，保守党议员仅有为数不多的几次简短插问，下半场双方则有不少轮番发言，工党方面依然是数名议员轮番上阵，保守党方面则主要由学校大臣大卫·劳斯进行应对。虽然工党方面咄咄逼人，援引了不少利益相关方的意见，并提供了反对政府A-Level改革计划的"证据"，但保守党学校大臣大卫·劳斯的发言显得重点更为突出，逻辑也更为严谨，并采取了有效的辩论策略，在对某些批评质疑进行有力回击的基础上，巧妙地回避了对方花大力气反复论证的某些问题，重点阐述了保守党政府A-Level改革计划的合理性和必要性。

马赫塔在辩论的开场发言中称，A-Level考试的改革对于全国的大、中、小学都很重要，她之所以发起这场辩论，是因为收到了一封来自其所在选区所有中学校长的联名信。在联名信中，这些中学校长称，政府在2013年年初提出的A-Level改革计划令他们感到非常困惑

---

[1] House of Commons. Parliamentary Debates (hansard) Tuesday 16 April 2013［EB/OL］. http://www.publications.parliament.uk/pa/cm201213/cmhansrd/chan140.pdf, 2016-02-10.

和担忧。马赫塔说：“我相信我们都想为英国孩子提供最好的教育，并希望他们在学习中获得最高的成就。但是，我担心政府1月份提出的改革计划是一种后退，会使学生12—13年级的参与率和学业成就都发生后退。按照政府的计划，A-Level将要求学生连续学习两年以后参加终期性考试，而AS-Level虽然得以保留，却将成为一个独立的证书，其成绩不再计入A-Level，改革计划中称AS-Level的课程可以是1—2年的，这也令人摸不着头脑。”

马赫塔称其所在选区的校长们以一种史无前例的方式给她写信表达了他们的担忧。签署联名信的校长们表示，将AS-Level变成一个独立证书的改革计划令他们忧心忡忡，他们认为在原有制度下，学生在12年级时先学习AS-Level课程，然后在此基础上再向A2阶段迈进，这不仅有助于学校的教育教学，也有利于激发12年级学生的学习动力，他们担心如果没有了12年级的外部考试，学生将丧失这一动力。马赫塔说：“政府称现有的A-Level考试制度存在结构和质量上的问题。我很愿意就此进行讨论。政府称现有的A-Level考试制度不够严格，不错，确实一些大学之前对某些学科的考试表达了担忧，例如数学，但这并不意味着考试的整个框架存在问题，我们只需要对相关学科的模块和内容进行修订就可以了。我们在现行制度基础上还有很多改进的空间，没有必要对整个制度进行改变。教育界对A-Level的改革实际上有着相当开放的态度，例如他们愿意讨论是否适当降低AS成绩在A-Level总成绩所占的分量，现在是占50%，有一些是否能将其降到例如40%的讨论。但是政府完全不愿和教育一线从事日常教学的专家们进行讨论，他们是经验丰富的专业人士，希望学生能够对学习保持热情，从学校离开走向工作时能够具备良好的知识和技能。”

马赫塔指出，对教育部改革计划表示担忧的并不只是其所在选区的校长们，代表着英国24所顶级大学的罗素集团，代表80%以上的公私立学校领导者的学校与学院领导者协会，以及该协会的下属协会包括女校协会和校长协会等，也都对上述改革计划表示反对。除此之外，全国校长协会、学院协会、由39个会员团体组成的科学委员会以及马赫塔所在的工党，都对政府提出的改革计划表示担忧。马赫塔认为上述各利益相关方的担忧涉及多个层面的问题。

首先，从教育层面上看，她认为目前的AS-Level是很成功的，并援引JCQ的统计数据称，2003年以来，AS和A-Level的考生数量一直呈上升趋势，2012年颁发的AS证书超过了50万份，A-Level证书则超过了10万份。马赫塔称其所在选区的学校认为，目前这种将AS作为A-Level"台阶"（step stone）的制度设计更具多样化和灵活性，有助于保持学生的学习热情，并为那些不打算考取A-Level证书或不打算读大学的学生提供了更多的选择。此外，先读AS课程再选择A-Level科目的制度设计还避免了过早的专业化，从而使更多学生愿意在16岁之后继续学习。马赫塔的上述论据引起了保守党议员达米安·海因兹（Damian Hinds）的提问，海因兹说："我一直在认真倾听这位尊贵的女士的发言[1]，她提到了2003年以来AS和A-Level考生数量的增长。但她是否会承认，在此期间，每所中学在考试上的花费已经差不多翻了一番，平均下来已经接近10万英镑？"马赫塔回答道："谢谢，我后面当然会谈到考试费用的问题，这也是改革计划引发担忧的一个方面，将AS和A-Level设计成并行的两个考试有可能会增加学校在考试上的花费。我刚才是在谈教育层面的问题。我们已经看

---

[1] 按照英国议会的辩论规则，正反两方议员的发言名义上都是说给议长听的，不允许双方直接对话，以免争吵激烈而导致局面失控；议员如果在发言中需提及另一位议员，不得直呼其名，只能称其为"代表××选区的尊贵的议员/先生/女士/朋友"，或以第三人称代指。

到，这些年来证书的授予数量在增加，有很多证据表明，AS所发挥的台阶作用是一个重要原因。它给了那些不打算获取A-Level证书的学生一个取得高级证书的机会，而且促进了学生对数学等被认为难度较大的学科的学习，因为学生可以先学着试试，看一看自己能学到什么程度。"

其次，从促进社会流动的层面来看，马赫塔认为AS作为A-Level的一部分，有助于促进"社会流动"（social mobility），将AS和A-Level分离不仅是一个错误的教育政策，也是一个错误的社会政策。因为作为A-Level台阶的AS通常能够给那些弱势背景的优秀孩子带来信心，使他们敢于申请更好的大学，因此有助于高等教育的"扩大参与"（widen participation）[1]。马赫塔再次援引了多个利益相关方的观点称，代表着顶级私立学校的卓越私立学校校长协会认为，政府的改革计划是"匆忙的和不连贯的"；代表着24所顶级大学的罗素集团认为，改革的必要性"不令人信服"，改革会使大学更难分辨出那些来自工人家庭的优秀学生，会削弱一些学生申请顶级大学的信心，尤其是那些在12年级学习成绩良好但13年级毕业时信心不足的学生；甚至连担任下议院教育委员会主席的保守党人斯图亚特（Stuart）也对改革计划提出了质疑，认为改革会使"一些学生被放弃"。马赫塔的这段论述得到了来自威尔士西加迪夫选区的工党议员（兼任工党影子学校大臣）凯文·布伦南的补充。布伦南强调，威尔士议会已经决定将在威尔士地区维持AS和A-Level考试制度的现状，剑桥大学校长为此写信给威尔士教育大臣，称"您的决定非常有利于威尔士的申请

---

[1] 英国教育界所谓的高等教育"扩大参与"（widen participation），不仅指高等教育招生人数的增加，而且更加强调高等教育招生中的公平性的增加，即高校的招生应该尽量增加各种家庭和社会背景的学生的入学机会，尤其是那些弱势群体的入学机会。

者，AS证书能够很好地预测学生在剑桥大学能否取得学术成就，我们的招生录取官非常重视AS证书"。马赫塔接着说："我们非常欢迎剑桥大学的表态，剑桥大学是在各个层面发表关切声音的顶级大学之一，剑桥大学的招生主任杰夫·帕克斯（Geoff Parks）博士称，'我们非常担忧，一旦AS消失，我们之前在公平招生、扩大参与等方面所取得的成果将付诸东流'。帕克斯博士还警告说：'我们确信，很多普通家庭的孩子的信心来自他们在12年级所取得的优秀考试成绩。'"马赫塔称，不仅是剑桥大学，整个高等教育界都抱有这种担忧，英国大学联合会（Universities UK）和大学智库组织"Million+"都认为，政府的改革计划将对高等教育的"扩大参与"造成不利影响。随后，马赫塔还对教育部长戈夫进行了抨击，称剑桥大学的研究提供了很多证据，但戈夫对此选择视而不见。马赫塔认为戈夫的态度自相矛盾，戈夫一方面称希望更多的公立学校学生能够申请顶级大学，另一方面却要削弱罗素集团认为有助于判断公立学校申请者潜力的AS考试。

再次，马赫塔称政府的改革计划存在的另一个大问题是政策的连贯性问题。她表示教育规划应该有连贯性和某种可预见性，以便教育标准不受影响。为此她援引了卓越私立学校校长协会和英国工商业联合会等组织的观点称：卓越私立学校校长协会表示现在的改革计划是"匆忙的和不一致的"，是"基于选举政治的时间表而不是有效实施的原则"；CBI则表示，"产业界希望考试更严格，但是担心这些改革与其他改革没有很好地配合，产业界需要一个更连贯、更全面的考试制度"。

接下来，马赫塔谈到了考试的费用问题，并要求保守党议员给出清晰的回应。她说："改革计划显然耗费不少，并且会对学校造成隐性支出。不知道政府是否考虑了改革给学校带来的成本，是不是打算让

A-Level考试变得更昂贵，如果学校将AS和A-Level分别进行课程设置，总费用是不是会升高？如果16—18岁教育的办学成本变得更高，政府会投入额外的经费吗？"

此外，马赫塔还指出：考试改革的节奏和速度过快，导致很多学校对于在如此短的时间里同时进行AS、A-Level和GCSE课程与考试的改革感到非常担忧；罗素集团特别是剑桥大学表示，政府的改革将导致课程更加狭窄，学生学习宽广课程的机会被削弱；马赫塔要求保守党议员说明改革计划受到哪些大学的支持，以及政府如何回应罗素集团的质疑，等等。

不过，马赫塔也指出，各利益相关方也并非一味地反对考试改革，她说："在某些方面，教育界和政府是有共识的，双方应该就改革进行成熟的对话，抱有一种对考试制度持续改进的心态。例如，我所在选区的校长在信中就表示赞成取消A-Level考试的重考制度。"

马赫塔在总结陈词中称：将AS和A-Level分离的改革之所以是错误的，是因为它将降低教育标准和成就，窄化学生的选择，在正需要加强创造性学科（creative subjects）的时候却弱化这些学科的价值。其所在选区的校长们表示，这种回归到3门A-Level，并实行终期性考试的做法无疑会降低非核心学科（例如语言和音乐等）的地位并减少供给。对很多学生而言，在AS阶段学习4—5门科目能够使他们的学习具有广度和特色，即使学生在13年级不会选择其中的1—2门，他们仍然会从中获益匪浅。当今的时代要求年轻人获得广泛而平衡的教育，以便为现代社会各种工作做好准备，而政府的A-Level改革将导致年轻人的教育更加受到局限。马赫塔呼吁政府倾听批评者的意见，不要执意推行将使英国教育制度倒退并且遭到校长和专业人士普遍反对的改革。工党议员和各利益相关方有理由对政府的改革计划表示严重关切，因为这项改革是基于保守党内阁成员的意见和偏好，改革的依据并不充分，如果政府的改革计划得以实施，它将使教育体系发生倒退，而不是前进。政府的改革计划将毁掉 AS 和 A-Level 证书的价值与地位。

最后，马赫塔代表工党和其所在选区的选民强调，工党支持对14—19岁教育进行改革，但这种改革应该是正确的改革，应该有利于年轻人获得在社会经济中发挥作用的知识和技能，然而政府的改革计划根本做不到这些。工党已经开展了一项有关14—19岁教育的研究，这项研究关注的是如何激发学生的学习热情，不仅是那些有意上大学的学生，也包括另外50%被遗忘了的不打算上大学的学生。工党计划为18岁的学生建立一种"黄金标准"的技术文凭。她说："我希望政府能够有勇气和智慧去倾听那些反对其改革计划的专家意见，……政府是否评估过自己的改革计划将对学校产生什么样的影响？政府是否考虑过改革后的新考试制度将会限制贫困地区学生的志向？政府是否考虑过大学招生将如何评估和选择申请者？政府认为不必考虑AS，但这已经遭到很多大学的反对，政府打算把什么当成招生的参考标准？我和我的选民都希望政府回应这些问题，并且改变方向。"

工党议员亚历克斯·坎宁安（Alex Cunningham）紧接着补充道："作为教育委员会的委员，我无数次地看到政府错误和武断的改革撞上了现实的砖墙，所以我对今天这场辩论并不感到奇怪。政府希望它的改革计划能够获得广泛的支持，却受到剑桥大学、英国工商业联合会（CBI）和全国教师工会（NUT）的一致反对。就在几周前，教育大臣（注：指当时的英国教育部长戈夫）明智地抛弃了他废除GCSE的改革计划，因为他意识到除了他自己和少数几个忠于他的保守党议员外，教育界没有人支持他的那项计划。我很高兴教育委员会在尊敬的保守党成员斯图亚特先生领导下，为教育大臣整理和展示了他应该改变主意的证据。"

坎宁安称，政府的改革计划将会损害A-Level证书的价值和地位，不仅教育委员会的工党议员这样认为，多个利益相关方均发表过这样的意见。例如剑桥大学表示，政府的改革将危及高等教育十来年间在公平入学方面所取得的进展；学校及学院负责人协会（ASCL）的负责人布莱恩·莱特曼（Brian Lightman）表示，现行的A-Level非常成功，对其进行全面改革难以令人赞同；卓越私立学校校长联合会（HMC）认为，政府的改革计划是"匆忙的和不合逻辑的"，但他自己的最大关切是，现行制度下，学生可以在第一年选择4—5门科目进行学习，然后再决定第二年继续选哪些科目和放弃哪些科目，但改革后，学生将失去这种选择的机会，如果学生后来感觉自己选择了错误的科目，他们也不得不继续学习不感兴趣的科目，并有可能选择放弃学业。他相信没人愿意让学生浪费自己的宝贵时间以及国家投入的资源。坎宁安说："当前考试制度的受益者通常是非传统背景的学生，一般来说恰恰是那些来自低收入家庭的学生。改革将对这些贫困地区的学生不利，例如我所在选区的学生。我很想知道政府是否评估了这种改革对高等教育扩大参与的潜在影响，是否关注到了这种改革将会限制贫困地区年轻人的志向。"

坎宁安称，另一个受到关切的问题是，哪些组织会在新A-Level考试的开发中发挥作用。"1994大学集团"已经表示他们感到被排除在外，"1994大学集团"的一位负责人称："很多在某些科目处于领先地位的大学，包括我们的一些成员在内，并不是罗素集团的成员。我们认为如果教育把A-Level改革仅仅和罗素集团联系在一起的话，那它对高等教育的了解将会是非常错误的。"坎宁安表示自己希望教育大臣能够明确A-Level的改革对大学而言应该是兼收并蓄的，而不是只让部分大学参与而将其他大学排除在外。

坎宁安还提出，即便政府的改革想法是正确的，时机也不对，并要求保守党议员回应"强加给学校这么多激进改革的同时，是否对这些改革的实施会产生什么影响进行过评估？"坎宁安指出，就连资格及考试监督办公室的负责人史黛丝都曾表示，政府提出的改革时间表对考试机构和资格及考试监督办公室都非常具有挑战性，同时进行A-Level和GCSE的改革将会给学校造成相当大的负担。"我相信她这是一种委婉的表述，我怀疑她考虑过用更多更有力的词汇来表述。尽管如此，她还是表示……我不知道在已经承受了政府施加的其他改革的压力之下，学校在这么短的时间内是否能够实施又一套困难的改革。"

坎宁安说："我们之前已经看到过教育大臣在其所谓的改革道路上走得过远过快所造成的危险。现在我将再次发出紧急警告。政府是要无视高等教育的公平入学和扩大参与吗？政府是希望更多像我所在选区这样的贫困地区的人们能够获得高等教育的机会，还是希望将高等教育恢复成仅面向公学和富人社区？我相信政府不想这样，但是教育大臣必须认识到，他的A-Level改革计划是错误的，正如之前的GCSE改革计划一样。他没有倾听专业人士的意见，在造成更多困窘之前，现在是他再来一次U型转弯的时候了。"

工党议员派特·格拉斯（Pat Glass）发言称："我注意到在政府最近所做的一次咨询中，77%的参与者反对这项改革计划。罗素集团、学院和学校讲师、教师和校长都对改革和改革的时机发出了警告。我的关切也在于此，2015年既要进行GCSE改革，又要进行学校绩效改革，如果再进行A-Level改革，不仅对学校、教师和考试机构而言压力很大，而且也会对学生产生很大压力。"格拉斯认为，A-Level的改革和变化应该是持续的和循序渐进的，而不能寄希望于一蹴而就，因为教师们非常聪明，无论你怎么改，他们都能找到对策。"但是，我们经常听到教育大臣告诉我们他相信这些改革，他这是在谈论信念，没错，不可否认他有很强的信念，但是如此重要的改革不应该是建立在信念上，而应该建立在可靠的证据上。然而，到目前为止，我们还看不到有足够的证据支持教育大臣的改革计划。"

格拉斯称，作为一个从事了30年16岁后教育的教育工作者，他认为政府将AS和A-Level分离的改革计划是一个倒退，并将对第五学段的教育产生持续的影响。"如果这种改革计划得以实施，我们将回到2000年A-Level最糟糕的那种状态，课程科目狭窄，大量学生学了两年却没有收获。自从2000改革以来，我们已经在正确的方向上取得了很多进展。……与国际上的竞争者相比，我们之前的问题是第五学段的课程过于狭窄，使学生仅仅专注于3门A-Level课程，这意味着学生过早地被专业化，放弃了一些兴趣。"

来自斯肯索普（Scunthorpe）的工党议员尼克·戴金（Nic Dakin）说："我们很难理解16岁孩子的所思所想，以及他们探索世界的多种方式。我们应该给他们一个能够帮助他们做出正确决定的制度。有时，给他们更多的选择和灵活性可以使他们根据自己的经验做出不同的选择。学生在17岁时要比16岁时更加成熟。2000年以前没有这种灵活性和选择余地。2000年课程改革使得学生能够学习更为广泛的课程，并将学生的专业化推迟到了12年级结束的时候。这意味着学生可以进行更多的冒险，他们可以同时学习物理、音乐、数学和地理等不同领域的课程，可以在经过一年的学习之后再确定自己的爱好和长处。学生在12年级末所作出的决定往往和11年级末所作出的决定有很大不同。如果你没有从事过16—18岁的教育工作，你很难想象，经过一年的学习后，学生会比一年前成熟很多。经过一年的学习和思考，对于下一步打算干什么，他们的想法会发生很多变化。拒绝为学生提供这种选择的机会，就无法使他们发现对之前缺乏信心的某个学科领域的特别爱好和热情，特别是对那些来自弱势背景的学生，会造成更大的消极影响。"

戴金提出，尽管政府在改革计划中称允许AS的内容作为A-Level内容的一部分，但一旦改革实施之后，政府还是倾向于使AS和A-Level的课程完全分离，就像2000年之前那样。如果那样的话，AS课程的教授对学校而言就会是不经济的，然后就会受到冷遇，因为学校没办法把它们和A-Level统筹到一起教授。这一点非常重要，2000年前AS经历的历史已经说明，这样的AS缺乏吸引力。除此之外，缺乏AS作为基础，很多学生对于一些比较难的学科，例如数学和外语，可能会更加敬而远之。而数学和外语的选修人数本来已经处于低谷，改革后将会雪上加霜。

戴金说："教育大臣称，虽然他将把AS和A-Level分离开来，但仍然会保留AS，因为他'渴望保持'课程的广度。他这么说真是一个笑话。过去和现在所有的证据都表明，他的改革计划将会导致相反的结果。改革计划将使学生所能选择的课程更加狭窄和集中，而我们现在需要的是更加个性化的课程，更加个性化的课程才能适应现代社会的竞争。如果政府不认真思考今天我们提供的这些证据，将来一定会后悔。第六学级学院协会的负责人大卫·艾格（David Igoe）在给教育大臣的信中写道：'我们的学科负责人、大部分教师和管理者都认为AS应该维持现状。我们相信很多大学教师和招生人员也会支持AS维持现状。'每年78万的A-Level新生中，有43.9万就读于第六学级学院，所以他们的意见绝非空穴来风。政府制定改革计划时非常重视罗素集团的需要，但罗素集团毕竟仅代表24所英国大学，英国有300余所高等教育机构，所有这些高等教育机构和它们的学生都应该被考虑到。"

马赫塔补充说："教育大臣之前曾经称剑桥大学支持他的改革计划，然而适得其反，反而有1 600名剑桥师生联名写信给教育部表示了对其改革计划的反对。"

布伦南也补充说："事实上，剑桥大学的招生负责人早在2010年7月就曾致信教育部，表示了对AS被取消的担忧。"

戴金接着说："政府的改革计划不仅对考试机构和资格及考试监督办公室很有挑战，对学校、教师和学生也是如此。政府最好想一想那些刚完成旧GCSE的学生如何面对新的A-Level。不同阶段的课程之间互相衔接，拥有内在一致性非常重要。如果它们之间没有良好的衔接，那么学生将会掉进沟里，没人希望这种情况发生。最后，我想引用全国学生联合会（National Union of Students，简称NUS）新当选的主席托妮·皮尔斯（Toni Pearce）的话作为我的结束语，NUS的主席以前都由高校学生担任，她是首位来自继续教育学院的NUS主席。她认为教育大臣有关AS和A-Level的改革计划是完全错误的，并且会损害高等教育和A-Level课程及其他继续教育证书的公平性。罗素集团只代表了一小部分特定的大学，在资格证书的改革中，它们被赋予优先考虑的地位是荒谬的，更何况，即便罗素集团的成员也反对这样做。迈克尔·戈夫炮制出这样的改革计划，他可能真的该参加'重考'了。我们希望戈夫正在重新考虑并倾听大家的声音，希望他不要再次撞到南墙。"

布伦南接下来进行了总结发言，强调在工党看来保守党政府的

A-Level改革计划很荒谬；A-Level的功能不应该只是为升入大学做准备；除了考试之外，不同的学科、知识、技能还需要很多其他评价方式；社会各界提了很多意见，但保守党政府就是不听；将AS和A-Level分开是没有证据支持的，是教育大臣目前为止最为吹毛求疵、最为随意破坏的决定，因此工党必须旗帜鲜明地反对，并告诉议会和教育界的每一个人，工党不会实施这样的政策，一旦工党在2015年的大选中获胜，工党将把AS和A-Level重新结合在一起。

布伦南称，当教育副部长伊丽莎白·特拉斯（Elizabeth Truss）宣布A-Level改革计划时，想营造一种改革计划获得支持的氛围，想让大家感觉大学支持政府的改革计划，但事实上A-Level的改革计划并未获得大学的支持。例如，"1994大学集团"和英国大学联合会表示，"当前的AS是一个很有用的指标，在大学招生中非常重要。我们担心没有了AS，大学将不得不更依赖A-Level的预估分数、学校的推荐信和学生GCSE成绩，而A-Level的预估分数超过一半都是不准确的。根据我们的经验，这些都不可靠，而且对那些大学申请中缺少帮助的弱势学生不利"。剑桥大学招生负责人帕克斯表示AS有益于学生，有益于高等教育的公平，也有益于剑桥大学，自从剑桥大学将AS作为主要的录取标准以来，中学对于剑桥大学招生公平方面的抱怨减少了很多，而同期剑桥学生的考试成绩也有了提高。

布伦南说："正如我当时向教育部副部长指出的那样，最尖刻的反对声音不是来自工党、全国教师工会，也不是来自教育专家，而是来自剑桥大学的招生人员。剑桥大学的一项研究表明，AS成绩最能预测学生在大学的学业表现。就在A-Level改革计划宣布的一周后，《每日电讯报》刊发了剑桥大学40位招生工作人员呼吁撤销改革计划的联名信。联名信中称，'好的结果能够给任何背景的学生以申请顶级大学的自信，包括我们剑桥大学在内。改革计划将会削弱A-Level估分的可靠性，因为学校在压力下只能不切实际地提高学生的估分……如果AS消失，那么大学的招生将变得更不公平'。任何在第六学级任教过的人都明白这种来自学生和家长要求提高估分的压力，有时候教师很难坚持。正如政府所做的研究所揭示的那样，这也正是A-Level估分不怎么准确的原因所在。那些来自不太富裕背景的学生以及少数种族的学生的A-Level估分尤其不准确。教师在估分时面临太大的压力。而AS的成绩则要准确得多。"

布伦南认为，政府对于为什么要将AS从A-Level中独立出去的解释非常奇怪——政府称之所以这样改革是为了使12年级的师生能把更多的时间用于教和学，而不是准备和参加考试——而他了解到的原因是，这和教育部那些大臣们的个人经验有关，那些大臣们想回到他们的美好旧时光中去，那时候他们中五分之四的人都在私立学校学习A-Level课程。也许他们还在想，"我觉得很好啊，其他人怎么会觉得不好呢？"如果这就是他们为什么这么做的原因，那么他们就忽视了证据。

布伦南说："身为自由民主党人的学校大臣称他视公平为使命，他自己享受过私立教育和剑桥大学的教育，并声称要致力于社会公正。在如此清晰且全面的研究证据下，他怎么能够维护这样一种会导致大学招生不公平的改革计划？"

保守党议员达米安·海因兹此时反驳道："别把公平入学、扩大参与和AS绑在一起，这是两码事，在过去十年里大学入学比例是增加了，但顶级大学的招生并没有多大变化，我们不能说AS是促使剑桥大学更加开放的一个因素。"

布伦南回答道："剑桥大学称AS帮助其扩大了参与，他非说没有，那他可以和剑桥大学的招生人员去辩论。……大臣们必须对此进行回应，或者解释清楚他们到底为什么坚持这项改革计划。"

布伦南称，剑桥大学、罗素集团、"1994大学集团"、多个学校联合会、全国学生联合会、多个教师协会和校长协会以及工党等各方都认为AS是很有用的，但政府还是要把AS和A-Level分离。现在各方都反对将AS独立出去的改革计划，这种情形就像之前政府提出GCSE最初的改革计划时一样[1]。既然政府已经放弃GCSE最初的改革计划，希望学校大臣大卫·劳斯能够促使教育部改变A-Level的改革计划。

工党议员派特·格拉斯紧接着补充道："从来没见过这么多专业人士反对一项改革，唯一的先例是GCSE的改革。希望大臣认真考虑，因为政府上次最终做出了正确的决定。"

布伦南还指出，1月31日，他曾在议会问大臣们是否就近日剑桥大学有关AS的研究进行了评价，得到的回应是教育部已经考虑了这项研究，这意味着政府知道AS在大学招生中是有用的，也知道和考虑过剑桥大学的研究。令他感到意外的是，尽管如此，政府还是因为教育大臣的心血来潮就宣布缺乏证据支持的改革计划。"我相信他的公务员一定给了他一摞又一摞的反对意见。但他不听公务员的意见。……学校大臣有机会做出正确的选择，他应该对教育大臣晓以利害，劝说他听一听证据和原因。如果教育大臣不听，他总得听自己的吧，2010年他给资格及考试监督办公室的公函中称，A-Level的目的就是作为高校的一个录取工具，以辨识那些最适合高校课程的学生。……我们知道AS是大学录取最有用的考试工具，我们不会放弃AS，他不应该丢弃AS。"

---

[1] 指教育部长戈夫最初提出的用"英国文凭证书"（English Baccalaureate Certificates，简称EBCs）取代GCSE的计划，由于反对意见较大，教育部最后决定放弃EBCs的改革计划，转而谋求在保留GCSE的基础上对其进行改革。

在工党议员的连番发言告一段落之后，当天代表保守党参加议会辩论的教育部学校大臣大卫·劳斯开始了他的回应和阐述。劳斯说："改革计划确实有争议，我们收到了很多来自各种组织的反馈。有时候政府通过对特定政策计划所开展的咨询活动会认识到自己的错误，并会修订改革计划。正如很多议员提到的，我们就是这样修改我们的GCSE改革计划的。但是我必须对那些今天多次建议将是否受欢迎作为判断政策优劣标准的议员们说，很多改革计划最初推出的时候都富有争议并为相关领域的很多人所不欢迎，例如关键学段2的国家考试、教育标准局的建立、学园式学校的建立等，但是后来被证明是成功的并且受到欢迎。舆论是会发生变化的。威尔士曾经实行了很多很受欢迎的政策，但这些政策最终对威尔士的教育质量产生了损害，这一点已经被广泛承认。"

劳斯表示，作为一种面向大学的重要证书，一种学校教育结束时的关键证书，A-Level必须是"强健而严格的"（robust and rigorous），和国际上最好的证书相比毫不逊色。它必须能够帮助英国的年轻人与其他国家的学生竞争英国大学和海外大学的位置，它必须能够为本科课程的学习打下良好的知识与技能基础，它还必须是这样一种证书，就像影子学校大臣所说的那样，能够在学校教育结束时向学生提供高质量的考试和挑战。劳斯说："我们对16—18岁教育的改革建立在我们对国家课程、中等学校绩效考核、GCSE等方面改革的基础之上。我们还在对整个改革计划进行咨询，咨询要到5月1日才结束。我们的目标是通过这一系列改革能够建立一套体系，能够使我们评测学校在包括英语、数学、3门EBacc科目、3门其他科目的平均分数和增值进步情况。这些改革既强调英语和数学的重要性，也强调科学、外语、人文、艺术、计算机科学等学科。我们对于A-Level的改革正是建立在这些改革的基础之上。我们想让学生的16岁后的学习更为成功，确保他们获得更严格更具含金量的资格证书，使他们获得应该具备的知识和技能。当前，学生们9月份刚开始学习A-Level课程就要准备次年1月的考试，学生和教师在备考和重考上花费了太多的时间，在某种程度上，这是在鼓励'学完就忘掉'。学习A-Level数学的学生将会参加6次考试：3次AS考试，3次A2考试。旧考试制度允许学生在1月和6月参加多次重考。据统计，2010年，A-Level数学的考生参加至少一次重考的比例高达74%。在过去的几年里，我们的10—13年级学生花费了太多的时间准备和参加考试。在过去的10年里，特别是过去4年中，我们正在将我们的学校推向'考试工厂'的深渊，而不是将学校建设成为深入学习的地方。这是本届政府之所以推行考试改革以及我们为什么进行这场辩论的关键原因之一。"

劳斯认为，旧考试制度所造成的应试教育模式使得学生在4年的学习生涯中无法获得对所学科目的深入理解，所学习的知识也是支离破碎的。一而再再而三地参加重考浪费了太多的教学时间。他援引杜伦大学和剑桥考试委员会的研究称，学生反复参加重考还有可能造成分数的"通货膨胀"，因此对A-Level进行改革非常重要。

工党议员马赫塔此时插问道："大臣就如何进行考试改革表达了很多正确的观点，例如减少有助于导致分数膨胀的重考，这些观点我也表达过。但是难道他不觉得这些改革在现有考试制度下也可以进行吗？难道他不觉得实现这样的改进并不需要把AS从A-Level中独立出去吗？"

劳斯回答说："有些改变确实不需要我们采取的这些措施也能进行，但是我们相信，基于我之前指出的以及将要继续指出的原因，仅做出那些改变是不够的。这也是为什么我们今年早些时候宣布从2015年开始将回归终期性考试。A-Level采取终期性考试将会使教师更加关注如何进行高质量的教学，使学生更深入地学习并热爱所学的科目，确保最后两年的教育不仅仅是为了准备和参加考试，能使我们的教育体系发挥其应有的作用——帮助年轻人学习那些重要的科目。"

工党议员尼克·戴金这时站了起来，表示要发言。劳斯说："我希望讲更多内容，然后让给这位尊敬的绅士。某些人士称A-Level改为终期性考试对于社会流动有消极影响。如果真是这样，本届政府和我自己所在的党派（注：自由民主党）是不会接受的。创建一个更具流动性的社会和教育制度非常重要。我们不仅倾听了来自教育界的批评意见，而且与之进行了讨论，其中就包括来自剑桥大学的意见。人们可能以为在大学——例如牛津和剑桥——促进社会流动方面，我们已经有了一个理想的制度。然而事实并非如此，在我看来，来自私立学校和公立文法学校的学生在这些大学所占比例仍然高得令人无法接受。这种模式无法促进社会流动。"

劳斯指出，与那些批评意见相反，他认为终期性的A-Level能够使学生通过两年的课程获得更好的学业成就。有些学生，特别是那些在学校和家庭缺乏支持而未能发展独立学习能力的学生，在第一年的学习中还不具备取得优秀成绩的能力，而两年的课程则可以使学生们逐渐获得这种能力。从促进社会流动的意义上，政府将致力于使更多第六学级学生达到优秀，使他们认识到所有大学的大门都向他们敞开着，包括那些最好的大学，政府将确保在他们努力的过程中获得所需要的支持。

劳斯称："关于促进社会流动战略的一个重要问题还在于，我们不能寄希望于通过对大学招生稍作调整就能解决教育制度中大量的不公正问题。所有的国际经验都表明，在一个优势背景孩子和弱势背景孩子的学业表现存在巨大差距的教育体系内，我们只有通过对弱势学校的介入来消除这种差距，才能促进社会流动。我们的情况正是如此，长久以来，不同背景的学生在5岁、11岁、16岁时的差距非常明显。我们现在正在对薄弱学校采取措施，例如针对弱势群体的学生补助金项目（pupil premium）等，这将有助于我们在促进社会流动方面迈出有所改变的一步。这些问题远比今天前面我们辩论的那些问题要重要得多。"

工党议员戴金接着发言说："谢谢大臣把发言时间让给我。我发现他刚才的陈述天真幼稚且洋洋自得。我很高兴他承认教师们正在很好地帮助学生学习。教师们不需要这些改革来帮助他们工作，他们现在做得很好。……大臣能不能关注一下我们今天问题的焦点，AS和A-Level分开会有什么显著的不利影响？"

对于戴金的提问，劳斯回应说："我会直接回答这个问题，但是首先我想说，大学招生究竟是依靠AS成绩还是A-Level预估成绩还是GCSE成绩，这并不是解决教育体系大量不平等的关键所在，把它当成关键问题才是天真幼稚和洋洋自得。与学生在5岁、11岁、16岁时存在的巨大差距相比，它只是一个小问题。我们在社会流动上存在的问题在于这些年龄的孩子学业成就上的不平等，而不是大学招生中怎么样。……考试改革计划的批评者把模块化的A-Level考试与大学扩大参与所取得的成就联系起来，认为模块化的A-Level考试有利于大学扩大参与，而终期性的A-Level考试不利于大学扩大参与，这根本不成立。事实上，高等教育的扩大参与主要发生在1990年代，在模块化A-Level引入之前。今后，大学也会继续努力扩大参与，确保它们的大门向所有背景的学生敞开。把A-Level考试改为终期性考试确实会对AS产生影响。我们已经通过和学校及大学进行讨论与研究，确保在充分了解相关关切的基础上解决这些关切。"

劳斯称，在将A-Level改为终期性考试的同时，AS会被保留并成为独立的证书。在长远目标上，政府希望将其发展成为一个不亚于

A-Level的证书品牌。"从2015年开始，AS考试将成为独立的、终期性的考试，其内容难度与当前保持相同的水平。这意味着学校可以决定将AS设置为一年制的课程还是两年制的课程。如果学校决定将AS设置为一年制的课程（这可能是有些人所希望的），那么它就可以和相应的新A-Level课程结合起来进行教学。如果学校认为这样设置AS和A-Level课程满足了学生的需要，是学校向所有既想获得AS证书又想获得A-Level证书的学生提供教育的好办法的话，那就可以这样设置。我们希望保留AS证书，以便学生能够在A-Level课程之外学习第四门科目。我们知道在大学看来，AS证书对于扩展学生的知识面是很重要的，这一点很多议员已经提到。我们也知道很多大学在招生中通过AS成绩来评判申请者，尽管多数情况下更重视GCSE成绩和A-Level的预估成绩以及其他多方面的信息，包括个人陈述、推荐信、入学考试和面试等。……大多数大学不把AS成绩作为招生的主要决策依据。实际上，对于某些学科而言，GCSE成绩比AS成绩的参考价值更大。而且那些来自普通中学但GCSE成绩较高的学生在大学里更有取得成就的潜力。"

工党议员凯文·布伦南此时发言称："如果大臣继续实施他的改革，大学招生时能够使用的AS证书会仅仅只有一门科目，而不是申请者所学的所有科目。尽管我们可以进行更多的研究，但大臣知道现在已经有有力的证据表明，事实上AS成绩最能预测学生在大学会有怎样的表现（此处有较大的嘘声）[1]。"布伦南略作停顿后接着说："他

---

[1] 在英国下议院的辩论，对于己方重要的论述，发言方的议员通常通过喊"yeah"表示支持和赞同，对于对方的发言，则可通过发出嘘声表示反对和嘲笑。这种反应如果保持在适当的程度，议长或主持辩论的主席并不会加以阻止和干涉，但若引发了议员的纷纷议论等秩序的混乱，议长或主持辩论的主席则会通过大喊"order，order"维持秩序。

可以否认，但他自己母校（指劳斯的母校剑桥大学——笔者注）的研究表明 AS 成绩是最好的预测，远远好于 GCSE，甚至远远好于大学入学测试。我手头有这项研究报告。我以为他已经读过这份报告，但明显他还没有读过。"

劳斯最后总结并回应说："我再重复一遍我刚才所说的，大多数大学不把 AS 成绩作为招生的主要决策依据。实际上，我们知道，对于某些学科而言，GCSE 成绩比 AS 成绩的参考价值更大。……A-Level 不单单是帮助大学分辨学生的工具，它最重要的功能是确保年轻人获得尽可能好的教育成就。正如影子教育大臣所说的那样，A-Level 的设计不能仅仅围绕大学招生的需要，而是要着眼于更广泛的目标。……A-Level 必须是高质量的，必须随着时代的发展而变革。大学曾经是考试机构的创建者，但在资格证书的发展中已经不再处于中心地位。……事实上，许多私立学校为学生提供其他一些课程，例如剑桥大学预科课程（Cambridgepre-U）等，为了确保所有学生，无论是公立学校的学生还是私立学校的学生，都能够尽可能地获得竞争所需要的知识和技能，对于 A-Level 进行改革非常重要。这也是为什么政府让大学在 A-Level 改革中发挥更大作用的原因。考试机构将和大学一起确定新 A-Level 的课程内容。我们很高兴罗素集团能够参与进来，我们也欢迎其他大学的参与。我们期望第一批新 A-Level 课程能够从 2015 年 9 月开始使用，第一批 A-Level 考试能够从 2017 年开始实行。每年，资格及考试监督办公室都会在罗素集团的参与下做出相关评估。在过去几年里，资格及考试监督办公室所发挥的作用使我们对它的工作抱有信心。它将为我们提供独立的和中立的建议，帮助我们做出正确的决策，使新的 A-Level 不仅是为了大学入学而设计，而且是为了学生人生关键期所接受的教育而设计。"

由于时间关系，在劳斯上述发言完毕之后，作为主席主持辩论的吉姆·多宾（Jim Dobbin）宣布本次有关考试改革议题的辩论到此结束。虽然辩论双方尤其是工党方面可能意犹未尽，但双方基本上将自己的论点、论据、论证都做了较为全面和丰富的表达。此次辩论虽然是由反对党工党发起，并充分表达了反对和质疑改革计划的各利益相关方的立场和观点，但代表执政党出席辩论的学校大臣劳斯的精彩发言和出色表现也使政府改革计划的目标和依据得到了有力的阐释和论述。

二、改革方案的确定与细化（2013年6月—　）

从2010年11月白皮书提出GCSE和A-Level的改革以来，经过各利益相关方在政策制定过程中的讨论与博弈，在教育部对其最初的改革计划做出一定程度的让步与妥协后，关于GCSE和A-Level改革方案的大框架终于在2013年6—9月得以确定。之后的时间里，教育部和资格及考试监督办公室的工作重心转向了对改革方案细节的完善上。

（一）改革方案大框架的确定（2013年6—9月）

2013年6月，经过前期开展的咨询与调研，资格及考试监督办公室发布了有关改革GCSE评价方式的报告。在报告中，资格及考试监督办公室称："与教育部长2013年2月公文中的观点一样，我们认为在笔试有效的情况下就应该采取笔试的测评方式，笔试应作为默认的评价方式，这将意味着其他评价方式将被缩减。……非考试评价（non-exam assessment），只有当它是唯一有效的方法时才应该使用，这将成为我们未来改革中的原则。"[1]不过，资格及考试监督办公室同时表示，

---

[1] Ofqual. Review of Controlled Assessment in GCSEs［EB/OL］. http://webarchive.nationalarchives.gov.uk/20141031163546/http://www.ofqual.gov.uk/files/2013-06-11-review-of-controlled-assessment-in-GCSEs.pdf, 2015-12-11.

"科学实践技能应该通过其他评价方式测评，包括任课教师的评分"。[1]

2013年9月，资格及考试监督办公室宣布了GCSE和A-Level新课程与考试的实施时间表和改革的大致框架。

1. GCSE改革方案

按照资格及考试监督办公室的计划，新的GCSE英语和数学课程从2015年9月开始使用，其他科目的课程于2016年开始使用[2]。这意味着英语和数学的新GCSE考试将从2017年开始，其他科目的新GCSE考试将从2018年开始。其他的改革还包括：

（1）从2014年开始，逐步取消分模块零散考试，所有的考试都改为在课程结束时进行终期考试。

（2）除数学和英语之外的科目考试只在每年夏季举行一次。由于英语和数学对于学生的就业和继续教育非常重要，因此在当年8月31日年龄达到16岁及以上的考生，在11月份有一次重考的机会。

（3）考试将作为评价的默认方式，除非考试不能有效地反映学生的技能。是否采用非考试的评价方法，视学科特点而定。

（4）新的GCSE考试成绩的等级将以阿拉伯数字1至9级取代现行的字母G—A*级，最高等级为9，最低等级为1。

2. A-Level改革方案

尽管各利益相关方对于是否应该将AS从A-Level中独立出去争议很大，教育部和资格及考试监督办公室最后还是决定将AS与A-Level分离，使AS证书成为一种独立的资格证书，其成绩也不再计入

---

[1] Ofqual. GCSE Reform Consultation [EB/OL]. http://webarchive.nationalarchives.gov.uk/20141031163546/http://www.ofqual.gov.uk/files/2013-06-11-gcse-reform-consultation-june-2013.pdf, 2015-11-02.

[2] 部分新GCSE课程的实施时间后来被推迟到了2017年，相应的新考试推迟到了2019年。有关GCSE和A-Level新课程和考试的实施时间安排下文有详述。

A-Level证书。其他改革方案还包括：

（1）从2014年开始，取消每年1月份的AS和A-Level考试，包括数学和英语在内的所有科目的AS和A-Level考试今后只在每年夏季举行一次。

（2）新的AS和A-Level将实行终期性考试，即学生只有全部学完一年制或两年制的AS和A-Level课程后才能参加考试。

（3）评价方式主要采取考试的方式，尽可能减少非考试评价方式所占的比例。

（4）第一批新AS和A-Level课程将于2015年9月起实施，相应的新AS和A-Level考试将于2016年和2017年夏季开始实施。

与GCSE考试改革所不同的是，新AS和A-Level的证书等级体系将维持不变，即仍用字母A*—E表示。

（二）改革方案相关细节的补充与完善（2013年9月—　）

改革大方向确定以后，教育部和资格及考试监督办公室仍然需要解决一系列重要问题，主要包括：确定新GCSE证书的等级体系，要求各考试机构按照要求开发修订课程内容，调整课程与考试的科目设置，对考试制度改革引发的或社会各界关注的相关问题进行调研和回应等。其中最重要的三项进展可概括如下。

1. 新GCSE证书等级体系的确立

2013年9月，资格及考试监督办公室委托独立调查机构"BMG Research"面向雇主开展了一项调查，以收集雇主们对新GCSE的等级体系的意见。结果发现，雇主常常用应聘者某些特定科目的GCSE成绩来评判应聘者。五分之二的受访者会设定一个最低等级/范围，通常要求应聘者的英语、数学GCSE证书有时还包括科学的GCSE证书至少有

2—3个是C及以上的等级。大多数受访者表示，因为他们对改革计划了解不多，所以没有足够的信心对改革可能带来的益处发表看法。这似乎表明公众还缺乏对改革背后原因的理解。一些受访者认为改革后的等级体系更为直观和清晰，认为数字比字母更简单明白。还有一些受访者表示，在新的等级体系中，要想取得高等级的证书会变得更难，高等级的证书会更有身价。三分之一的雇主觉得改变等级体系会给他们带来更多的困惑和麻烦。雇主们强烈建议，由于G—A*等级体系建立已久且为人所熟悉，所以新体系必须有足够的益处来弥补其所带来的不便。由于现行的等级体系已成为他们招聘时使用的重要指标，所以他们需要在未来一段时间内对新旧两个体系进行对比。雇主们显然需要一段时间才能熟悉新的等级体系，在改革实施之初，新旧等级体系如何对应可能会给雇主们造成困扰，当雇主还看不到新的等级体系能带来什么明显益处时，他们就要面对陌生的新体系，并比较新旧两种体系了。此外，雇主还要面对英格兰、威尔士和北爱尔兰使用不同等级体系所带来的麻烦。对此，资格及考试监督办公室表示，"将对改革的成本和影响进行更详细的、量化的（在可能的情况下）评估。包括以情景模拟的方式研究改革对学校、学院及其他GCSE课程提供者可能带来的响"。[1]

2014年4月—6月，资格及考试监督办公室针对新GCSE等级体系设置进行了专门的咨询。2014年9月，资格及考试监督办公室发布了对上述咨询的分析报告，并确认新GCSE的等级体系将使用1—9标示，9为最高等级。资格及考试监督办公室称，与旧等级体系相比，新的等级体系的特点如下：

---

[1] BMG Research. New GCSE Grades Research Amongst Employers［EB/OL］. http://ofqual.gov.uk/documents/bmg-research-with-employers-on-new-gcse-grades/, 2015-12-12.

（1）能够获得4及以上等级的学生比例大体上和目前获得C及以上等级的学生比例相当。

（2）能够获得7及以上等级的学生比例大体上和目前获得A及以上等级的学生比例相当。

（3）获得7及以上等级的学生当中，有20%的学生能够获得最高等级9。

（4）新体系中的最低等级1等同于现有体系中的最低等级G。

为了使社会各界能够对新的等级体系有更清晰的了解，资格及考试监督办公室还绘制了新旧等级体系的对比图，并对4级以上等级的含义进行了解释（如图4-2所示）。

新等级体系	旧等级体系
9 8 7	A* A
6 5 4	B C
3 2 1	D E F G
U	U

图4-2 新旧GCSE等级对比示意图

资料来源：https://www.gov.uk/government/uploads/system/uploads/attachment_data/file/465873/your_qualification_our_regulation.pdf。

注：1. 对于考试机构而言，新等级体系中的4级以上相当于旧体系中的C级以上；但在教育部主导的绩效考核制度中，新等级体系下学生取得5级及以上的等级才被视为取得了一个"好成绩"（Good Pass），而之前学生取得C级及以上的等级即被视为取得了一个"好成绩"（Good Pass）。2. 新GCSE考试中，数学这一科目有难易卷之分，等级4和等级5同时存在于难易卷（即如果学生选择容易卷，其能够获得的最高等级是4）。

新等级体系中的等级4相当于旧等级体系中等级C中分数较低的后2/3；新等级体系中的等级5相当于旧等级体系中等级C中分数最高的前1/3加上等级B中分数最低的后1/3。这意味着，获得新体系中的等级5要比获得旧体系中的等级C难度更大，获得新等级体系中的9也要比获得旧等级体系中的A*难度更大。资格及考试监督办公室称，有证据表明，能够取得新体系的等级5大体上意味着学生达到了PISA测试中芬兰、加拿大、荷兰及瑞士等国家同龄学生的平均水平。[1]

2. "非考试评价"在各个科目最终成绩中所占比例的确定

在本轮中等教育考试制度改革中，英国教育部的一项重要改革计划就是将考试作为GCSE和A-Level最主要的评价方式，取消或尽可能降低"非考试评价"在GCSE和A-Level各科目最终成绩中所占的比重[2]。时任教育部长戈夫曾在给资格及考试监督办公室的公函中对此再三强调。

尽管政府称其所开展的调查表明，大多数教师和受访者支持降低"非考试评价"的比重这一改革计划，然而相关改革计划的细节公布之后，仍有不少校长、教师和教育研究者表示反对和批评。例

---

[1] Ofqual. Setting standards for new GCSEs in 2017 [EB/OL]. https://www.gov.uk/government/news/setting-standards-for-new-gcses-in-2017, 2016-01-09.

[2] 2009年之前，GCSE和A-Level证书等级评定中的"非考试评价方式"（non-exam assessment）主要是以"课程作业"（course work）的形式存在，即学生通过完成任课教师布置的作业而获得平时成绩。由于学生在"课程作业"中进行抄袭的现象较为普遍，因此这种评价方式饱受批评。2009年9月起，为了增加证书等级评定的公正性和严肃性，在考试监管机构的要求下，在多数科目中，各考试机构逐渐用"控制性评价"（controlled assessment）取代了"课程作业"。也就是说，"控制性评价"和"课程作业"一样，都是对学生平时成绩的一种评价方式，其不同之处在于，"控制性评价"必须在类似于考试的环境下完成，学生接受评价的过程处于教师的监控之下，其目的在于防止学生随意地作弊。不过，从"控制性评价"实施后的实际情况来看，其效果与"课程作业"相比并无根本性的改善，学生在"控制性评价"中作弊的现象依然普遍存在，甚至不少教师迫于绩效压力，主动采取不当手段帮助自己的学生在"控制性评价"中获得本不应得的分数。

如，资格及考试监督办公室2013年11月提出的A-Level改革草案中
规定，科学科目的实验部分将由学校组织在自己的实验室中进行单独
评价，但其成绩不再计入A-Level最后的成绩，这引起一向呼吁重视
学生实践能力的英国工商业联合会极大的抗议。在给资格及考试监督
办公室的官方回应中，CBI称学校正处于变成"考试工厂"的危险之
中，生产着大批量迈出校门却无法适应社会生活的年轻人。CBI警告
称，实践能力无论对学生的就业还是继续接受高等教育都是非常重要
的，近年来的考试制度正在把年轻人送上一个考试的"跑步机"，只
关注学生的学术成绩，造成学生在决心、乐观精神和情商方面的欠
缺。教师工会等组织也对此表示了关切，担心如果不把实验成绩计算
到科学科目的总成绩中，科学科目将变得枯燥无趣，影响学生的学习
兴趣。

　　虽然资格及考试监督办公室在对上述批评的回应中称，之所以
打算不再将实验成绩计入A-Level的总成绩，是由于在前期调研中，
有很多人表示实验成绩容易作弊和造假，有损考试的公正性，会降
低资格证书在雇主们心目中的价值，[1]但反对者基本上难以说服，类
似的争议一直持续不断。不过，在最终的相关决策方案中，教育部
和资格及考试监督办公室还是在做出一定妥协的基础上取消和削减
了"非考试评价"在许多科目中所占的比重。以GCSE和A-Level的
主要学科为例，"非考试评价"在总成绩中的比重有明显下降（见表
4-1）。

---

[1] Richard Garner. Schools are becoming 'exam factories' which don't equip students for the world of
　　work, claims CBI [EB/OL]. http://www.independent.co.uk/news/education/education-news/schools-are-
　　becoming-exam-factories-which-dont-equip-students-for-the-world-of-work-claims-cbi-9067650.html,
　　2016-01-15.

表4-1 改革前后"非考试评价"在最终成绩中所占比重的变化

	科 目	改革前"非考试评价"所占比重	改革后"非考试评价"所占比重	是否有教师负责评价且单独报告成绩等级，或由学校出具意见的实践环节（不计入总成绩）
GCSE	英语语言	40%	0	有
	英语文学	25%	0	无
	艺术与设计	100%	100%	无
	生物	25%	0	有
	化学	25%	0	有
	物理	25%	0	有
	公民研究	60%	0	有
	历史	25%	0	无
	地理	25%	0	有
	计算机	20%	20%	无
	德语、法语、西班牙语	60%	25%	无
A-Level	英语语言	40%	20%	无
	英语文学	40%	20%	无
	英语语言与文学	40%	20%	无
	生物	30%	0	有
	化学	30%	0	有
	物理	30%	0	有
	心理学	0	0	无
	历史	20%	20%	无

（续表）

	科　目	改革前"非考试评价"所占比重	改革后"非考试评价"所占比重	是否有教师负责评价且单独报告成绩等级，或由学校出具意见的实践环节（不计入总成绩）
A-Level	地理	0	20%	有
	艺术与设计	100%	100%	无
	商业	0	0	无
	计算机	40%	20%	无
	经济学	0	0	无
	社会学	0	0	无
	德语、法语、西班牙语	40%	30%	无

资料来源：https://www.gov.uk/government/publications/gcse-changes-a-summary/summary-of-changes-to-gcses-from-2015#fn：4，https://www.gov.uk/government/publications/as-and-A-level-changes-a-summary/summary-of-changes-to-as-and-A-levels-from-2015#fnref：2：2。

3. 课程与考试科目的调整、合并与认证

2013年11月，资格及考试监督办公室宣布了新GCSE、AS和A-Level课程与考试的实施时间表。按照资格及考试监督办公室的计划，大部分课程和考试将在三年时间内分批完成新旧课程与考试的替换（见表4-2、表4-3）。

表4-2　新GCSE课程与考试的实施时间表

新GCSE课程的实施时间	新GCSE考试的实施时间	新GCSE科目名称
2015年9月	2017年夏季	英语语言（English language）英语文学（English literature）数学（mathematics）

（续表）

新GCSE课程的实施时间	新GCSE考试的实施时间	新GCSE科目名称
2016年9月	2018年夏季	古代语言（ancient languages） 艺术与设计（art and design） 生物（biology） 化学（chemistry） 公民（citizenship studies） 计算机科学（computer science） 舞蹈（dance） 综合科学（double science） 戏曲（drama） 食物准备与营养（food preparation and nutrition） 地理（geography） 历史（history） 现代外语（modern foreign languages） 音乐（music） 物理（physics） 体育（physical education） 宗教研究（religious studies）
2017年9月	2019年夏季	古代历史（ancient history） 天文学（astronomy） 商业（business） 古代文明（classical civilisation） 设计与技术（design and technology） 经济学（economics） 电子学（electronics） 工程学（engineering） 影视研究（film studies） 地质学（geology） 媒体研究（media studies） 心理学（psychology） 社会学（sociology） 统计学（statistics）

资料来源：https://www.gov.uk/government/publications/get-the-facts-gcse-and-A-level-reform/get-the-facts-gcse-reform。

注：古代语言实际包括两个科目，分别是古希腊语和拉丁语；现代外语实际包括三个科目，分别是法语、德语、西班牙语；还有一些科目包括汉语、日语等小语种还在研究中，尚未确定。

表4-3　新AS和A-Level课程与考试的实施时间表

新AS和A-Level课程的实施时间	新AS考试的实施时间	新A-Level考试的实施时间	新AS和A-Level科目名称
2015年9月	2016年夏季	2017年夏季	艺术与设计（art and design） 生物（biology） 商业（business） 化学（chemistry） 计算机科学（computer science） 经济学（economics） 英语语言（English language） 英语语言与文学（English language and literature） 英语文学（English literature） 历史（history） 物理（physics） 社会学（sociology）
2016年9月	2017年夏季	2018年夏季	古代语言（ancient languages） 舞蹈（dance） 戏曲（drama and theatre） 地理（geography） 现代外语（modern foreign languages） 音乐（music） 体育（physical education） 宗教研究（religious studies）
2017年9月	2018年夏季	2019年夏季	会计学（accounting） 古代历史（ancient history） 考古学（archaeology） 古代文明（classical civilisation） 设计与技术（design and technology） 电子学（electronics） 环境科学（environmental science） 影视研究（film studies） 高等数学（further mathematics）

（续表）

新AS和A-Level课程的实施时间	新AS考试的实施时间	新A-Level考试的实施时间	新AS和A-Level科目名称
2017年9月	2018年夏季	2019年夏季	地质学（geology） 政府与政治（government and politics） 艺术史（history of art） 法律（law） 数学（mathematics） 媒体研究（media studies） 音乐技术（music technology） 哲学（philosophy） 统计学（statistics）

资料来源：https://www.gov.uk/government/publications/get-the-facts-gcse-and-A-level-reform/get-the-facts-as-and-A-level-reform。

注：古代语言实际包括两个科目，分别是古希腊语和拉丁语；现代外语实际包括三个科目，分别是法语、德语、西班牙语；还有一些科目包括汉语、日语等小语种还在研究中，尚未确定。

　　资格及考试监督办公室要求各考试机构按照上述时间表抓紧修订和提交今后打算继续的课程。对于各考试机构提交的教材内容、课程及考试设置的具体方案，资格及考试监督办公室组织人员一一进行审查，符合监管要求的由资格及考试监督办公室认证后发布，不符合要求的则退回考试机构，要求其在规定时间内修改后重新提交。

　　2015年12月，资格及考试监督办公室公布了现行GCSE、AS、A-Level课程最后一次考试（包括重考机会）的时间安排表。按照计划，所有旧课程的考试将在2016—2018年陆续结束。此外，资格及考试监督办公室还宣布旧课程体系下的一些科目将被废除，原因是有些考试机构未能在规定时间内对其提出修订计划，更多的则是由于这些科目与已公布的新课程内容过于相近和相似，因此需要各考试机构对其进行调整和合并。例如，在旧GCSE课程和考试体系下，数学类的科目就有数学（mathematics）、数学方法（methods in mathematics）、应用数学（applications of mathematics）三种；而新GCSE课程体系下，后两者将不再作为单独的科目，原来开发了这两门科目的考试机构可以将内容并入前者。通过这种调整和合并，GCSE、AS、A-Level课程与考试的科目数量得到了一定的"瘦身"，一些没有必要单独存在的科目得到了清理，由考试机构竞争所导致的科目设置过多和混乱的局面有了一定改观。[1]

第三节

改革政策实施中的争议及其引发的后续博弈

由前述可见，英国本轮中等教育考试制度改革不仅政策制定周期较长，其实施更是需要数年时间才能彻底完成。2015—2016学年，第一批改革后的新GCSE、AS、A-Level课程开始教学，而新制度下所有课程和考试实施后的效果至少要到2019年以后才能得以全面显示。因此，考试制度改革实施后的全面效果和效应还有待观察。尽管如此，先期实行的部分改革政策已经给部分利益相关者带来了明显的影

---

[1] Ofqual. Timings for the withdrawal of legacy GCSEs, AS and A levels［EB/OL］. https://www.gov.uk/guidance/timings-for-the-withdrawal-of-legacy-gcses-as-and-a-levels, 2016-01-12.

响，并引发了各利益相关者之间的争论和后续博弈。

一、新考试制度引发的疑虑

除了考试机构、大学、教师工会等利益相关者因利益诉求受损或未能得到满足，因而对考试改革的某些措施颇有微词甚至进行强烈批评之外，资格及考试监督办公室委托英国著名民调机构"YouGov"所做的调查显示，英国的普通公众、雇主、家长和学生支持GCSE和A-Level改革的热情也不高，不少受访者认为考试改革的内容和进度太多太快了，其中新GCSE的等级评定体系尤其令人感到困惑，新旧证书在数年间并存的局面使不少人感到非常混乱。

尽管调查中多数受访者认为GCSE和A-Level仍然是值得信赖的证书，是接受高等教育或继续教育的重要基础，但很多受访者表示对考试制度改革怀有疑虑，并对一些具体措施持保留意见[1]。

"YouGov"的调查显示，一般公众、家长、学生、教师、校长、高校、雇主等各类利益相关者中，校长同意GCSE和A-Level考试改革"太多了"这一说法的比例最高，分别达到86%和80%；其次是教师，分别达到74%和67%；而一般公众和雇主的相应比例较低，分别为41%、39%和47%、40%[2]。这一调查数据显示，虽然各利益相关者对于考试制度改革都存在一定的担忧，但他们担忧的程度存在较明显的差别（详见图4-3）。

---

[1] Richard Adams. Ofqual survey finds wide confusion and doubts about GCSE and A-Level changes [EB/OL]. http://www.theguardian.com/education/2015/jun/02/ofqual-survey-finds-wide-confusion-and-doubts-about-gcse-and-a-level-changes, 2015-07-15.

[2] Ofqual. Perceptions of A Levels, GCSEs and Other Qualifications in England — Wave 13 [EB/OL]. https://www.gov.uk/government/uploads/system/uploads/attachment_data/file/447683/2015-07-22-perceptions-of-a-levels-gcses-and-other-qualifications-in-england-wave-13.pdf, 2016-02-13.

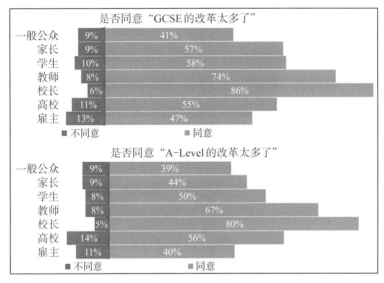

图4-3　各利益相关者对GCSE和A-Level考试改革的看法

数据来源：https://www.gov.uk/government/uploads/system/uploads/attachment_data/file/447683/2015-07-22-perceptions-of-A-levels-gcses-and-other-qualifications-in-england-wave-13.pdf。

对于强化终期性考试的重要性并弱化课程进行中的非考试评价的改革措施，表示同意"GCSE改为终期性考试是件坏事情"的受访者中，一般公众、家长、学生、教师、校长、高等教育机构、雇主分别达到了29%、35%、48%、41%、50%、45%、32%。尽管表示不同意这种改革"是件坏事情"的上述各类受访者也分别达到了31%、31%、25%、42%、43%、39%、40%，但这项数据还是表明，很多受访者对这项考试改革是否如政府所说的那样具备积极意义怀有疑虑[1]。有关"是否同意A-Level改为终期性考试是件坏事情"的数据也大体类似（如图4-4、图4-5所示）。

[1] Ofqual. Perceptions of A Levels, GCSEs and Other Qualifications in England — Wave 13 [EB/OL]. https://www.gov.uk/government/uploads/system/uploads/attachment_data/file/447683/2015-07-22-perceptions-of-a-levels-gcses-and-other-qualifications-in-england-wave-13.pdf, 2016-02-13.

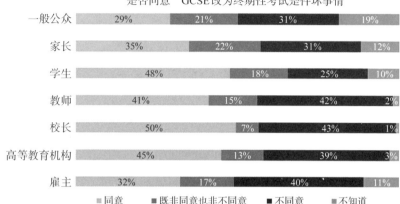

图4-4　各利益相关者对"GCSE改为终期性考试"的看法

数据来源：https://www.gov.uk/government/uploads/system/uploads/attachment_data/file/447683/2015-07-22-perceptions-of-A-levels-gcses-and-other-qualifications-in-england-wave-13.pdf。

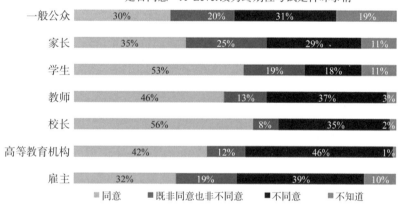

图4-5　各利益相关者对"A-Level改为终期性考试"的看法

数据来源：https://www.gov.uk/government/uploads/system/uploads/attachment_data/file/447683/2015-07-22-perceptions-of-A-levels-gcses-and-other-qualifications-in-england-wave-13.pdf。

二、考试机构与政府的后续博弈

先期实行的改革政策实施以后所引发的一个明显效应就是对考

试机构收入的影响。模块化考试的结束、重考机会的减少、AS和A-Level的分离导致考试机构的收入出现骤然下降。以GCSE证书为例，由于从2013年9月起，GCSE取消了模块化考试，并且在学校绩效表中只计入学生第一次参加考试的成绩，因此2013—2014学年参加GCSE考试的考生人数有了明显的减少，之前有些学校会鼓励学生在10年级提前参加GCSE考试，受改革政策影响，2013—2014学年这种现象已经很少了；数据显示，2013—2014学年GCSE证书的颁发数量比2012—2013学年减少了17%[1]。

对考试机构而言，它们一方面要面对证书颁发数量减少带来的收入下降，另一方面还要面对研发新课程所导致的支出上升。为了应对考试改革所引发的财务压力，多家考试机构正在考虑通过提高考试费，削减其提供的课程考试的科目数量来维持收支平衡。例如，Edexcel隶属的培生集团宣布将要裁员4 000个岗位，其中英国国内的岗位将被裁减500个；而OCR新任命的首席执行官威廉·伯顿（William Burton）也表示，他将致力于通过进一步裁员、削减科目等方式"重新恢复OCR的盈利能力"。考试机构的上述表态被媒体视为是其和政府博弈的一种策略。据称，在此之前，三大考试机构OCR、AQA和Edexcel就曾向政府发出警告，称出于经费方面的考虑，它们无法像政府期望的那样，继续提供诸如波兰语、孟加拉语等小语种的课程与证书，因为这些课程的学习者数量太少。还有考试机构的工作人员表示，他们甚至有可能放弃一些将于2017年开始教学的课程科目。《泰晤士报》教育增刊的报道称，考试机构的上述

---

[1] Kaye Wiggins. Number of GCSE awards drops 17 percent［EB/OL］. https://www.tes.com/news/school-news/breaking-news/number-gcse-awards-drops-17-cent, 2016-01-12.

表态使教育部大为恼火，教育部表示考试机构应该将提供"小众型的证书"（qualifications with low entry numbers）视为它们的"企业社会责任"（corporate social responsibility）。教育部警告称，考试机构的表现使得教育部之前设想过的较为激进的考试机构改革计划——建立"单一的国营考试机构"（a single state-run board）——被重新"复活"了，教育部已经开始考虑对考试机构进行"长期目标上的改革"。[1]

三、关于GCSE是否有必要继续存在的争论

在GCSE改革方案确定并进入实施阶段后，英国各界关于GCSE的存废之争并没有停息，持不同意见的各方各执一词，意见纷呈。其中主张废除GCSE的代表人物有全国校长协会（AHT）的秘书长罗素·霍比（Russell Hobby）、英国工商业联合会（CBI）负责人约翰·克里德兰德（John Cridland）和工党影子教育大臣崔斯特瑞姆·亨特（Tristram Hunt）以及撒切尔政府时期曾担任教育部长的肯尼斯·贝克（Kenneth Baker）等。虽然他们都主张废除GCSE，但他们的出发点和目标与之前教育部长戈夫曾提出的以英国文凭证书（EBCs）取代GCSE的方案并不相同。

霍比提出，随着英国学生离校年龄逐渐提升到18岁，应该为14—18岁的教育设置单一的证书体系，在这种证书体系下，学生在14—18岁既可以学习学术类课程，也可以学习职业类课程，还可以同时学习这两类课程。他认为目前GCSE和A-Level证书的有力竞争对

---

[1] Kaye Wiggins. Exam boards' 'eye-watering' costs could trigger fee hikes and cuts in subjects［EB/OL］. https://www.tes.com/news/school-news/breaking-news/investigation-exam-boards-eye-watering-costs-could-trigger-fee-rise, 2016-01-12.

手——IB课程就是这种类型证书体系的成功代表，它可以使学生将软技能和学术性学习结合起来，而且具有国际竞争优势，对于那些将来回到海外就业的学生尤其有帮助。霍比指出，要进行这种改革，就必须对现行的学校体系进行全面的、根本的改革。[1]

克里德兰德同样主张废除GCSE这种16岁的离校考试，并将学生的离校考试推至18岁，并且也提议把职业类证书和学术性的A-Level证书结合起来，建立一种新的课程与考试制度。克里德兰德称，德国、法国、瑞典和日本等国家大部分都只在学生18岁时才有高利害的校外考试，英国也应如此。他认为英国需要"建立一个新的基于个性化的14—18岁课程体系，为每一个学生提供个性化的学习方案，使他们能够在18岁的时候获得高质量的教育成就，可以是学术性的，也可以是职业性的，还可以是混合性的"，学生的知识和能力应该全面而宽广，职业生涯指导和社区工作这类课程应该得到重视[2]。他说："资格证书是很重要，但我们同样需要具有自律精神，能够为客户提供优秀服务的人才；学术水平很重要，但我们同样希望学校能够培养全面的、有实际能力的年轻人，具备工商界所需要的那些技能和表现的年轻人。"[3]

工党影子教育大臣亨特则表示，工党一旦执政将会废止GCSE，并以一种将职业性证书和学术性证书统一在一起的证书取代GCSE

[1] Rebecca Ratcliffe. What is the point of GCSEs? [EB/OL]. http://www.theguardian.com/education/2014/aug/19/are-gcses-still-relevant-education-training-age-18, 2016-01-12.
[2] Sarah Harris. Scrapping GCSEs 'would produce rounded pupils': Business leader says schools are becoming 'exam factories' where pupils are too pressurized [EB/OL]. http://www.dailymail.co.uk/news/article-3130735/Scrapping-GCSEs-produce-rounded-pupils-Business-leader-says-schools-exam-factories-pupils-pressurised.html?ITO=1490&ns_mchannel=rss&ns_campaign=1490, 2016-02-13.
[3] BBC. CBI complains of 'exam factory' schools [EB/OL]. http://www.bbc.com/news/education-20355664, 2013-02-11.

证书[1]。

相比上述几位，肯尼斯·贝克有关废除GCSE的主张更引人注目，原因在于贝克曾于1986—1989年担任撒切尔内阁的教育科学部部长，在一定程度上可以说，贝克正是当年GCSE考试制度的创建者。2015年8月英国学生当年度GCSE成绩即将公布之际，贝克在接受英国媒体采访时表示，他认为GCSE考试制度已经过时，因为目前英国学生的离校年龄已经普遍延伸到了18岁，因此在16岁时对学生进行考试评价的意义已经不大，对于那些将来不会选择上大学的学生而言尤其如此；此外，即使是上了大学的学生，毕业后也往往从事和大学专业无关的技能性工作，因此他认为应该废除针对16岁学生的GCSE考试，并创建面向18岁学生的一种新的考试制度，新的18岁考试制度应该更加重视技术性文凭，不能像当前政府这样一味强调学术性科目而贬低职业性科目[2]。

不过，也有很多教育界人士明确表态反对废除GCSE，并强调GCSE考试制度的存在有很重要的积极意义。例如，伯明翰大学招生主任罗德里克·史密斯（Roderick Smith）表示，由于今后AS将不再计入A-Level的考试成绩，很多学生可能不会再选择AS课程，因此在申请者的所有申请材料中，GCSE将会成为唯一正式的成绩记录；当学生不能提供某些学科的A-Level成绩时，如果大学想了解学生该门学科的基础和能力，那么学生该门学科的GCSE成绩将显得尤为重要，因此，GCSE证书对于大学的招生而言是非常有用的。不少中

[1] Patrick Wintour. Labour could ditch GCSEs within 10 years, says Tristram Hunt［EB/OL］. http://www.theguardian.com/education/2015/apr/22/labour-ditch-gcse-10-years-tristram-hunt, 2015-12-20.

[2] Javier Espinoza. GCSEs are outdated and will 'wither on the vine', says the man who introduced them［EB/OL］. http://www.telegraph.co.uk/education/further-education/11803801/GCSEs-are-outdated-and-will-wither-on-the-vine-says-the-man-who-introduced-them.html, 2016-02-01.

学校长也表示，GCSE对学校教育而言很有必要。来自英格兰南部城市普尔的中学校长罗伯·戴维斯（Rob Davies）表示，GCSE不仅是学校思考如何办学的基准，也是学生简历中的重要内容，可以使学生在求职中展示自己的特长[1]。英国女校协会主席、圣盖博学校（St Gabriel's School）校长艾伦·琼斯（Alun Jones）认为，GCSE对中学教育而言非常重要，它不仅能够提供激励学生学习的动力，而且可以帮助学生检验自己的知识与能力，以便在下一阶段的A-Level学习中选择适合自己的科目；在今后AS与A-Level分离的背景下，GCSE成绩在大学入学申请材料中的重要性也将更加凸显[2]。

[1] Rebecca Ratcliffe. What is the point of GCSEs? [EB/OL]. http://www.theguardian.com/education/2014/aug/19/are-gcses-still-relevant-education-training-age-18, 2016-01-12.
[2] Alun Jones. GCSEs are important — this negativity isn't helpful [EB/OL]. http://www.telegraph.co.uk/education/educationopinion/11810235/GCSEs-are-important-this-negativity-isnt-helpful.html, 2015-12-10.

第五章

英国中等教育考试制度及其改革对中学教育教学的影响

第一节

高利害考试和绩效问责制度的叠加效应

中等教育考试制度对于中等学校的教育理念、师资课程的安排、教师的教学模式、学生的学习目标具有很强的导向作用。考试制度的各个方面，包括考试的内容、方法、目的、时间、频次等，都会对中学的教育教学实践产生重要影响，可谓牵一发而动全身。在这一点上，中英两国其实并没有多大的区别。GCSE 和 A-Level 考试作为一种"高利害考试"（high-stakes test）[1]，它与绩效问责制度之间存在叠加效应，会给中学的教育带来巨大影响，英国各界对此并无异议。但是，对于这种叠加效应所蕴涵的意义以及其所发挥的作用，不同的利益相关者或利益集团有着不同的立场和观点。政府（教育部）和资格及考试监督办公室虽然在某些具体政策细节上有不同看法，但它们作为决策者，当然都对改革持坚定的肯定态度；尽管政府和资格及考试监督办公室也承认，考试改革会给考试机构、学校及其他利益相关者带来某种程度的压力或某些方面的问题，但在它们看来，一方面这些压力和问题并非不可克服，另一方面，这些压力和问题也具有积极意义，需要相关的利益相关者以积极的态度去面对和解决，不应该因为这些压力和问题的存在而否定和反对考试制度改革。例如，2016 年 2

---

[1] "高利害考试"（high-stakes test），是指会对参加考试的个体以及与之相关的其他个体或群体造成直接和重要后果的考试。学校教育中的"高利害考试"往往会对学校的教育教学产生很强的导向作用。

月，即将离任的资格及考试监督办公室负责人格莱尼丝·史黛丝在接受媒体采访时称，她承认考试制度改革的步伐非常迅速，考试制度改革与绩效问责制度改革叠加在一起给考试机构和学校带来的压力和问题都不容小觑，但她同时强调，考试改革虽然迅速，但并不仓促，改革在某些方面已经初具成效，她为自己任内在考试制度改革与监管工作中所取得的成就感到骄傲，认为自己五年来的工作没有出现任何差错。[1] 不过，从英国媒体的公开报道和英国各界的讨论来看，明确表示站在政府和资格及考试监督办公室一边的利益相关者并不多，多数利益相关者对考试制度改革的评价与政府、资格及考试监督办公室有相当大的差异，其中不乏对考试制度改革特别是考试制度改革与绩效问责制度改革叠加效应持强烈批评甚至全面否定态度的利益相关者或利益集团，这方面最具代表性的利益集团是英国工商业联合会（CBI）和全国教师工会（NUT）。两者的批评意见中有一个共同之处，即经常使用"考试工厂"这一比喻来说明学校教育面临的问题，强调在高利害考试和绩效问责制度的叠加效应下，学校的教育教学越来越显示出"为考而教、为考而学"的特征。

一、来自英国工商业联合会和全国教师工会的批评与建议

（一）英国工商业联合会的批评与建议

2012年11月，英国工商业联合会发布的报告称，英国的学校正在沦为"考试工厂"，并呼吁对学校进行根本性的改革。英国工商业联合会呼吁学校教育应该重视培养具有实际生活和工作技能的人，而

---

[1] Kaye Wiggins. Glenys Stacey: My time in charge of Ofqual? Non, je ne regrette rien［EB/OL］. https://www.tes.com/news/school-news/breaking-news/glenys-stacey-my-time-charge-ofqual-non-je-ne-regrette-rien, 2016-02-19.

不是过分地强调考试，督学和学校排行榜不应该只盯着考试成绩。英国工商业联合会负责人约翰·克里德兰德称，"在某些情况下，中学已经变成了考试工厂"，而工商业需要的是全面的有实际技能的人才。当时，各方正在就教育部长戈夫提出的GCSE改革进行激烈争论，很多批评者认为戈夫推行的改革关注的只是增加考试难度，鼓励学生学习学术类课程，要求学校使更高比例的学生获得5门以上的GCSE好成绩等，这种强化考试重要性的改革将导致学校在沦为"考试工厂"的道路上愈行愈远。不过，克里德兰德对此表示，他的批评并非针对政府的政策和学校的教师。相反，这一时期无论是英国工商业联合会的报告还是克里德兰德个人，都表示支持政府的学校体制改革和考试制度改革。克里德兰德称，"政府的改革方向是正确的，但仅仅这些还不够，改革应该更加深入更加迅速"。[1]

然而，到了2014年1月，由于教育部和资格及考试监督办公室的一些改革政策并未满足其预期和需求，英国工商业联合会对考试制度改革中的部分政策进行了强烈批评。其中最令其不满的是，在资格及考试监督办公室2013年11月提出的A-Level改革草案中，科学科目的实验部分将由学校组织在自己的实验室中进行单独评价，但其成绩不再计入A-Level最后的成绩。这受到一向呼吁重视学生实践能力的英国工商业联合会的强烈反对。在给资格及考试监督办公室的官方回应中，英国工商业联合会称，学校正处于变成"考试工厂"的危险之中，正生产着大批量迈出校门却无法适应社会生活的年轻人。英国工商业联合会警告称，近年来的考试制度正在把年轻人送上一个考试的

---

[1] BBC. CBI complains of 'exam factory' schools [EB/OL]. http://www.bbc.com/news/education-20355664, 2016-02-12.

"跑步机"，只关注学生的学术成绩，造成学生在决心、乐观精神和情商方面的欠缺。英国工商业联合会再次建议教育部和资格及考试监督办公室重视对学生实践能力的培养和考察，因为"实践能力无论对于学生的就业还是继续接受高等教育都是非常重要的技能"。[1]

尽管资格及考试监督办公室此后回应称，之所以提出不再将实验成绩计入A-Level的总成绩，是由于在前期调研中，有很多人表示实验成绩容易作弊和造假，有损考试的公正性，会降低资格证书在雇主心目中的价值。不过这种解释显然未能说服英国工商业联合会。2015年6月，克里德兰德在伯克郡的惠灵顿学院出席一次教育研讨会时再次提出了类似的批评，并建议本届政府应该废除GCSE证书，面向18岁学生建立一种纳入职业资格证书的新的A-Level证书体系。[2]

（二）全国教师工会的批评及主要观点

与英国工商业联合会相比，全国教师工会的批评更为全面和尖锐。在教师工会看来，高利害考试和绩效问责制度的叠加效应对教师和学生产生了多方面的负面影响。例如，导致学生和教师忙于和考试制度博弈（game the system），教师的教学缺乏创造性，教学主要关注的是那些会被考到的内容以及如何使学生通过考试，创造性教学以

---

[1] Richard Garner. Schools are becoming 'exam factories' which don't equip students for the world of work, claims CBI [EB/OL]. http://www.independent.co.uk/news/education/education-news/schools-are-becoming-exam-factories-which-dont-equip-students-for-the-world-of-work-claims-cbi-9067650.html, 2016-01-11.

[2] Sarah Harris. Scrapping GCSEs 'would produce rounded pupils': Business leader says schools are becoming 'exam factories' where pupils are too pressurized [EB/OL]. http://www.dailymail.co.uk/news/article-3130735/Scrapping-GCSEs-produce-rounded-pupils-Business-leader-says-schools-exam-factories-pupils-pressurised.html?ITO=1490&ns_mchannel=rss&ns_campaign=1490, 2016-02-13.

及探究性活动被忽视；学校的课程变得狭窄，艺术和人文类课程被忽视；成绩好的学生得到更多关注，而成绩不好的学生则不被关注；教师和学生都处于紧张和压力之下，学生出现行为问题和自尊心受到伤害的现象增多，教师与学校工作或考试有关的焦虑、紧张等精神健康问题也在不断增长，师生关系恶化；那些为成绩最差的学生提供教育，最需要得到支持的学校反而处境最为困难，也最容易受到惩罚[1]。

全国教师工会对高利害考试和绩效制度叠加效应的批评集中体现在其2015年6月发布的一份报告及其引发的讨论中。在这份名为《考试工厂？——绩效评价制度对孩子们的影响》（Exam Factories? The Impact of Accountability Measureson Children and Young People）的报告中，全国教师工会称其研究人员对近8 000名教师进行了在线调查，并走访了多所学校，从而深入探究了英国政府所实行的包括考试制度在内的学校绩效评价制度对学校、教师、家长和学生的影响。报告称，之所以以"考试工厂"为题，一方面是为了强调在中小学绩效评价制度下，许多学校正在向这个方向滑落；另一方面是因为很多教师在访谈中用了类似的比喻来说明学校里发生的情况。例如："学校成了生产考试机器的地方""教育成了工厂化农场""在这种商业模式化的教育中，我们只是这种机器中的一些数字""在投入产出模式下，我把这些投入进去然后得到那些产出""什么事都要和考试成绩联系起来，如果和考试无关，那它就不重要，这种制度给学生造成了太大的压力，过于强调学术性课程，课程变得枯燥和机械而缺乏创造性，学校像工厂的生产线一样，生产出一模一样的小机器人，缺乏想象力，

---

[1] NUT. Exam Factories? The impact of accountability measureson children and young people［EB/OL］. http://www.teachers.org.uk/node/24299, 2015-10-02.

如果考试成绩没有达到标准便被贴上'失败'的标签",等等。[1]报告
认为，教师们使用的这些比喻充分表达了他们对过分关注考试成绩，
教学失去创造性，强调统一标准，竞争和压力导致的人际关系恶化，
管理主义的盛行等问题的担忧和不满。按照该报告的观点，学生是高
利害考试和绩效问责制度负面作用的最终承担者。高利害考试和绩效
问责制度对学生既有直接影响，也有间接影响，其发生机制如图5-1
所示。

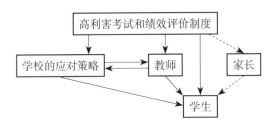

图5-1　高利害考试和绩效评价制度对学生产生影响的发生机制

全国教师工会这份报告的特别之处在于，尽管它实际上是基于教
师的利益诉求，但它把学生置于突出位置，其目的在于通过将学生塑
造成为高利害考试和绩效问责制度的"终极受害者"，来博取社会各
界的关注以及对教师工会观点的认同。尽管从某种意义上讲，这是教
师工会与政府斗争所采取的一种策略，其所提出的论点未必科学，其
论据也未必客观，但这种从特定利益集团的立场出发所进行的研究仍
然具有其独特的价值，能够在一定程度上帮助我们更深入地理解高利
害考试和绩效问责制度的叠加效应。在该报告以及围绕该报告所进行
的争论中，教师工会主要从以下几个方面概括了高利害考试和绩效问

---

[1] NUT. Exam Factories? The impact of accountability measureson children and young people ［EB/OL］.
　　http://www.teachers.org.uk/node/24299, 2015-10-02.

责制度叠加后所产生的负面作用。

1. 学校的应对策略

根据教师工会的调查，在高利害考试和绩效问责制度的压力下，学校采取的应对策略按照其常见程度依次为：(1)使用统计数据为每个学生制定个人目标；(2)通过频繁和细致的数据收集，监控学生的进步；(3)越来越重视英语和数学的教学；(4)定期检查学生的作业；(5)通过对教师的评价设定有关提高学生成绩的目标；(6)对所有工作实行细化评分制度；(7)明确地关注处于边缘状态的学生；(8)越来越重视学术性科目；(9)对每节课每个活动都设定明确的目标；(10)定期举行考试；(11)对新课程的考试和学习记录设计和实施新的方法；(12)提供小组教学和单独教学；(13)对一些教师至少每两周听课一次；(14)进行模拟督导；(15)利用放学后、周六或假期补课；(16)要求教师常规性地提交每个课堂教学或活动的详细计划。这16种策略可以大致分为四类，详见表5-1。

表5-1　学校应对高利害考试和绩效问责制度所采取的策略

策略类型	具 体 措 施
加强对教师教学工作的监控，使教学行为更加统一化、标准化	对所有工作实行细化评分制度
	通过对教师的评价设定有关提高学生成绩的目标
	定期检查学生的作业
	对每节课每个活动都设定明确的目标
	对一些教师至少每两周听课一次
	进行模拟督导
	要求教师常规性地提交每个课堂教学或活动的详细计划
收集和使用统计数据	通过频繁和细致的数据收集，监控学生的进步

（续表）

策略类型	具 体 措 施
收集和使用统计数据	使用统计数据为每个学生制定个人目标
	定期举行考试
	明确地关注处于边缘状态的学生
课程方面的策略	越来越重视学术性科目
	越来越重视英语和数学的教学
	对新课程的考试和学习记录设计和实施新的方法
增加教学时间	提供小组教学和单独教学
	利用放学后、周六或假期补课

学校应对绩效评价的策略包括：对教师工作的所有方面进行监控，实行更加统一化的教育，对学生个体的有关数据进行采集和使用，越来越重视学术性学科（小学阶段是数学和英语，中学阶段是数学、英语、科学、历史、地理、外语），对有些学生提供额外的教学。越是那些被教育标准局评价较低的，低于平均水平的、弱势群体学生所占比例较高的学校，这些策略的使用就越是常见。

此外，高利害考试和绩效问责制度还导致有些学校采用这样一些策略：在招生环节对学习成绩较差的学生设置障碍，以便尽量多招学习成绩好的学生，想办法使某些学生免除考试或者找各种理由给某些学生延长考试时间，以及其他一些处于合法与不合法灰色地带的策略。

2. 对学校领导和教师的影响

一般而言，考试成绩较差的以及教育标准局评价较低的那些学校承受的提高考试成绩的压力最大，不过数据表明其他学校的压力也很大，在一些被评为"优秀"的学校，为了维持这种评级，校长和教师们也承受着相当大的压力。

很多校长和教师表示，他们感到教育标准局对学校发挥的作用是"惩罚性的"（punitive），而非"支持性的"（supportive），例如被督导评价为"失败"的学校将会因此被"学园化"，校长和教师可能会因此失去工作，学校会因此失去公众的信任等；一些督学的工作作风比较强硬，督导质量参差不齐，督导评价所使用的数据也缺乏统一性，过于广泛，督导评价结果具有随机性（random），也使校长和教师们感到焦虑和沮丧。

在各类学校里，绩效评价带来的工作负担和精神压力是巨大的。在教师工会所做的调查中，超过60%的受访教师称他们对教育标准局将要进行的督导感到焦虑，太多的时间被用于准备应对督导的文件材料上，而不是用于备课。一位教师称，"我不得不记录所有的一切，我的课堂教学、学生们的兴趣、校外活动，等等"。研究发现，教师的紧张程度通常很高，很多受访教师称他们从工作中获得的快乐越来越少，他们正在计划离开这个职业。有一位教师说："我一直处于精疲力竭的状态。我一周工作60—70个小时才勉强能把工作做完。教师们的压力太大，需要负责的事项太多，很多事是难以处理、没有意义的。我们办公室的许多教师感到永远处于压力和低落士气中。"还有一些教师称，提高考试成绩的压力和不断增加的工作负担的压力结合在一起，对他们与学生之间的关系产生了不利影响；政府和学校领导用关键学段2的考试成绩来确定学生的GCSE目标成绩也是不合理的，根据很多教师的经验，关键学段2的考试成绩常常不能正确反映学生在知识和理解力方面的真实水平，而且关键学段2的考试成绩只包括英语和数学，根本不能反映学生在外语等其他科目上的能力和潜力。

此外，还有些教师表示他们感到校长所受到的压力被转移到教师身上。例如一位教师称："学校里有一种令人害怕的氛围，学校的领导团队给教师们越来越大的工作压力，教师们给学生越来越大的学习压力。""学生们的社会背景、某个学科长期以来缺少教师或领导，等等，都是影响学生考试成绩的重要因素。即便你已经尽了全力，你仍然是错的，得去承担本不属于你的责任。因为学校的领导者和教育标准局才不会考虑你说的这些理由。"

3. 对学校课程设置及教学方式方法的影响

最初的中学排行榜上只公布GCSE考试中获得至少5门科目C以上等级的学生百分比，从2006年开始，公布包括英语和数学在内的至少5门科目C以上等级的学生百分比。从2010年开始，英国证书（English Baccalaureate，简称E-Bacc）被引入，学校排行榜上需记录获得C以上等级E-Bacc的学生比例。从2014年开始，某些职业证书不再计算进排行榜。从2016年开始，"8项科目进步"（Progress 8）成为评价中学的主要方法，它将对包括E-Bacc在内的8个科目上学生的成绩和进步进行评价。绩效评价制度的一个目标是提高成绩，但考试成绩并不一定能代表学生的知识和理解的总体水平，而只是证明教师们的教学更加关注如何使学生更好地准备考试。

教师工会表示，高利害考试的一个重要影响就是使学生的课程更加狭隘了，师生们花费在备考上的时间越来越多了，实践性、创造性和探究性的学习机会减少了，课堂越来越缺乏多样性了，教师们花费越来越多的、不必要的时间和精力在学生作业的书面反馈上，放学后或假期中补课的现象越来越常见了。

尽管教师们普遍把考试成绩和对知识的真正掌握和理解视为两个不同的事情，但高利害考试和绩效问责制度导致教师在压力之下会将教学紧紧围绕考试展开。例如一位教师称，在自己学校"考什么教什么，不考的内容教师就不教，学生也不用学，怎样有利于考试取得高分就怎么进行，我们不认为这是正确的教和学的方式，但别的学校都在这样做，我们也不得不这样做，否则就会把我们的学生置于不利境地"。他们认为高利害考试会导致学生为了特定考试去学习，但是好的考试成绩并不意味着他们的理解和技能达到了今后进一步学习所应具备的水平和基础。

一些中学教师表示，他们常常发现学生的关键学段2考试（小学毕业时的国家考试）成绩往往和他们的实际水平不相符合，有时差别还挺大。一位中学教师称："学校按照教育标准局的要求对一些学生所设定的目标完全是不现实的，学生根本不具备能够达到这些目标的基础。这给教师和学生都带来了很大的压力，特别是我们的工资取决于能否达到目标。"

在压力之下，为了使学生取得好的考试成绩，教师们可能采取的策略五花八门，有些是合法的，有些是不合法的，还有些位于模糊的中间地带。资格及考试监督办公室于2015年开展了一项调查，调查对象是548名中学教师。在调查中，教师被问到曾经使用过哪些策略以使学生取得更好的考试成绩，80%的中学教师称曾给予在C和D等级之间徘徊的学生以特别关注。一位受访教师称："在我原来的那个学校，教师们的压力很大，为了使学生获得C等级，在'控制性评价'环节，教师们会让那些没有得到C等级的学生一遍又一遍地重新参加测试，直到他们通过为止。我一个同事在对学生进行同一个口语测试时，为了使学生通过，他反复测了12次。"另一位教师举例说："有一个教师在走廊里吹嘘自己考试时告诉学生答案，校长听到后赶快让他停下来，告诉他小心点儿，传出去会破坏学校的名声。"

绩效评价在鼓励学校让学生参加职业考试方面已经表现出明显的副作用。现在的情况正相反，学校更愿意让他们的学生参加学术性考试，而不考虑学生的需要、倾向和兴趣。这使得学生的厌学情绪和不良行为进一步上升。课程难度的增大和考试制度的改革加剧了这种影响。绩效评价达到了政府强调学术性课程的目的，但这是以牺牲学生学习的广博性和多样性为代价的。课程的狭窄化对那些学习成绩较低的、弱势的以及有特殊需求的学生更为不利。用于批判性教学、研究、游戏及实践活动的时间被相当程度地减少了。为了更加有利于学生取得好的考试成绩，教学行为和教学记录更满足教育标准局的期望，再加上教师的工作负担越来越重，课堂和教学越来越标准化和模板化。然而，无论是在小学还是中学，学生们都认为他们在活动和创造性的课堂上的学习更加高效，因为那种活动和创造性教学更令人难忘。

全国教师工会的报告总结称，一些教师将自己的学校描述为"考试工厂"，并认为这是绩效制度所造成的结果。一些教师则称他们正在抵制压力，避免自己的学校变成"考试工厂"，称他们在"屏蔽"和"保护"自己的学生，使之不受绩效制度带来的压力影响，并尽可能创造性地满足学生们的多样化需要。

4. 对家长和学生的影响

考试对孩子和家长带来的压力和焦虑导致学生的学习只是肤浅地为了应对考试，而不是深刻的理解，为未来的学习打下坚实基础。学生遭受的与学校有关的焦虑、压力、厌学和精神健康问题也正在上升到一个很高的水平。原因是，考试带来越来越大的压力，学生在更小的时候就有了更大的失败感，课程更加严格，学术性更高。注意力不集中症的发病率越来越高被证明与高利害考试的增加有关。一些学生正在接受诊断和治疗，因为学校环境已经不再适合他们，学校的实践活动变少了，而要他们长时间坐着的要求增加了。

学生们越来越感觉学校教育的主要目的就是获得证书，因为学校关注的是考试证书。这种情况已经受到大学和雇主的广泛谴责。大学和雇主批评称，现在的考试制度并没有使孩子们为未来的学习和生活做好准备。他们强调学校教育应该有其他一些有价值的成果，例如学生的独立性、创造性、发散思维、合作能力等。

绩效评价对所有学生都有负面影响，尤其是对弱势学生和有特殊教育需求的学生，原因在于绩效评价制度中对学生的目标期望是基于年龄的，没有充分考虑即使年龄相同，每个孩子的个性倾向、兴趣爱好、是否有特殊需求等因素。一些特殊学校的教师称，他们的学生需要发展的是生活技能而不是集中于阅读和计算能力。

另外一个原因是，教育标准局的评价和弱势学生的比例有很大的关系，弱势学生比例高的学校更有可能被教育标准局评为较差的学校。被评价较差的学校也更有可能采取类似强化对教师工作的检查等策略增加教师的压力，而这种压力通常会传导到学生身上。

当前的绩效评价与全纳教育也不符。研究表明，教育标准局的做法使得一些学校不愿因接收那些有可能拉低学校成绩的学生。一些学校在全纳教育方面所做的有效工作（特别是对学生提供社会性和情感性帮助），如果在提高成绩方面没能产生令人满意的效果，也不会得到教育标准局的考虑。

（1）对家长和学生择校行为的影响

《1988年教育改革法》所建立的绩效制度的一个目的是给家长提供更多的信息，使他们能够在获得充分信息的基础上做出择校的选择。政府的假设是：这样一来就能够形成一个教育市场，在这个市场中，成功的学校可以扩大自己的规模，而失败的学校则会被迫关闭；学校间的竞争会提高教育质量。教师工会提出，国际上的研究表明，市场在教育领域发挥的作用很小，原因之一在于家长们在选择学校时，学校在排行榜上的各种数据并不是他们考虑的重点，他们很少因为学校在排行榜上表现不佳就让孩子转学；至于英国，研究表明只有不到一半的家长在选择学校时会依据学校排行榜上的数据或教育标准局的报告[1]。在影响家长们选择学校的各种因素中，家长们认为最重要的两项考虑因素是"学校是否适合自己的孩子"和"学校的位置"，而"教育标准局的评级"和"考试成绩"只排在第四位和第六位，只有不到40%的家长把"教育标准局的评级"和"考试成绩"排需要考虑的因素的前三名[2]。教师工会称在其对学校所进行的个案调查中，7所个案学校中有3所被教育标准局评为"有待提高"，但调查中没有发现任何家长因此把学生从学校转走的情况；不过，教育标准局的低评价确实会降低学校的声誉，对教师和学生的士气产生消极影响。

（2）对弱势群体的影响

为了消除弱势学生与其他学生之间的成绩差距（以下简称"成绩差距"），促进社会流动，卡梅伦政府在第一届任期内出台了帮助弱势学生提高学业水平的学生补助金（pupil premium funding）政策，并要求资格及考试监督办公室加强对学生补助金使用以及学校缩小成绩差距成效的督查。但很多教师表示，相关政策并没有产生明显的积极作用，反而制造了一些新的问题，表现在以下几个方面。

---

[1] Francis Becky, Hutchings Merryn. Parent Power: Using money and information to boost children's chances of educational success［EB/OL］. http://www.suttontrust.com/wp-content/uploads/2014/08/1parentpower-final.pdf, 2016-02-13.

[2] Karen Wespieser.School choice: the parent view［EB/OL］. http://www.nfer.ac.uk/publications/IMPB01/IMPB01.pdf, 2016-01-09.

首先，在一些学校，学生们被明显地贴上了标签。例如，通过在学生的作业本上标一个某种颜色的小标记来区分学生是属于学习成绩好的、中等的还是差的；通过另外一种标记来区分学生是否属于有"特殊教育需要的学生"或"接受学生补助金的学生"，等等。

其次，尽管从平均水平上看，来自经济困难家庭的孩子成绩较差，但也并不总是这样，但学生补助金通常只能用于经济困难家庭的孩子，这导致其他一些不符合"学生补助金"条件但同样处于弱势地位的学生遭到忽视，有时候这是不公正的，因为这些学生也需要教师给予特别关注，特别是那些有特殊教育需求的学生。

其三，一些教师表示，他们感到教育标准局的督学只关心这些弱势学生的成绩数据，根本不愿意听有关个体情况的信息，也不关心这些孩子得到了什么。例如，一位中学教师说："督导员问我有特殊教育需求的学生怎么样，我回答说'他们不错'，督导员说'不，他们不好，他们很糟糕'，我说'他们都很高兴，能够全勤，得到他们需要的成绩，每一个人毕业后都能去做自己想做的事情，我认为这就是成功，有些以前不愿上学的学生现在也能全勤了'，督导员对我的话完全不感兴趣，他们只关注这些学生没有取得太多成绩进步的事实。"

其四，尽管教育标准局也知道"教育成就在个体之间总会存在差距"，并且"家庭背景对教育成就有很大的影响"，但他们坚称"贫困不是通向成功的不可逾越的障碍""对孩子而言，好的学校教育会对他们产生巨大的影响"[1]，以为通过向学校施加压力就能消除这些弱势学生遇到的障碍。政府和教育标准局对于学校不切实际的要求反而

---

[1] Ofsted. Unseen Children: access and achievement 20 years on: Evidence report［EB/OL］. http://dera.ioe.ac.uk/17870/, 2016-01-01.

掩盖了问题的真正所在。事实上家庭环境以及父母对孩子学习的支持程度对学生的影响作用远比学校更大。那些弱势学生之所以很难和同龄人相比，很难获得快速的进步，原因往往在于家庭而非学校。[1]教师工会在其研究报告中表示，没有证据能够表明通过加强对学校的问责能够缩小学生的学业差距，特别是在贫富差距不断扩大的社会背景下，反而有很多证据表明，为了达到目标，与同龄人相比，一般成绩较差的弱势学生面临着更大的学习压力，他们会因"失败感"而厌学，考试制度改革后课程和考试难度的增加会进一步加剧这种情况。

（三）全国教师工会的建议与诉求

通过发布研究报告，参与和回应有关的争论，全国教师工会呼吁英国政府尽快对中小学绩效评价制度进行反省和改革，并提出了具体建议，概括如下。

第一，这种测量学生成绩并以此评价学校和教师的绩效问责制度对学生产生很深的伤害，而且没能培养学生在未来高等教育或工作中所需要的技能以及未来公民应具备的特质。因此考试的不同功能必须被分离开来，为测量学生进步和成就的考试不应该用于对学校的绩效评价。

第二，如果坚持用考试对学校进行绩效评价，那么也应该采取PISA的形式，即对学校和学生采取抽样的方式组织考试。这种用于学校绩效评价的考试不应该对家长公布成绩，评价的目的不应该是"问责"和"惩罚"学校，而应该用来了解情况，分析影响学生成绩的各种因素，从而为学校教育提供有用的信息和有针对性的支持。

---

[1] Thomas Rogers. Parenting not schools has the biggest impact on student outcomes, so why are teachers blamed for results? [EB/OL]. https://www.tes.com/news/school-news/breaking-views/parenting-not-schools-has-biggest-impact-student-outcomes-so-why-are, 2015-12-12.

第三，校长们应该作为一个团队为彼此负责，建立一个互相考察和提出建议的制度。所有的校长都应该有机会参与到这样一个团队中来，因为这也是专业发展的形式。互相考察的目的是为了弄清楚各个学校在教育教学方面的情况，提出疑问和有帮助的意见建议，使被考察的学校能够制定有效的行动规划。如果某所学校特别需要予以关注，那么应该成立一个顾问团队（team of advisors）来帮助这所学校；顾问团队的成员应该都是拥有丰富的学校领导和拥有学校改进经验的教育专业人士，能够持续地提供建议和支持。

第四，学校应该致力于培养学生的能力，对所有学生给予鼓励，一视同仁。学生们能否快乐地投入学习，学习是否有创造性，能否成功地进入下一个教育阶段或工作，作为社会的一员能否做出有效的贡献，才是判断学校是否成功的一个关键。

第五，只要有学校排行榜存在，中学阶段的课程就会受到不正确的取舍，因此必须把学校排行榜取消。学校应该与学生及家长协商，确保每个学生选择最适合其需求和兴趣的课程。应该重新重视课程的广泛性，重视创造力、好奇心、学习的热情，鼓励合作能力而非竞争能力。

第六，对学校进行绩效评价应该考虑评价制度对有特殊教育需求的孩子、弱势群体的孩子以及全纳教育的影响，避免任何会损害学生情感和精神健康的做法。孩子们的身心健康和发展应该是教育的重点，应该鼓励学校将关注点放在这方面。政府不能把降低社会的不公平的希望全寄托于学校，应该认识到学校在这方面只能发挥很小的作用。

二、政府的反驳与回应策略

站在政府决策者的立场来看，考试不仅是评价学生学业质量的重要工具，也是评价学校教育质量的重要工具，对学生学业质量进行量化评价是教育绩效问责的核心内容，而绩效问责是教育决策的重要基础[1]。更何况在英国政府的政策理念中，考试制度和绩效考核制度在促进英国基础教育提升方面意义重大、作用突出，相关改革的目的在于加强和完善这些制度，而绝不是弱化和放弃这些制度。因此，尽管上述批评和意见不无道理，但在英国政府看来，除了个别细节问题可以探讨外，大部分的批评意见和政策建议都与目前英国政府的政策着力方向相去甚远甚至背道而驰，因此很难被认可和接受。

尽管在内阁议员和教育部官员看来，全国教师工会和英国工商业联合会频频提出"学校正在沦为考试工厂"有哗众取宠、耸人听闻之嫌，其目的不过是为了使其利益诉求博得媒体和大众的关注而已。根据资格及考试监督办公室委托"YouGov"的一项调查，一般公众、雇主、高校等利益相关者认为GCSE和A-Level考试对教师造成太大压力的比例并不高（如图5-2、图5-3所示）。

不过，内阁议员和教育部官员通常并不会否认有关"考试工厂"的说法，而是强调以下几点：

首先，有关"考试工厂"的说法早在工党执政期间就已经屡见不鲜，所以即使这种现象在一定程度上存在，其责任也不在保守党政府，而应归咎于工党执政时期相关制度和政策的不合理。尽管这种回应是英国政党政治中经常采用的一种论辩策略和技巧，但确实也有事实依据。例如，2008年工党执政期间，英国下议院教育委员会的前身，原下议院"儿童、学校和家庭委员会"（Committee of Children, Schools and Families）在其关于考试与评价的报告中就对当时英国学校教育中"围绕考试而教学"的现象进行了批评，指出"大量的课堂

---

[1] 王蕾.高利害考试用于绩效问责的研究与实践 [J].中国教育学刊，2013（5）：18—22.

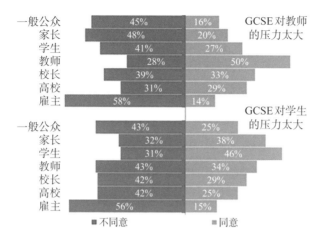

图5-2 各利益相关者是否同意 "GCSE考试对教师的压力太大"
数据来源：https://www.gov.uk/government/uploads/system/uploads/attachment_data/file/447683/2015-07-22-perceptions-of-A-levels-gcses-and-other-qualifications-in-england-wave-13.pdf。

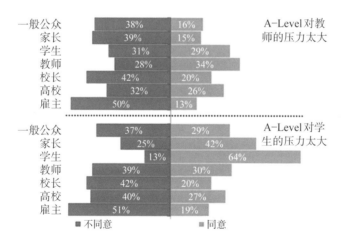

图5-3 各利益相关者是否同意 "A-Level考试对教师的压力太大"
数据来源：https://www.gov.uk/government/uploads/system/uploads/attachment_data/file/447683/2015-07-22-perceptions-of-A-levels-gcses-and-other-qualifications-in-england-wave-13.pdf。

教育目标指向于提高考试成绩，对于一些儿童来说是扭曲的教育，不利于他们接受高等教育或工作"，只关注考试成绩使得学生学习的课程和学习目的都变得狭隘，损害了教师教学的创造性和学生对平衡课程的需求，并导致了学生的焦虑和厌学以及学生受关注程度的不均衡[1]；2009年工党执政期间，在剑桥考试集团举办的"威斯敏斯特教育论坛"（Westminster Education Forum）上，时任OCR首席执行官的格雷格·沃森（Greg Watson）对官方的学校排行榜及教育标准局的督导给学校教育所带来的压力进行了批评，称"学校正在成为流水线，教师被要求生产出合格的考试产品"，当天的《独立报》便以《学校正在变为"考试工厂"》（Schools Becoming "Exam Factories"）为题报道了这次论坛上各方围绕该主题进行的讨论，而当时任保守党影子学校大臣的尼克·吉布（Nick Gibb）也表示了关切，并指责工党政府损害和贬低了考试制度的公信力和价值[2]。

其次，保守党同样对"考试工厂"现象持否定和反对态度，而且这也恰恰正是保守党政府执政后推行考试制和学校绩效问责制度改革的原因之一，政府2010年以来推行的考试制度改革，如取消模块化考试，改为终期性考试，取消冬季考试，减少学生重考次数，学校绩效表中只计算学生第一次参加GCSE考试的成绩等，其目的之一就是为了使教师和学生能够将更多的时间投入到教学中而非频繁地准备和参加考试[3]，并且这些政策已经在促进中学教育质量提高方面取得了积极的效果。例如，2016年1月，英国教育部公布了2014—2015年度的英国中学"学校绩效表"，数据显示，学生的GCSE成绩未达到政府最低标准（floor standard）的学校数量从2013—2014学年度的330

[1] CSFC. Testing and Assessment ［EB/OL］. http://www.publications.parliament.uk/pa/cm200708/cmselect/cmchilsch/169/169ii.pdf, 2016-01-15.

[2] Graeme Paton. Schools becoming 'exam factories'［EB/OL］. http://www.telegraph.co.uk/education/6546695/Schools-becoming-exam-factories.html, 2015-12-30.

[3] Richard Vaughan. UK among world's worst for 'teaching to the test', research finds［EB/OL］. https://www.tes.com/news/school-news/breaking-news/uk-among-worlds-worst-teaching-test-research-finds, 2016-01-18.

所下降到312所；完成义务教育后选择继续学习A-Level等课程的学生比例也比上一学年度提高了1%，而且超过一半的A-Level学习者选择的是那些大学最为看重的课程。教育部表示，这些数据作为一个"新里程碑"，彰显了本届政府改革所取得的成效。教育部学校大臣尼克·吉布在数据发布当日称："今天的数据表明我们在提高标准上取得了很大的成就，不过它也使我们注意到，还有一些孩子处于落后的危险之中，我们的改革步伐绝不会放松。"[1]

其三，强调政府之所以主张降低任课教师负责的"控制性评价"（controlled assessment）在学生最终成绩所占的比重，并非为了剥夺教师的专业自主权或源自对教师的偏见，而是大量事实证明确实有不少教师为了使自己学生获得高分，在"控制性评价"的评分中弄虚作假，这种现象的存在已经严重损害了考试制度的公正性以及GCSE和A-Level证书的社会声誉。政府对教师的这种不信任并非空穴来风和无证据的偏见，英国媒体上有关教师帮学生作弊以提高成绩的报道确实屡见不鲜。例如，2012年ATL的一份报告称，近三分之一的被调查教师承认曾帮助学生作弊，甚至一些教师表示作弊现象在他们学校很普遍。[2]2015年8月12日，就在GCSE和A-Level成绩即将揭晓之日，英国独立电视台播出了一部名为《评定等级》（Making the Grades）的纪录片，披露了其调查中发现的教师在"控制性评估"中帮助学生作弊的事实。该纪录片还显示，2013年，因帮助学生作弊而受到处罚的学校有140所（次），教师有100人次，2014年受处罚的学校和教师数

---

[1] Kaye Wiggins. Number of secondaries missing GCSE floor target falls［EB/OL］. https://www.tes.com/news/school-news/breaking-news/number-secondaries-missing-gcse-floor-target-falls, 2016-01-20.

[2] 新华网.英国三成教师帮助学生作弊［EB/OL］. http://news.xinhuanet.com/world/2012-04/03/c_122923199.htm, 2015-03-30.

量分别上升到了217所（次）和119人次。[1]此外，政府还声称在其所做的调查中，降低教师内部评价在GCSE和A-Level成绩中的比例得到了包括教师在内的大多数人的支持。不过，从"YouGov"的调查数据上来看，情况并不像政府所称的那样乐观。

综上所述，我们可以发现，在什么样的教育才是最符合学生利益的教育这一关键问题上，全国教师工会、工商业联合会和政府之间存在明显的分歧。

全国教师工会强调学校教育应该培养学生广泛的知识和能力，重视课程的均衡和教学的自主性；工商业联合会则更重视学生的实际动手能力，强调学以致用，主张提高职业类课程的地位。这两者的共同之处是对高利害考试和学校绩效问责制度的叠加效应持批评和否定立场，其背后隐藏的则是两者各自的利益诉求。全国教师工会的利益诉求在于维护教师的专业自主权，减少教师工作的压力；而英国工商业联合会的利益诉求在于使考试制度更有利于培养工商业界所需的"全面的有实际技能"的人才，用我们的话说，就是"素质全面""动手能力强""进入角色快""工作上手快"的人才。

政府则认为，高标准的课程（特别是学术性课程）和严格的考试制度不仅是提高教育质量的关键，也是保证不同社会阶层的学生个体取得未来成功和拥有国际竞争力的关键，而为了达到这些目标，就必须加强和完善对学校的绩效问责。至于高利害考试和绩效问责制度叠加所产生的一些负面效应，在政府看来完全可以通过细节的完善予以

---

[1] Lucy Waterlow. Are schools cheating to give children better grades? 'Money-for-marks culture' is blamed after investigation exposes malpractice in exam marking system［EB/OL］. http://www.dailymail.co.uk/femail/article-3195324/Are-schools-cheating-children-better-grades-Money-marks-culture-blamed-investigation-exposes-malpractice-exam-marking-system.html, 2016-02-01.

减少甚至消除。因此，政府对高利害考试和学校绩效问责制度的叠加效应总体上持积极和肯定的立场，并有意识地把这种叠加效应作为中央政府加强学校质量监控的手段，还希望通过这种叠加效应使其推行的政策能够互相配合，共同发挥对基础教育质量提升的促进作用。

第二节

考试制度改革对中学教育教学影响的个案研究

尽管GCSE和A-Level考试制度的改革对每一所中学都会产生一定的影响。但对不同类型、不同特点的学校来说，考试制度改革对其所产生的影响既有相同之处，也有不同之处；不同类型、不同特点的学校对考试制度改革的应对措施既有相同之处，也有不同之处。即便是在同一所学校，不同的教师和学生对于考试制度改革所带来的影响也难免有不同的看法。为了能够通过实地调研在更具体、更微观的层面使本研究得到一定程度的深化，笔者在英国访学期间，选取了三所不同类型、不同特点的学校，通过实地调查走访、观察课堂教学、对校长和师生进行访谈等方法开展个案研究，以探究考试制度改革对英国中学教育教学等各方面的具体影响。出于遵循研究伦理，履行对访谈对象保密承诺的需要，笔者对个案研究中的调查对象进行了匿名化处理。

一、三所个案学校的基本情况

笔者选取的三所个案学校位于英国东南部的S郡,该郡的整体经济水平在英国处于中上等。三所学校的相同之处在于它们都是完全中学,即在校生的年龄段都是11—18或19岁,开设的年级都覆盖了7—13年级。不同之处在于,这三所学校的类型、发展历史、办学质量和特点、社会声誉、所在社区的周边环境和家长收入水平都有较为明显的差异。其基本特点如表5-2所示。

表5-2　三所个案学校基本特点的区别

	学校A	学校B	学校C
学校类型	学园式学校（academy）	普通公立学校（local authority maintained school）	私立学校（independent school）
最近一次督导评价的等级	有待提高	良好	优秀
周边社区家庭或家长的收入水平	中低收入家庭为主	中产阶级为主	高收入家庭
学校的社会声誉	较低	中等	较高

（一）学校A

学校A的前身是一所文法学校,始建于20世纪50年代,在1970年代的英国中学教育综合化运动中,经过与当地其他学校合并,转变为一所综合中学。1980年代前后,当地政府在该学校所在区域建设了大量的公共房屋（council house）,租给当地的低收入群体。尽管此后经过数十年的变迁,该区域的这些公共房屋很大比例上已经出售给了个人,但居住在这片社区的居民依然以中低收入者为主。作为一所地方政府管理的公立综合中学，该校实行就近入学，因此学生中的绝大多数来自周围社区的居民家庭，从某种程度上讲，该校的"生源欠佳"与"办学质量较差"长期以来形成了恶性循环，导致经济条件稍好且对子女教育较为重视的父母都不愿意自己的孩子就读该校，曾经有家长为了能选择其他学校和地方政府进行过诉讼。在英国政府对薄弱公立学校开展的"学园化"改造运动中，该校于2010年被转制为学园式学校。

在转制为学园式学校前后，除了政府的资金投入之外，该校也获得了一部分来自"资助者"（sponsor）的资金投入，从而使该校的基础设施有了较大的改善。教学楼、运动场、体育运动器材、图书、计算机等硬件设施与一般的公立学校相比（例如与本研究所选取的另外一所被英国教育标准局评为"良好"的公立学校相比）毫不逊色，甚至某些方面还要更好一些。但是，由于该校转制为学园式学校后仍然是主要服务于周边社区的适龄学生，因此生源质量和社会声誉并没有太大变化，学校规模即在校生数量也远低于英国公立中学的平均水平，第六学级的在校生数量尤其较少。该校第六学级的课程以职业类的BTEC课程为主，学术类的A-Level课程仅有极少的几门科目可供学生选择。学生所属种族方面，该校大部分学生来自英国白人家庭。该校符合免费校餐（free school meal）政策的低收入家庭学生，以及有特殊教育需求（special education need）的学生所占比例明显高于公立中学的全国平均水平。近年来，该校学生在GCSE、A-Level、BTEC等证书的考试中所获得的成绩依然较差，低于当地和英国全国的平均水平。

转制为学园式学校后，该校已经接受过两次教育标准局的督导评价，最近一次督导评价完成于2014年的12月。在此次教育标准局的督导评价中，该校被评为"有待提高"（requires improvement）。教育标准局在对该校的督导评价报告中称，自上次督导以来，学生们的成绩有所提高，但有些年级有些学科（包括数学）的成绩仍不够好；不同学生群体间的成绩差距太大，弱势学生一直落后于同龄人，第六学级学生的成绩一直不好；一些教师在布置作业时不考虑学生的能力差异，优秀学生没有得到足够的挑战；学校领导层对学生行为的态度过于宽容，没能确保教师对学生良好行为保持较高的期望；课堂教学经常受到低级的干扰，教师有时不能高效地处理这些干扰；学生在校园内有不适当的行为举止，等等。

该校转制为学园式学校对教师队伍的稳定产生了不利影响，在转制后不久所接受的教育标准局的督导评价中该校的评级依然较低，这进一步挫伤了教师们的士气。2013年夏季，该校的上任校长退休，而与此同时，三分之一的教师离开了该校。2013年9月该校招聘进来十几位新教师补充了教学岗位，在此期间该校由一位代理校长负责学校的日常运转，直到2014年年初新校长上任。2014年教育标准局的督导评价报告提出该校在师资、教学和管理等方面存在的问题有：新教师教学经验不足，因此学校的整体教学质量比起上次督导时有所下降（上次督导评价中，该校教学方面所获评级为"良好"，这次则为"有待提高"）；部分学科的负责人未能有效地发挥自己的责任；有些教师未能遵循学校的相关要求，对于不当行为也未按照规定上报，管理层的要求过于宽松。

不过督导评价报告也肯定了管理层为提高新教师教学质量所付出的努力，称新校长及其领导下的管理层已经开展行动，为新教师提供支持以提高教学质量；尽管还不够好，但2014年的教学比起2013年已经有了提高；学校高层明白什么地方有待提高并且正在付出努力以很好地解决问题；优秀的中层管理人员已经被升为高层管理人员，新的高级管理层加强了对薄弱学科的负责人的要求和支持；学科负责人也对那些最需要提高教学能力的教师进行了强化指导；所有的教师都接受了培训，包括分享彼此好的经验，等等。

（二）学校B

学校B所在社区是一片新开发的社区，社区内的居民住宅于2000年左右才陆续建成。从居民收入水平上讲，属于英国一般的中产阶级居住区。为了满足当地居民的教育需求，地方政府于2004年开办了该所公立中学，并对辖区内的公立学校布局进行了相应的调整。由于属于新建学校，因此该校的校园建筑相对也比较新，运动器材、图书、计算机等基础设施也比较完备。

该校创建之初由于学位比较充足，该校除了满足所在社区居民子女的就近入学需求以外，也招收周边其他几个社区的适龄学生。但是现在该校的学位已经比较紧张，所在社区及周边社区的家庭大多将该校作为自己孩子小学毕业后申请公立中学时的第一选择，每年的申请人数都超过了招生人数，因此并非所有申请入学者都能被录取。

从在校生人数上讲，该校的办学规模大于公立中学的平均规模，第六学级的招生数前几年持续增长，近两年来已趋于稳定。该校第六学级可供学生选修的课程以学术性的A-Level课程为主，但也有部分职业性的BTEC课程。学生种族以英国白人为主，尽管也有少量其他少数族裔。符合免费校餐政策的学生比例低于普通公立中学的平均水平，这和学生大多来自附近中产阶级家庭的情况相吻合。有特殊教育需求的学生比例以及英语为第二语言或外语的学生比例均与普通公立中学的平均水平相当，但英语为第二语言或外语的学生比例前几年一直保持着稳定增长的趋势，现如今则与全国平均水平相当。

该校现任校长上任于2009年，新校长上任以后学校管理层也进行了相应的调整。新的管理层对学校的发展进步制定了新的战略和目标，学校的教学质量和师资力量得到了持续稳步的提高。学生和家长对学校的评价一直以来都比较满意。在最近一次教育标准局的督导评价中，该校被评为"良好"（good）。教育标准局在对该校的督导评价报告中指出，该校的整体办学质量良好，尽管第六学级的办学质量有待提高，建议学校加强优秀教师教学经验的分享，从而提高相对薄弱的学科和课程的教学质量和学生成绩。督导评价报告中还指出，该校学生入学时的成绩处于全国平均水平，尽管多数学生经过几年的学习后在GCSE考试中同样处于全国平均水平，但取得A*—C等级（包括数学和英语在内）的学生比例已经在提高；学校已经认识到在这一关键指标上应取得更多进步，并缩小学科之间的差距；学校也在重新思考第六学级的课程，以确保学生选择的课程能够充分满足他们的学术性需要。

（三）学校C

学校C是一所历史悠久的私立学校，该校的中学部招生实行申请—选拔制，由于申请人数较多，通常有意就读的学生需要提前1—2年提出申请才有可能被录取。而且该校在当地还拥有两所自己的预备学校，为了孩子能够进入该校的中学部，有条件的家长会先将孩子送入其预备学校，以增加将来被该中学录取的可能。学生入校后则实行走读制与住宿制相结合，走读制学生与住宿制学生的比例大约是2∶1。走读制的学生所属种族以英国白人为主，但住宿制的学生有三分之一是国际学生，其中大部分来自东欧、中国内地和香港。走读制学生中大部分学生的家庭所在地位于当地或S郡附近的其他市镇，也有少部分是寄宿在当地的居民家庭中。该校学生入校后在不同的学习阶段会接受各种标准性向测试和能力测试，测试的结果表明该校学生的能力水平远远高于英国同龄学生的平均水平。该校学费和杂费比较昂贵，不同年级的费用有所不同，欧盟国家和非欧盟国家的学生也有所不同，走读制学生平均每学年在2万英镑左右，住宿制学生平均在3万英镑以上。因为是私立学校，所以该校不需接受教育标准局的督导评价，但作为英国独立学校联合会（Independent Schools Council，简称ISC）的会员学校，该校接受独立学校联合会类似于教育标准局的督导评价。在独立学校督导团（Independent Schools Inspectorate，简称ISI）最近一次的督导评价中，该校在所有九个指标中都达到了"优秀"[1]水平。ISI在该校的督导评价报告中称，各个年龄段的学生都受到了与该校雄心勃勃的目标相一致的极好的教育；学生在公共考试取得了巨大的成功，获得了宽广的知识面，激发了自主性和求知欲；学生近年来的GCSE成绩和A-Level成绩都非常优异，优于公立文法学校的平均水平。

从上述三所学校的基本情况中可以发现，这三所不同类型的学校在办学历史、生源特点、师资力量、督导评价等级等方面均存在明显的差异。除此以外，通过对三所学校的校历（term dates）和校日（school day）[2]的比较，笔者发现，虽然三所学校的校历即学期安排大

---

[1] 与教育标准局对公立学校的督导评价不同，独立学校督导组对独立学校的督导不进行整体评价，而是分为九个指标分别进行评价。评价等级也分为四个等级，分别为"优秀"（excellent）、"良好"（good）、"合格"（sound）和"不合格"（unsatisfactory），可分别对应于教育标准局的"优秀"（outstanding）、"良好"（good）、"有待提高"（requires improvement）和"不合格"（inadequate）。

[2] 英国学校的"term days"或"school calendar"相当于我国学校的"校历"，即学期安排表，所不同的是，英国学校每个学年分为三个学期。英国学校的"school day"则类似于我国学校的"课程表"的部分内容，是指学校每个工作日的时间安排表。在本研究实地调研的沟通准备阶段，三所个案学校提供的校日安排所存在的差异引起了笔者的注意和研究兴趣，为了确认实际情况是否和校方提供的资料上所显示的校日安排相一致，笔者在进行实地调研期间对三所学校大多数学生的到校时间和离校时间进行了专门的观察和访谈。

体相同（见附录2），但其校日安排却有一定的差异，其中学校A和学校B略有不同（见附录3），但学校C和前两者的差异较大。

学校A的学生平均每天的在校时间最短，一般是早上8:25打铃（即8:25之前必须到校），下午15:00放学，周三则比平日早半个小时即14:30放学。

学校B的学生平均每天的在校时间比学校A的学生略长，早上8:20—8:30到校，下午最后一节课于14:40结束，部分学生直接放学回家，部分学生会参加一节可选择的课外活动，时间是14:40—15:40。

学校C由于既有走读生也有寄宿生，因此情况比较复杂。走读生每天早上的到校时间通常也是上午8:20—8:30，但下午回家的时间明显比前两所学校晚；部分走读生其实家也不在本地，而是寄宿于亲友或当地居民家中。而学校的寄宿生包括"周寄宿生"（weekly boarders）和"完全寄宿生"（full boarders）两种类型。"周寄宿生"是指那些每周可以回一次家的学生，这些学生通常是家庭位于当地或附近市镇的学生。按照学校规定，"周寄宿生"需要在每周一的早上8:15之前到校，每周五下午5点后如果没有其他安排就可以离校回家了，但由于学校常常在周六、周日举办体育文化等课外活动，因此"周寄宿生"也不是每周都回家，很多情况下他们还是愿意选择留在学校或者周五下午回家后于周六或周日再返回学校，以便和同学一起参加学校在周末举行的活动。"完全寄宿生"是指整个学期都寄宿在学校的学生，大多数"完全寄宿生"是来自欧盟和海外的国际学生，也有少数是家庭所在地较远等情况的英国学生。由于这种走读与寄宿相结合的特点，再加上小班化教学和个性化的课程培养方案，因此学校C没有像前两所学校那样的统一的校日安排，不同年级、不同学生、不同日期的校日安排都不一样。但即便只比较走读生的在校时间，学校C的走读生平均每天的在校时间也明显高于学校A和学校B。

二、对三所个案学校课程及考试成绩的对比分析

通过对三所学校的相关数据进行对比分析，我们可以发现三所个案学校在校生规模、弱势群体所占比例、课程设置、学生考试成绩等方面也存在明显的差异。而学生考试成绩方面存在的差异与学校的办学历史、生源特点、师资力量、学生家庭背景、学生平均在校时间等存在的差异呈现出较为一致的对应关系，即生源质量好、师资力量强、学生家庭经济条件好、学生平均在校时间长的学校，其提供的课程数量也更多，学生的GCSE和A-Level等考试的成绩也更高（详见表5-3至表5-7）。

表5-3　三所个案学校在校学生的基本情况

	学校A	学校B	学校C
学校类型	学园式学校（academy）	普通公立学校（local authority maintained school）	私立学校（independent school）
学生总数	557	1 390	1 080
男生所占比例	52.8%	51.6%	60.9%
女生所占比例	47.2%	48.4%	39.1%
有特殊教育需求的学生所占比例	19.4%	12.3%	0.19%
英语为第二语言或外语的学生比例	9.2%	9.9%	11.2%
享受免费校餐学生所占比例	38.7%	6.1%	0

从表5-3我们可以发现：从在校生规模上进行对比，学园式学校A的学生数量最少，总数只有557人；私立学校C次之，总数为1 080人；普通公立学校B的学生规模最大，学生数达到1 390人。从男女比例上看，三所学校的区别不大，学校A和学校B都是男生略高于女生，接近于1∶1，而私立学校的男女比例差别略大，接近6∶4。作为公立学校，学校A和学校B都接受了一定数量的有特殊教育需求（残疾等）的学生，此类学生在学校A的比例达到了19.4%，学校B也有12.3%，而学校C由于是选择性招生的私立学校，因此学校通常不招收此类学生。学校A和学校B的学生中，英语非母语的学生比例分别为9.2%和9.9%，差别不大，这部分学生通常是新移民的少数族裔家庭的儿童，在学校B中还有极少数短期定居的外国家庭的儿童；学校C中，英语非母语的学生比例达到了11.2%，这是因为该校招收了一定数量的国际学生，例如来自中国和俄罗斯富裕家庭的国际学生。在学校A的学生中，享受免费校餐学生所占比例达到了38.7%，这反映出该校学生中有不少来自低收入家庭；相比之下，学校B虽然也是执行就近入学招生政策的公立学校，但享受免费校餐的学生比例只有6.1%，反映出该校周边社区多是收入相对不错的中产阶级（middle class）或上层中产阶级（upper-middle class）家庭；而学校C作为一所私立学校，一方面无须承担公立学校那样的为学生提供免费校餐的义务，另一方面其招收的学生都是来自富裕家庭，因此此项数据可视为零。综上，我们可以发现，三所学校的上述数据表明它们的生源存在明显区别，从某种程度上讲，笔者认为生源方面存在的差异与它们办学层次和办学质量上存在的差异存在正相关的关系。

表5-4　三所个案学校2014年10—11年级开设的课程科目

	学校A	学校B	学校C
GCSE课程	英语、数学、科学综合、法语、西班牙语、历史、地理、计算机、公民、音乐、体育、信息技术、媒体研究、商业研究、艺术与设计、儿童保育	英语、数学、科学综合、法语、德语、西班牙语、历史、地理、计算机、公民、音乐、体育、信息技术、媒体研究、商业研究、3D艺术、平面设计、餐饮、戏剧、美术、社会学、系统与控制、纺织艺术、纺织技术、宗教	英语、数学、高等数学、科学综合、科学（扩展）、物理、化学、生物、法语、德语、西班牙语、中文、日语、俄语、希腊语、拉丁语、历史、地理、音乐、体育、信息技术、艺术、舞蹈、设计技术、戏剧、宗教
BTEC课程	商业、旅游管理	舞蹈、卫生与社会保健、音乐技术、体育运动	无

表5-5　三所个案学校2014年11年级毕业学生的GCSE成绩

		学校A	学校B	学校C
11年级毕业学生总数		124人	233人	144人
学生第二学段毕业时的平均成绩		25.6	27.9	—
学生进入第四学段时的学业表现	低	32人（28.6%）	27人（13.2%）	—
	中	68人（60.7%）	115人（56.4%）	—
	高	12人（10.7%）	62人（30.4%）	—
英语为第二语言或外语的学生人数及比例		15人（12%）	38人（16%）	—
有特殊教育需求的学生人数及比例		12人（10%）	30人（13%）	—

（续表）

		学校A	学校B	学校C
GCSEs获得五门以上（含英语、数学）A*—C等级GCSE证书的学生比例	2011年	37%	55%	100%
	2012年	40%	46%	100%
	2013年	46%	50%	100%
	2014年	29%	58%	100%
单个学生的平均分（等级）		274.7（D）	332.6（C）	441.4（A+）
单个学生获得证书的平均数量		8.5	9.9	10.3

注："—"表示学校C未提供此项数据。

从表5-5所列数据我们可以发现，就学生的GCSE考试成绩而言，独立学校C的表现最好，近四年内能够取得五门以上A*—C等级GCSE证书的学生比例都达到了100%，普通公立学校B的表现次之，近四年内能够取得五门以上A*—C等级GCSE证书的学生比例平均在50%以上，学园式学校A的表现最差，近四年内能够取得五门以上A*—C等级GCSE证书的学生比例平均在50%以下，其中2013年最高，为46%，2014年最低，仅为29%。从学生的GCSE平均成绩和等级来看，学校A的学生的证书平均等级为D，这意味着大部分学生之后不会或不能选择A-Level课程进行学术性学习，而是要么直接以GCSE证书找工作就业要么继续学习职业课程。从学生获得的证书数量来看，学校A的学生大多数可拿到8—9个GCSE证书，学校B的学生大多数可拿到9—10个GCSE证书，而学校C的学生大多数能够拿到10—11个GCSE证书。这也表明了三所学校的学生在学业表现和学习能力上的差异。

表5-6　三所个案学校2014年12—13年级开设的课程科目

	学校A	学校B	学校C
A-Level（包括AS）课程	英语、儿童保育、科学、艺术与设计	英语、数学、高等数学、物理、化学、生物、法语、德语、西班牙语、历史、地理、音乐、体育、计算机、心理学、经济学、商业研究、媒体研究、戏剧研究、哲学与伦理、社会学、公民研究、政府与政治、艺术与设计—美术、艺术与设计—纺织品、艺术与设计—3D设计、艺术与设计—摄影、食品工艺学、设计与技术—产品设计	英语、数学、高等数学、物理、化学、生物、法语、德语、西班牙语、中文、俄语、阿拉伯语、拉丁语、历史、地理、音乐、体育、计算机、商业研究、经济学、政治学、心理学、艺术、舞蹈、戏剧、设计技术、摄影、宗教
BTEC课程	商业、创意媒体、企业家精神与企业、体育运动、信息技术、	应用科学、创意媒体产品、音乐表演、音乐技术、卫生与社会保健、体育运动、商业、信息技术	无

表5-7　三所个案学校2014年13年级毕业学生的A-Level成绩

	学校A	学校B	学校C
16—18岁学生人数	34	217	412
13年级学生人数	8	105	205
学术性（A-Level）课程应届毕业生人数	0	84	205
职业性课程的应届毕业生人数	8	56	0
学生单个科目A-Level考试的平均成绩	无	204.8	265.7
学生单个科目A-Level考试的平均等级	无	C-	A

（续表）

	学校A	学校B	学校C
学生A-Level考试的平均总成绩	无	728.4	966.2
获得至少3门A*—E等级A-Level证书的学生比例	无	56%	91%
获得至少2门A*—E等级A-Level证书的学生比例	无	80%	98%
职业课程的平均成绩	175.0	214.7	无
职业课程的总成绩（以全日制计算）	310.9	694.8	无
至少取得3门职业证书的职业课程学生比例	0	27%	无
至少取得2门职业证书的职业课程学生比例	38%	68%	无

注：学校B选学术性课程和职业性课程应届毕业生人数之和大于13年级人数之和，原因是部分学生选修的课程较多，且跨越了学术性课程和职业性课程，可同时统计入两项数据。

从表5-7所列数据我们可以发现，在第五学段（相当于我国的高中）的办学规模上，三所学校存在明显的差异。以2014年为例，学园式学校A仅有34名学生就读于第五学段，普通公立学校B有217名学生，独立学校C有412名学生。学校A的第五学段办学规模较小的主要原因有两个：其一，正如上文所所述，在16岁的毕业考试即GCSE考试中，学校A的学生所获证书的平均等级为D，这意味着大部分学生完成义务教育之后不会或不能选择A-Level课程进行学术性学习，而是要么直接以GCSE证书找工作就业要么继续学习职业课程；其二，即便是选择继续进行职业课程学习的学生也有很多人会选择到其他学校学习，而非在本校继续就读。

以2014年夏季学期的13年级学生为例，学校A仅有8名学生，学校B有105名学生，学校C有205名学生。学校A的毕业生全都是学习职业课程（主要是BTEC课程）的学生，而学校C的毕业生全都是学习学术性课程（即A-Level课程）的学生。学校B则既有学习学术性课程的学生也有学习职业课程的学生。学术性课程方面，学校C的学生有高达91%的学生能够获得至少3门A*—E等级的A-Level证书，98%的学生能够获得至少2门A*—E等级的A-Level证书；而学校B的学生能够获得至少3门A*—E等级的A-Level证书的比例为56%，能够获得至少2门A*—E等级的A-Level证书的比例为80%。在职业课程的证书等级方面，学校B的学生表现优于学校A的学生。

三、考试制度改革对三所个案学校的影响

正如前文所述，对于不同类型和特点的学校而言，中等教育考试制度改革对学校的课程设置、师资队伍、教学模式、学校发展前景造成的影响不尽相同，不同类型和特点的学校对于考试制度改革的立场态度和应对策略也因此有所差异。

（一）中等教育考试制度改革对学校课程和师资的影响

由于新的GCSE和A-Level课程将于2015年9月起开始实施，因此三所学校都表示它们正在重新规划第四学段和第五学段的课程和师资安排，尤其是10年级和12年级的课程与师资。研究者发现，三所学校在课程和师资的重新规划上所面临的难度和问题是有较大区别的。

对学校A而言，GCSE改革所带来的最大影响是由于课程和考试的难度增加了，因此无论对教师的教学还是学生的学习都将带来更大的挑战；由于该校学生的学业基础和学习能力相对较弱，因此要想在新GCSE考试中获得好成绩的难度更大了。不过该校校长表示，尽管如此，他本人对于考试制度改革还是持肯定态度，并将积极应对改革

所带来的挑战，努力提高学生的考试成绩。校长称："我认为，提高考试难度是正确的，我们的学生需要取得更好的成绩，我们应该帮助学生取得进步。"

教育标准局最近一次的督导评价报告中提出，"在第四学段，学校的课程总体而言广泛而平衡，学生能够在一系列的学术性或职业性科目中进行选择。但是，学校的课程需要进一步完善，以满足所有学生的兴趣和志向。除了食品技术（food technology）之外，学校未能向学生提供其他任何设计与技术（design and technology）方面的科目；这限制了学生在工程相关领域取得职业发展的机会。"对此，该校校长表示，学校管理层对此已经制定了相应的计划，采取了相应的措施。例如：和当地一所大学技术学院合作开设侧重于工程技术的课程；在7年级开展了实验性的相关教育内容，旨在培养和发展学生的企业家精神和领导能力；和当地一家媒体公司合作，为学生进入当地发达的媒体业工作提供职业路径。不过，该校一位教师对课程设置方面的问题依然表示担忧："教育标准局的评价要求我们重视工程相关的课程，并指责我们未能满足所有学生的课程需求，在我看来，这完全不公平，而且混淆了课程以及学生学习方面存在的真正问题。真正的问题是，我们很多学生的基础知识和基本能力有很大欠缺，学习的意愿也比较低，很多学生只愿意学容易的和好玩儿的科目。"另一位教师则表示："有限的资源是用于现有科目和师资的提高还是用于新科目的开设，这是一个大问题。我觉得还是多投入资源和精力提高现有科目和教学的水平更为重要。考试方面的变化很大，至少到目前为止，并没有多少教师认为自己能够容易地应对新的课程和考试。与原有的考试制度相比，想要让我们的学生在新的GCSE考试中取得更好的成绩是一个很大的挑战。"

相对GCSE课程和考试而言，A-Level课程和考试的改革目前对于学校A的课程和师资所带来的影响并不是很大，原因在于该校第五学段的学生人数较少，而且此年龄段学生选修的课程更多的是职业教育性质的BTEC课程，A-Level课程只有数学、科学、艺术与设计、儿童保育四门。此外，作为一所"学园式学校"，该校在教师聘任上相较于普通公立学校具有更多的自主性和灵活性，因此即使今后该校学生对A-Level课程的需求有所变化，学校管理层也能比较容易地做出应对。正如一位教师所说的那样，"我认为A-Level考试改革对于我们学校的影响较小，至少没有GCSE改革的影响大。因为我们学校学习A-Level课程的学生很少，我们只有少数几门A-Level课程，在未来的几年里，在我看来，学生对A-Level课程的需求也不会增加，也许还会有所减少"。

学校B所面临的情况则和学校A有明显的区别。首先，对于学校B而言，GCSE改革和A-Level改革都会对学校的课程和师资产生较大的影响，相对而言，A-Level改革所带来的影响更大。正如该校助理校长所说："在课程和师资方面，GCSE改革对我们的影响虽然也很大，但相对简单清楚，容易处理和应对，我们只需对GCSE的课程和师资做出微调即可。但是A-Level改革，这是个大问题，我们首先需要考虑AS课程和A-Level课程的关系问题，这个问题现在还不明朗，我们需要考虑的问题很多。"

其所谓的"这个问题现在还不明朗"是指，由于A-Level考试改革后，AS-Level的课程和考试将独立出来，其成绩不再计入A-Level成绩，AS-Level证书将成为一个独立的证书，因此，对于是否开设AS课程，如何开设AS课程，英国各个中学有多种待选策略，而该校尚未确定采取何种应对策略。2014年4月29日和7月14日，笔者分别在伦敦和曼彻斯特参加了英国教育界关于A-Level课程与考试的第三次和第四次研讨会。在这两次研讨会上，英国大学和学院招生服务中心（Universities and Colleges Admissions Service，简称UCAS）根据它们进行的调查统计，概括出中学对"是否及如何开设AS课程"这一问题将会采取的几种策略。除了"还不确定"这一回答之外，调查中的受访学校做出的回答主要集中于以下几种策略。

一是让进入第五学段学习的学生第一年（12年级）先选修4门AS课程，然后第二年（13年级）在这4门课程中选择3门作为A-Level考试的选修课程。这种策略对于学生而言最为有利，顺利的话学生可以在12年级结束后获得4个科目的AS证书，然后选择其中自己最擅长、最感兴趣、最有潜力的3门科目继续攻读A-Level证书。但对于学校而言，这种课程设置方案耗费的师资和经费较多，课程设置的复杂性很高，而且需要学校具备一定的办学规模才可行。所谓需要一定的办学规模是指：开设A-Level课程的经费只有在选修A-Level课程的学生数达到一定数量时才会"收支平衡"。根据UCAS所做的调查，因为课程设置、包括师资力量在内的学校软硬件条件差异较大，因此不同学校达到"收支平衡"所需的学生数也有较大差异，不过平均下来，对于多数普通公立学校而言，选修一门A-Level课程的学生人数通常需要达到14人以上，学校在经费方面才能维持"收支平衡"。

二是让学生进入第五学段学习的第一年就确定和选修3门A-Level课程，并选择一门其他科目的AS课程或其他证书的课程。这种策略的优点是，对于学校而言课程设置的难度相对第一种策略较低，需要的师资和经费较少，缺点是学生需要一开始就做出非常正确的选择，选对适合自己的科目，如果学生在学习过程中发现某门科目不适合自己或者未能取得理想的成绩，再更换其他科目则会造成时间和精力上的浪费。

三是让学生自始至终就只选修3门A-Level课程，不选修AS课程。

四是除上述三种策略之外，也有不少学校表示将会为学生提供多种证书课程作为选择；除了A-Level和AS课程外，学生还可以选择IB、Pre-U等大学预科性质的课程或BTEC等职业教育证书的课程。通常而言，私立学校和公立文法学校由于其培养目标在于为学生升入大学特别是名牌大学做准备，因此除了A-Level和AS课程外，还会提供一定数量的IB和Pre-U课程。而一般的普通公立学校除了A-Level和AS课程外，则还会提供一定数量的BTEC等职业教育性质的课程。

本研究中的三所个案学校在进行策略选择时有着不同的考虑。学校A已经基本确定将采取第四项策略，原因在于该校在第五学段主要进行职业课程的教育，因此A-Level考试改革对该校课程安排的直接影响并不大，该校今后仍会将BTEC课程作为第五学段（即第六学级）教学的重点，A-Level课程和AS课程仍只限于原有的几门课程。

学校B则表示，A-Level考试改革对课程和师资安排会带来一定的挑战，该校目前还没确定，会在前两种策略中选择一个。改革对该校最大的挑战是，有些学科可能会发生大的调整或者被取消，有些教师需要转到其他相关的科目。学校B的一位教师称："考虑到学校的办学经费实际上并没有增长甚至还有可能缩减，我认为今后有可能我们会放弃第六学级一些非学术性的课程，如戏剧，可能会被取消，不过还好，我们的戏剧教师是由英语教师兼任的，那样的话她只教英语就可以了。"

学校 C 作为一个经费充足，师资力量强大的独立学校，无论是改革之前还是改革之后，课程设置和师资配置对该校而言都构不成不利影响。面对改革，该校考虑的只是如何使自己的学生继续保持竞争优势，因此该校将要采取的策略更接近第一项策略。A-Level 考试的改革对该校的课程设置和师资安排会有一些影响，但这对学校而言并不构成挑战，该校可以很好地应对。

（二）中等教育考试制度改革对学校教学模式的影响

改革后的 GCSE 和 A-Level 考试都将采取终期性考试，单元模块化的考试被取消，学生平时作业的成绩也不会再计入学生的最终成绩了。这对学校的教学模式提出了新的要求。在笔者所进行的个案研究中，学校 C 认为，考试改革对教学模式的影响对该校而言不是一个很大的问题。该校管理层人士称："我们一直以来都是小班化教学，虽然学生在 GCSE 和 A-Level 考试中成绩优异，但无论是教师的教还是学生的学，之前和今后都不存在为考试而学的问题。我们既重视学生学习的广博也重视学生学习的深入，这一点在改革前后并不会有什么大的变化，而且我们学生的学习能力和学业基础都比较好，因此我们有充分的信心能够在新的终期性的 GCSE 和 A-Level 考试中取得同样优异的甚至是更优异的成绩。"

学校 B 的校长则表示，考试制度的改革将会对学校的教学模式产生一定的影响。"政府一直强调英国的公立学校应该向东方国家，包括向中国上海的学校学习。对于习惯了原有教学模式的教师而言，这在某种程度上是一种挑战，一些教师对于失去对学生的评价权存有异议，我们（管理者）会和教师共同商讨考试改革带来的新挑战，我们会讨论怎样进行教学更加有效。"该校一位教师表示："我们担心新的终期性考试会给学生带来压力，教师也难以判断学生的最终表现，因为取消了教师实施的控制性评价。我们需要确保学生在两年的时间里牢记所有学到的东西，这样他们才能在最终的考试中获得好的等级，我们正在努力思考如何实现这个目标，我们需要好好想想这个问题。我同意这会使我们的教学方式发生一定的甚至很大的改变。"

学校A的校长则表示，由于在第五学段他们主要为学生提供职业课程。因此他们在这方面主要考虑的是GCSE考试改革所带来的教学模式方面的挑战。校长称："我对考试改革持肯定态度，尽管这为我们的教学带来了更大的挑战。由于我们的学生基础较为薄弱，所以他们在新GCSE考试中取得好成绩有了更大的难度。我们计划和学生们的小学加强合作和沟通，提高他们的学业基础和学习能力。我们的教师也会思考如何通过更好地教来促进学生更好地学。"

总之，通过实地调研和访谈，笔者发现，考试制度改革对于学校B这样的普通公立中学来说影响很大，因为这类学校的课程安排、师资、教学模式都有可能需要发生较大的改变，而与此同时，因为这些学校的经费和其他各方面的资源都是有限的，所以学校领导层必须考虑如何将有限的资源更好地进行分配和使用。而对于学校A这样的公立中学而言，A-Level的改革影响不大因为他们开设的A-Level课程很少，而GCSE改革的影响相对较大，因为他们学生的学业基础和学习能力较弱，新的GCSE课程和考试的难度有所增加，学生想取得好的成绩更难了。对于学校C这样的优质私立学校而言，考试制度改革所带来的影响并不是很大，因为学校有充足的资源和能力来应对这些改革，学生的学业基础和学习能力也能够保证在新的GCSE和A-Level考试中仍然取得好成绩。

结　语

中等教育考试制度的改革之所以为社会各界所关注，本质上是因为这项改革政策事关各方的具体利益，对基础教育而言，可谓"牵一发而动全身"。在英国，GCSE 和 A-Level 考试制度的改革已经成为英国教育界持续多年的热点话题之一。

一、研究的主要结论

在实行"代议制"民主制度的英国，公民和社会团体享有高度的言论自由，在中等教育考试改革相关政策的制定、执行和评估过程中，各利益相关者均能够自由地、充分地表达自己的利益诉求。政府、议会、公共机构之间的权力制衡和合作机制，使得政策制定"程序上"的公平和民主能够得到较为充足的保障，有效地降低了政府官员"拍脑袋决策"的可能性。

尽管英国的民主制度有效地保障了各利益相关者表达自身利益诉求的权利，决策者在决策过程中也能够充分地倾听各方不同的意见，包括那些言辞激烈的批评和反对意见，但这并不意味着中等教育考试制度的改革总是能够使各方的利益诉求都得到充分满足。一方面，由于各利益相关者的地位、特点不同，其对决策者施加影响的能力大小是有明显区别的：有些利益相关者所形成的利益集团比较强势，对决策者的影响力较大，而有些利益相关者所形成的利益集团则相对弱势，对决策者的影响力较小；另一方面，决策者的最终决策并不是各利益相关者利益诉求的简单叠加或调和，有些利益相关者之间的利益冲突容易协调，通过博弈可以找到彼此利益的均衡点，有些利益相关者之间的利益冲突则比较激烈，彼此利益诉求的矛盾较大，难以实现利益的协调和均衡。因此，尽管会面对来自部分利益相关者的压力、抗议甚至抵制，英国中等教育考试制度改革的决策者仍然需要（或不得不）对各方的利益诉求做出一定的取舍，并在决策过程中使用一些策略，以便营造有利于自身决策的舆论环境。

与我国相比，英国中等教育考试制度改革中的利益主体更加多元庞杂，各利益主体间的利益博弈关系和形式也更加错综复杂，不同利益相关者基于各自的利益需要，对GCSE和A-Level考试制度提出了不同的要求和期望：政府希望考试制度更加严格，希望考试制度能够和绩效问责制度相辅相成，共同发挥提高英国基础教育质量的作用；高校则希望考试制度能够有利于高校的招生，能够使高校更准确地判断申请者的实际水平和学习潜力，能够使学生为大学的学习打下既宽广又深厚的基础；雇主则希望考试制度能够使学校更注重对学生实际能力和综合素质的培养，使雇主能够招募到更多工作能力和工作态度表现突出的毕业生；教师们则希望考试制度尊重教师的专业地位，避免对教师和学生造成过大的压力和负担；各个考试机构则希望自己能够在证书和考试市场上拥有或保持更多的竞争优势，自己开发的课程和考试能够为更多的学校和师生所使用，等等。

从一定程度上讲，英国中等教育考试制度形成与变迁的历史就是各利益相关者力量此消彼长和相互博弈的历史，考试制度的每一次变革都事关各利益相关者利益的调整。在考试制度改革决策中，中央政府（教育部）在政策制定中处于主导地位，资格及考试监督办公室作为独立的公共机构负责考试改革的具体事务，议会教育委员会就争议较大的改革计划也会发起对政府的质询并提出意见建议，三者之间存在制衡和合作的关系。以剑桥大学为代表的部分高校不仅与考试机构之间有着密切关系和共同利益，在考试制度改革中也表现得相对强势。由于考试制度和绩效问责制度所产生的叠加效应，校长和教师在压力之下，对考试制度及其变革有不少负面的批评性意见，但对不同类型的学校而言，考试制度及其改革带来的影响是不同的，不同类型的学校（以及校长、教师、学生及家长）对于考试制度及其改革的立场、态度和评价也有所不同。

各利益相关者之间就考试制度改革中的一些具体措施有程度不一的争议，站在不同利益相关者的立场上会有不同的结论。即便以来自"异国的"研究者身份、站在"中立的"立场上来看，由于改革后的课程和考试刚刚进入陆续实施的阶段，各项具体措施的实际效果尚未完全显现，因此对英国本轮考试制度改革各项具体措施的优劣成败进行评价还为时尚早。不过，研究者认为，本研究中有两点重要的研究发现对中国的教育决策者有一定的启发。

其一，我国教育制度和教育决策中的利益相关者及其利益诉求也日益多元化。本研究以中等教育考试制度改革为例，分析了英国教育决策机制中"程序民主"的特点，分析了各利益相关者如何在法治的前提下进行利益的博弈，这部分研究内容对于未来我国教育决策的民主化和法治化建设有一定的借鉴意义。

其二，通过本研究，我们可以发现，英国"社会化"考试机构的产生和发展有其特殊的历史和社会文化背景。由"社会化"的考试机构负责中等教育考试的制度模式有利有弊，所存在的问题和负面效应不容小觑；在我国政府提出推行"社会化考试"的同时，英国政府却计划建立单一的国有考试机构。正如有学者所指出的，在我国，"考试的社会化需要谨慎，资本的逐利性容易产生徇私舞弊的恶果，从而破坏最基本的公平"[1]。研究者认为，我国相关的政策决策者和考试制度研究者有必要对有关"社会化考试"的改革计划进行重新审视和反思。

二、研究的局限与研究者的反思

通过对整个研究过程和主要的研究发现进行回顾和再思考，笔者发现本研究还存在一定的局限和不足，有待在今后的研究中予以补充或做出进一步的探索。

首先，从研究获取的资料来看，无论是文献收集还是实地调研，研究者对研究资料的获取和分析都尚未达到尽善尽美的程度，如果能够投入更多的时间收集和分析资料，或者开展更多的实地调研，研究内容将会更加充实和丰富，并可能会因此获得更多的研究发现和更成熟的研究结论。例如，在考试制度改革的政策制定过程中，同样是受到多方反对，英国教育部对于由"英国文凭证书"代替GCSE的改革计划最终选择了放弃，而对于将AS从A-Level中独立出去的改革计划却选择了坚守。那么究竟是什么原因促使政府作出这种取舍？从英国官方的说明和公开资料来看，教育部相关人员对此进行的解释是含糊和粗略的，英国社会各界和媒体对此有一些假设和猜测，但也只是假设和猜测而已。对政策分析研究者而言，教育部官员进行上述决策

---

[1] 顾明远，石中英.国家中长期教育改革和发展规划纲要（2010—2020年）解读［M］.北京：北京师范大学出版社，2010：275.

时究竟有着怎样的细节过程，这无疑是一个很有趣也很有意义的问题。尽管目前研究者所能获取的公开资料还不足以回答这个问题，但未来回答这个类似于政策"黑匣子"的问题也并非不可能，一种方法是等待更多的政府文件公之于众或更多的相关消息被有关人士披露，研究者在收集更多资料信息并进行交叉验证的基础上做出合理的推断和分析；另一种方法是像斯蒂芬·鲍尔（Stephen Ball）在《政治与教育政策制定——政策社会学探索》中所做的那样，在合适的时间直接对相关的政府官员进行访谈，了解当时的决策细节。

其次，从研究的哲学方法论基础来看，尽管研究者在对各利益相关者的利益诉求、利益关系、利益博弈等进行阐述和分析的过程中努力保持自身的"价值中立"，力图以一种客观的、中立的、不偏不倚的立场态度对各利益相关者（利益集团）的特征、利益诉求以及它们之间的利益关系、利益冲突、博弈策略等进行阐述和分析，但正如唐世平教授所言，社会科学研究从选题到对问题的描述和解释，再到理论和证据支持等各个层面，都是难以做到"价值中立"的，甚至也不应该追求"价值中立"[1]。如果说恪守"价值中立"是根本做不到的或没有必要的，那么研究者如何避免某些先入为主的、不适当的价值观念（偏见）？研究者是否应该在论文撰写中首先分析和声明自己的某些价值观（偏见）？具体到本研究，研究者在文中分析研究对象和研究问题时是否被自身某些特定价值观所左右？研究者对研究对象和研究问题的"解释"是否含有不适当的偏见？这些困惑和疑虑并非一句"社会科学研究难以做到价值中立，也不应该追求价值中立"就能打消的。

---

[1] 唐世平.浅论社会科学和"价值中立"[N].中国社会科学报，2012-05-09.

　　再次，从理论分析框架及其适切性的层面来看，除了利益相关者理论和利益集团理论之外，笔者还采用了博弈论的部分概念和理论来分析各利益相关者和利益集团之间的利益关系与利益博弈。尽管笔者已经指出，在本研究中笔者无意于运用经济学界"博弈论"复杂的数学模型和方法，而是希望通过对博弈论相关概念和理论的运用，能够更深入地阐释和分析各利益相关者（利益集团）之间的利益关系、利益冲突、利益协调、利益妥协以及决策者所进行的利益取舍。但是，这种对博弈论相关概念和理论的"通俗化"运用是否恰当和有必要，也许不同的学者会有不同的意见。

　　最后，从具体的研究方法来看，尽管研究者开展了一定的实地调研，并通过观察和访谈进行了个案研究。但由于研究时间和研究经费有限，与文献法所获得的研究资料相比，实地调研和观察访谈所获得的研究资料还相对薄弱。在研究论文的撰写阶段回顾和审视实地调研、观察和访谈的各个过程，研究者常常喟叹在访谈对象的选择、访谈内容的设计、访谈时间和次数的安排上其实都有不少可以提升的空间。

　　希望上述困惑、疑虑、遗憾、不足，能够通过本人及学界同仁的共同努力，在今后的进一步研究中得以澄清、解答、弥补和改进！

附 录

附录1 本研究选取的用以确定利益相关者的代表性文本

序号	文 本 名 称	发布机构	发布时间
1	Reformed GCSE Subject Content Consultation: Government Response	英国教育部	2013年11月
2	Results of the Consultation on Revised A-Level Subject Content	英国教育部	2014年3月
3	Reformed GCSE and A-Level Subject Content Consultation: Government Response	英国教育部	2015年1月
4	Review of Controlled Assessment in GCSEs	资格及考试监督办公室	2013年7月
5	GCSE Reform: Analysis of Consultation Responses	资格及考试监督办公室	2013年11月
6	Setting Grade Standards Consultation: Analysis of Consultation Responses	资格及考试监督办公室	2014年9月
7	Analysis of the Completing GCSE, AS and A-Level Reform Consultation	资格及考试监督办公室	2014年12月
8	An Analysis of Consultation Responses: Developing new GCSE, A-Level and AS Qualifications for First Teaching in 2016	资格及考试监督办公室	2015年1月

（续表）

序号	文 本 名 称	发布机构	发布时间
9	An Analysis of Consultation Responses: Developing New GCSE, A-Level and AS Qualifications for First Teaching in 2016 (Parts Two and Three)	资格及考试监督办公室	2015年2月
10	Assessment of Practical Work in GCSE Science: Analysis of Consultation Responses	资格及考试监督办公室	2015年3月

附录 2 本研究中个案学校校历（term dates）

学期	月份	周一	周二	周三	周四	周五	周六	周日	备注
秋季学期	9月					5	6	7	
		8	9	10	11	12	13	14	
		15	16	17	18	19	20	21	
		22	23	24	25	26	27	28	
	10月	29	30	1	2	3	4	5	
		6	7	8	9	10	11	12	
		13	14	15	16	17	18	19	
		20	21	22	23	24	25	26	
		27	28	29	30	31	1	2	10月27—31日 期中假
	11月	3	4	5	6	7	8	9	
		10	11	12	13	14	15	16	
		17	18	19	20	21	22	23	
		24	25	26	27	28	29	30	

（续表）

学期	月份	周一	周二	周三	周四	周五	周六	周日	备注
秋季学期	12月	1	2	3	4	5	6	7	10月27—31日 期中假
		8	9	10	11	12	13	14	
		15	16	17	18	19	20	21	
		22	23	24	25	26	27	28	12月22日—1月2日 圣诞节假期
圣诞节假期		29	30	31	1	2	3	4	
	1月	5	6	7	8	9	10	11	
		12	13	14	15	16	17	18	
		19	20	21	22	23	24	25	
		26	27	28	29	30	31	1	
春季学期	2月	2	3	4	5	6	7	8	2月16—20日 期中假
		9	10	11	12	13	14	15	
		16	17	18	19	20	21	22	
		23	24	25	26	27	28	1	

（续表）

学期	月份	周一	周二	周三	周四	周五	周六	周日	备注
春季学期	3月	2	3	4	5	6	7	8	2月16—20日 期中假
		9	10	11	12	13	14	15	
		16	17	18	19	20	21	22	
		23	24	25	26	27	28	29	
复活节假期		30	31	1	2	3	4	5	3月30日—4月10日 复活节假期
	4月	6	7	8	9	10	11	12	
夏季学期		13	14	15	16	17	18	19	5月4日和5月25日 银行假 5月26—29日 期中假
		20	21	22	23	24	25	26	
	5月	27	28	29	30	1	2	3	
		4	5	6	7	8	9	10	
		11	12	13	14	15	16	17	
		18	19	20	21	22	23	24	
		25	26	27	28	29	30	31	

（续表）

学期	月份	周一	周二	周三	周四	周五	周六	周日	备注
夏季学期	6月	1	2	3	4	5	6	7	5月4日和5月25日银行假；5月26—29日期中假
		8	9	10	11	12	13	14	
		15	16	17	18	19	20	21	
		22	23	24	25	26	27	28	
	7月	29	30	1	2	3	4	5	
		6	7	8	9	10	11	12	
		13	14	15	16	17	18	19	
		20	21	22	23	24	25	26	
暑假	8月	27	28	29	30	31	1	2	7月23日—9月2日暑假
		3	4	5	6	7	8	9	
		10	11	12	13	14	15	16	
		17	18	19	20	21	22	23	
		24	25	26	27	28	29	30	
	9月	31	1	2	3	4	5	6	

注：三所个案学校的校历基本一致，在此以A中学的校历为例。

附录3 本研究中个案学校校日（school day）

A中学的校日

时间	周一、周二、周四、周五	时间	周三
08：25	打铃（Bell）	08：25	打铃（Bell）
08：30—08：50	指导（Tutor）	08：30—08：40	指导（Tutor）
08：50—10：10	第一节（Session 1）	08：50—09：55	第一节（Session 1）
10：10—11：30	第二节（Session 2）	09：55—11：10	第二节（Session 2）
11：30—12：00	休息（Break）	11：10—11：40	休息（Break）
12：00—13：20	第三节（Session 3）	11：40—12：55	第三节（Session 3）
13：20—13：40	休息（Break）	12：55—13：15	休息（Break）
13：40—15：00	第四节（Session 4）	13：15—14：30	第四节（Session 4）
15：00	放学	14：30	放学

B中学的校日

时　间	周一至周五
08：20—08：30	早上注册（Morning registration）
08：30—9：30	第一节（Period 1）
09：30—10：30	第二节（Period 2）
10：30—10：45	课间休息（Morning Break）
10：45—11：45	第三节（Period 3）
11：45—12：45	第四节（Period 4）

（续表）

时　　间	周一至周五
12：45—13：20	午饭（Lunch Break）
13：20—13：40	下午注册（Afternoon Registration）
13：40—14：40	第五节（Period 5）
14：40—15：40	可选择的课外活动（Enrichment Hour）

C中学无固定的校日安排。

附录4　名词和机构缩略语英汉对照

A-Level　　GCE Advanced Level
　　　　　　高级水平普通教育证书

AEB　　　　Associated Examining Board
　　　　　　联合考试委员会

ASCL　　　 Association of School and College Leaders
　　　　　　学校及学院负责人协会

AS-Level　 GCE Advanced Subsidiary Level（2000年以前）
　　　　　　高级辅助水平普通教育证书
　　　　　　GCE Advanced Supplementary Level（2000年以后）
　　　　　　高级补充水平普通教育证书

AQA　　　　Assessment and Qualifications Alliance
　　　　　　评价与资格联合会

ATL　　　　Association of Teachers and Lecturers
　　　　　　教师与讲师协会

CBI　　　　Confederation of British Industry
　　　　　　英国工商业联合会

CCEA　　　 Council for the Curriculum, Examinations & Assessment
　　　　　　考试与评价委员会

CSE　　　　Certificate of Second Education
　　　　　　中等教育证书

DfE　　　　Department for Education
　　　　　　教育部

EB	English Baccalaureate
　　英国文凭

EBCs	English Baccalaureate Certificates
　　英国文凭证书

Edexcel	Education Excellence
　　爱德思

GCE	General Certificate of Education
　　普通教育证书

GCSE	General Certificate of Secondary Education
　　普通中等教育证书

GNVQ	General National Vocational Qualification
　　普通国家职业资格证书

GSHA	Grammar School Heads Association
　　文法学校校长协会

HMC	Headmasters' and Headmistresses' Conference
　　卓越私立学校校长联合会

ISC	Independent Schools Council
　　独立学校委员会

ISI	Independent Schools Inspectorate
　　独立学校督导团

JCQ	Joint Council for Qualifications
　　资格证书联合委员会

JMB	Joint Matriculation Board
　　联合入学考试委员会

NAHT National Association of Head Teachers

    全国校长协会

NASUWT National Association of Schoolmasters Union of Women Teachers

    全国男教师协会与女教师工会

NCC   National Curriculum Council

    国家课程委员会

NCVQ National Council for Vocational Qualifications

    国家职业资格委员会

NEA   Northern Examining Association

    北方考试协会

NEAB Northern Examinations and Assessment Board

    北方考试与评价委员会

NUS   National Union of Students

    全国学生联合会

NUT   National Union of Teachers

    全国教师工会

NVQ   National Vocational Qualification

    国家职业资格证书

OCR   Oxford, Cambridge and RSAExaminations

    牛津、剑桥和皇家文艺学会考试委员会

OECD Organization for Economic Cooperation and Development

    经济合作与发展组织

Ofqual Office of Qualification and Examinations Regulation

    资格及考试监督办公室

Ofsted Office for Standards in Education
    教育标准局

O–Level GCE Ordinary Level
    普通水平普通教育证书

Pearson Pearson Education Ltd
    培生教育集团

PISA Programme for International Student Assessment
    国际学生评估项目

QCA Qualifications and Curriculum Authority
    资格与课程局

RSA Royal Society of Arts
    皇家艺术学会

SSEC Secondary Schools Examination Council
    中等学校考试委员会

SEC Secondary Examination Council
    中等考试委员会

SCAA School Curriculum and Assessment Authority
    学校课程与评价局

SCDC School Curriculum Development Committee
    学校课程发展委员会

SEAC School Examination and Assessment Council
    学校考试和评价委员会

SofH Society of Heads
    独立学校校长协会

UCAS   Universities and Colleges Admissions Service
            英国大学和学院招生服务中心

WJEC   Welsh Joint Education Committee
            威尔士联合教育委员会

参考文献

专著

1. ［英］埃德蒙·金.别国的学校和我们的学校：今日比较教育［M］.王承绪，译.北京：人民教育出版社，2001.

2. ［英］奥尔德里奇.简明英国教育史［M］.诸惠芳，等，译.北京：人民教育出版社，1987.

3. ［美］巴比.社会研究方法（第11版）［M］.邱泽奇，译.北京：华夏出版社，2009.

4. 辞海编委会.辞海［M］.上海：上海辞书出版社，1999.

5. 冯契.哲学大辞典［M］.上海：上海辞书出版社，1992.

6. ［美］凡勃伦.有闲阶级论［M］.蔡受百，译.北京：商务印书馆，1981.

7. 范如国.博弈论［M］.武汉：武汉大学出版社，2011.

8. 顾明远，梁忠义.世界教育大系：英国教育［M］.长春：吉林教育出版社，2000.

9. 韩家勋.教育考试评价制度比较研究［M］.北京：人民教育出版社，2010.

10. 韩家勋，孙玲.中等教育考试制度比较研究［M］.北京：人民教育出版社，1998.

11. 黄济.教育哲学通论［M］.太原：山西教育出版社，2001.

12. 李奉儒.英国教育：政策与制度［M］.嘉义：涛石文化事业有限公司，2001.

13. 李峻.转型社会中的高考政策研究——基于利益相关者理论的分析［M］.长沙：湖南人民出版社，2012.

14. 刘海峰.高考改革的理论思考［M］.武汉：华中师范大学出版社，2007.

15. ［美］纽曼.社会研究方法：定性研究和与定量研究（第六版影印本）［M］.北京：人民邮电出版社，2010.

16. 强海燕.中、美、加、英四国基础教育研究［M］.北京：人民教育出版社，2001.

305

17. ［英］萨利·鲍尔，等.教育与中产阶级［M］.胡泽刚，译.长沙：湖南教育出版社，2008.

18. 沈琪.博弈论教程［M］.北京：中国人民大学出版社，2010.

19. ［英］斯蒂芬·J.鲍尔.教育改革——批判和后结构主义的视角［M］.侯定凯，译.上海：华东师范大学出版社，2002.

20. 孙大雄.宪政体制下的第三种分权［M］.北京：中国社会科学出版社，2004.

21. 孙关宏.政治学概论［M］.上海：复旦大学出版社，2008.

22. 汪利兵.八十年代发达国家教育改革的动向和趋势述评［M］.北京：人民教育出版社，1994.

23. 王承绪，顾明远.比较教育［M］.北京：人民教育出版社，1999.

24. 王承绪，顾明远.比较教育［M］.北京：人民教育出版社，2012.

25. 王承绪，徐辉.战后英国教育研究［M］.南昌：江西教育出版社，1992.

26. 王承绪.英国教育［M］.长春：吉林教育出版社，2000.

27. 王立科.英国高校招生考试制度研究［M］.武汉：华中师范大学出版，2008.

28. 王英杰.比较教育［M］.广州：广东高等教育出版社，1999.

29. ［美］维尔斯马，于尔斯.教育研究方法导论（第9版）［M］.袁振国，译.教育科学出版社，2010.

30. 吴文侃，杨汉青.比较教育学［M］.北京：人民教育出版社，1999.

31. 现代汉语大词典编委会.现代汉语大词典［M］.上海：汉语大词典出版社，2000.

32. 杨小薇.教育研究的理论与方法［M］.北京：北京师范大学出版社，2008.

33. 杨学为.中国考试改革研究［M］.北京：北京大学出版社，2003.

34. 于钦波，杨晓.中外大学入学考试制度比较与中国高考制度改革［M］.成都：四川教育出版社，2000.

35. ［以］英博（D.E. Inbar），等.教育政策基础［M］.史明洁，等，译.北京：教育科学出版社，2003.

36. 袁方.社会研究方法教程［M］.北京：北京大学出版社，2004.

37. 袁晖.当代西方行政管理体制［M］.济南：山东人民出版社，2000.

38. 张维迎.博弈与社会［M］.北京：北京大学出版社，2013.

39. 中国大百科全书编委会.中国大百科全书［M］.中国大百科全书出版社，1985.

40. 周世厚.利益集团与美国高等教育治理——联邦决策中的利益表达与整合［M］.北京：中央编译出版社，2012.

41. 祝怀新.英国基础教育［M］.广州：广东教育出版社，2003.

42. 朱熹.四书章句集注［M］.北京：中华书局，1983.

43. Babbie, E. The Practice of Social Research (Eleventh Edition)［M］. Wadsworth Publishing Company, 2007.

44. Ball, S. The Education Debate［M］. Bristol: The Policy Press, 2008.

45. Birkland, T. An Introduction to the Policy Process: Theories, Concept and Models

of Public Policy Making[M]. New York: M.E. Charp. Inc., 2005.

46. Blum, A. Teacher Unions and Associations: A Comparative Study [M]. University of Illinois Press, 1969.

47. Cohen, L. Research Methods in Education [M]. Abingdon: Taylor & Francis Group, 2007.

48. Feingold, M. History of Universities[M]. Oxford: Oxford University Press, 2005.

49. Freeman, R.E. Strategic Management: A Stakeholder Approach [M].Boston: Pitman, 1984.

50. Gipps, C. Beyond Testing: Towards a Theory of Educational Assessment [M]. Routledge Falmer, 1994.

51. Grace, G. School Leadership: Beyond Education Management an Essay in Policy Scholarship[M]. London: The Falmer Press, 1995.

52. Guntera, H. Leaders and Leadership in Education [M]. London: Paul Chapman, 2001.

53. Ironside, M. Roger Seifert. Industrial Relations in Schools [M]. London: Routledge, 1995.

54. Montgomery, R. Examinations: An Account of Their Evolution as Administrative Devices in England[M]. London: Longmans, Green & Co Ltd., 1965.

55. Mortimore, J. Secondary School Examinations: 'The Helpful Servants, Not the Dominating Master' [M]. London: Institute of Education, University of London, 1984.

56. Neuman, L. Social Research Methods: Qualitative and Quantitative Approaches (6th Edition)[M]. Pearson Education Inc., 2006.

57. Richard, W. Testing Times: A History of Vocational, Civil Service and Secondary Examinations in England since 1850[M]. Rotterdam: Springer Science & Business Media, 2014.

58. Salisbury, J. Gender, Policy and Educational Change[M]. Routledge Falmer, 1999.

59. Thrupp, M, Willmott, Robert. Education Management in Managerialist Times[M]. Berkshire: Open University Press, 2003.

60. Whitty, G. Power, Sally. Devolution and Choice in Education: The School, the State and the Market[M]. Buckingham: Open University Press, 1998.

61. Younger, M., Warrington, M. Raising Boys' Achievements in Secondary Schools: Issues, Dilemmas and Opportunities[M]. London: Open University Press, 2005.

学位论文

1. 蔡晨辰.英国14—19岁年龄段课程和资格证书改革研究 [D].兰州：西北师范

大学，2006.

2. 陈岩峰.基于利益相关者理论的旅游景区可持续发展研究［D］.重庆：西南交通大学，2008.

3. 陈颖斐.英国14—19岁普通教育考试制度研究［D］.南京：南京师范大学，2009.

4. 李峻.我国高考政策变迁研究——基于利益相关者理论的分析［D］.武汉：华中科技大学，2009.

5. 李丽.科学主义在中国的历史与现实之省思［D］.上海：复旦大学，2006.

6. 林振兴.基于企业社会责任视角的民营企业劳工关系［D］.厦门：厦门大学，2008.

7. 沈小姣.教育考试机构中介化研究［D］.武汉：华中师范大学，2011.

8. 宋伟.我国中小企业知识型员工自主学习能力实证研究［D］.合肥：中国科学技术大学，2010.

9. 肖兴安.中国高校人事制度变迁研究［D］.武汉：华中科技大学，2012.

10. 张晓洁.城镇教师下乡去——小学支教教师人际关系研究［D］.杭州：浙江师范大学，2011.

11. 赵泽林.人工智能的基础哲学问题探究［D］.武汉：华中师范大学，2009.

12. 周月俊.英国中等教育普通证书考试及特点研究［D］.重庆：西南大学，2009.

期刊论文

1. 陈宏.国内外利益相关者理论研究进展.经济研究导刊［J］.2011（14）.

2. 杜晓利.富有生命力的文献研究法［J］.上海教育科研，2013（10）.

3. 冯加渔.创建世界一流的学校教育体系——英国学校白皮书《教学的重要性》解读及其启示［J］.外国中小学教育，2012（3）.

4. 葛大汇."退出高考"以市场治理市场——论在考试行政中政府应该做什么并且怎么做［J］.考试研究，2005（3）.

5. 何伟强.英国新一届联合政府的教育政策发展动向——基于竞选纲领与施政纲领的解析［J］.浙江外国语学院学报，2011（2）.

6. 黄恩育.对英国考试机构有关问题的思考与启示［J］.中国考试，2002（9）.

7. 黄光扬.英国"11岁考试"发展史及对我们的启示（上）［J］.教学与管理，1998（10）.

8. 黄亚婷，桑文娟."表现主义"改革进程中的英国教师身份认同［J］.教师教育研究，2014（4）.

9. 胡子祥.高校利益相关者治理模式初探［J］.西南交通大学学报（社会科学版），2007（1）.

10. 贾生华，陈宏辉.利益相关者的界定方法述评［J］.外国经济与管理，2002（5）.

11. 蒋劲松.英国的法案起草制度［J］.大人工作通讯，1996（10）.

12. 杰夫·维替著，刘邦祥译.职业自我管理、国家控制抑或其它［J］.教师教育研究，2004（5）.

13. 阚阅，詹岳姗.英国普通中等教育证书考试改革探略［J］.比较教育研究，2014（4）.

14. 李福华.利益相关者理论与大学管理体制创新［J］.教育研究，2007（7）.

15. 刘波.英国法庭科学服务部的市场化变迁及其启示［J］.证据科学，2014（2）.

16. 陆建明.教育考试机构管理体制的比较与改革方向述评［J］.中国考试，2008（6）.

17. 吕杰昕.英国教育政策的制定过程分析［J］.教育发展研究，2006（10）.

18. 潘发勤.英国教育的特别关注——14—19岁教育和技能新策略及其相关思考［J］.世界教育信息，2005（4）.

19. 潘海生.作为利益相关者组织的大学治理理论分析［J］.中国地质大学学报（社会科学版），2007（5）.

20. 彭春生.高校招生考试改革构想［J］.扬州大学学报（高教研究版），2002（2）.

21. 时胜勋.文学理论研究的"实证性"与"目的论"［J］.文艺理论研究，2007（3）.

22. 覃正爱.理性精神：法治与哲学的共同呼唤［J］.理论视野，2015（2）.

23. 唐蓉.关于考试产业化的几点思考［J］.教育探索，2003（11）.

24. 王蕾.高利害考试用于绩效问责的研究与实践［J］.中国教育学刊，2013（5）.

25. 王璐.英国现行教育督导制度的机构设置、职能范围与队伍建设［J］.比较教育研究，2013（10）.

26. 王璐，王向旭.英国普通中等教育证书（GCSE）考试现状与改革趋势研究［J］.外国中小学教育，2014（4）.

27. 王向旭.英国中等教育证书社会化考试研究［J］.外国中小学教育，2014（12）.

28. 相岚.新世纪英国中等教育普通证书考试改革［J］.基础教育，2011（10）.

29. 许林，袁桂林.论农民工子女的教育问题——基于利益相关者理论的审视［J］.湖南师范大学教育科学学报，2010（3）.

30. 杨帆，张弛.利益集团理论研究——一个跨学科的综述［J］.管理世界，2008（3）.

31. 杨光富.从教育部名称的变更看英国教育政策的走向［J］.外国中小学教育，2009（9）.

32. 张文军.英国14—19岁普通教育考试制度与高校入学机制的关系研究［J］.比较教育研究，2004（7）.

33. 张文军，刘珍.英国2005—2015年14～19岁教育发展战略［J］.教育发展研究，2005（5）.

34. 朱臻.浅析英国A-Level考试的历史及现状.现代基础教育研究［J］.2012（5）.

35. Alexander, R.'World class schools' — Noble Aspiration or Globalised Hokum?

[J]. Compare: A Journal of Comparative and International Education, 2010, 40(6).

36. Apple, M. Can Critical Pedagogies Interrupt Rightist Policies? [J]. Educational Theory, 2000, 50(2).

37. Ball, S. Academies in Context: Politics, Business and Philanthropy and Hierarchical Governance [J]. Management in Education, 2009(3).

38. Ball, S. The Teacher's Soul and the Terrors of Performativity [J]. Journal of Education Policy, 2003, 18(2).

39. Barker, B. Rethinking Leadership and Change: A Case Study in Leadership Succession and Its Impact on School Transformation [J]. Cambridge Journal of Education, 2006, 36(2).

40. Bathmaker, A. Hanging in Or Shaping a Future: Defining a Role for Vocationally Related Learn in Knowledge Society [J]. Journal of Education Policy, 2005, 20(1).

41. Burghes, D. Tiering at GCSE: Is There A Fairer System? [J]. Educational Research, 2001, 43(2).

42. Charkham, J. Corporate Governance: Lessons from Abroad [J].European Business Journal , 1992, 4(2).

43. Demie, F. Achievement of Black Caribbean Pupils: Good Practice in Lambeth Schools [J]. British Educational Research Journal, 2005, 31(4).

44. Demie, F. Ethnic and Gender Differences in Educational Achievement and Implications for School Improvement Strategies [J]. Educational Research, 2001, 43(1).

45. Elliott, G. Back to the Future: A Methodology for Comparing Old A-Level and New AS Standards [J]. Educational Studies, 2002, 28(2).

46. Fowler, WS. The Origin of the General Certificate [J]. British Journal of Educational Studies, 1959, 7(2): 140—148.

47. Goldstein, H. The Influence of Secondary and Junior Schools on Sixteen Year Examination Performance: A Cross-classified Multilevel Analysis [J]. School Effectiveness and School Improvement, 1997, 8(2).

48. Guntera, H., Forrester, G. New Labour and School Leadership 1997—2007 [J]. British Journal of Educational Studies, 2008, 56(2).

49. Hanlon, G. Professionalism as Enterprise: Service Class Politics and the Redefinition of Professionalism [J]. Sociology, 1998, 32(1).

50. Hyland, T. On the Upgrading of Vocational Studies: Analysing Prejudice and Subordination in English Education [J]. Educational Review, November 2002, 54(3).

51. Kelly, A. Monopolising the Examining Board System in England: A Theoretical Perspective in Support of Reform [J]. Journal of Education Policy, 2014, 29(1).

52. Malacova, E. Effect of Single-sex Education on Progress in GCSE [J]. Oxford Review of Education, 2007(2).

53. Mitchell, R. Toward a Theory of Stakeholder Identification and Salience: Defining the Principles of Who and What Really Counts [J]. Academy of Management Review, 1997, 22(4).

54. Moore, A. The Developing Role of the Headteacher in English Schools: Management, Leadership and Pragmatism [J]. Educational Management & Administration, 2002, 30(2).

55. Morris, P. Pick 'n' Mix, Select and Project; Policy Borrowing and the Quest for 'World Class' Schooling: An Analysis of the 2010 Schools White Paper [J]. Journal of Education Policy, 2012, 27(1).

56. Richardson, W. Public Policy Failure and Fiasco in Education: Perspectives on the British Examinations Crises of 2000—2002 and Other Episodes Since 1975 [J]. Oxford Review of Education, 2007, 33(2).

57. Sammons, P. Continuity of School Effects: A Longitudinal Analysis of Primary and Secondary School Effects on GCSE Performance [J]. School Effectiveness and School Improvement, 1995, 6(4).

58. Savage, G. Strategies for Assessing and Managing Organizational Stakeholders [J]. Academy of Management Executive, 1991, 5(2).

59. Schagen, I., Schagen, S. Combining Multilevel Analysis with National Value-added Data Sets — A Case Study to Explore the Effects of School Diversity [J]. British Educational Research Journal, 2005, 31(3).

60. Shaw I. Do OFSTED Inspections of Secondary Schools Make a Difference to GCSE Results? [J]. British Educational Research Journal, 2003, 29(1).

61. Stone, D. Causal Stories and the Formation of Policy Agendas [J]. Political Science Quarterly 1989, 104(2).

62. Tseng, C. Changing Headship, Changing Schools: How Management Discourse Gives Rise to the Performative Professionalism in England (1980s—2010s) [J]. Journal of Education Policy, 2014, 30(4).

63. Warwick, M. A Race to the Bottom? No Country Is Pursuing Education Reform with Such Speed and Breadth as England. Is This Because of Stagnant Achievement Or Politics? [J]. Kappan, 2012(12).

64. Wilkins, C. Professionalism and the Post-performative Teacher: New-teachers Reflect on Autonomy and Accountability in the English School System [J]. Professional Development in Education, 2011, 37(3).

65. Yang, M. Progress from GCSE to A and AS Level: Institutional and Gender Differences, and Trends Over Time [J]. British Educational Research Journal,

2001, 27(3).

66. Younger, M. Differential Achievement of Girls and Boys at GCSE: Some Observations from the Perspective of One School [J]. British Journal of Sociology of Education, September 1996, 17(3).

报纸

1. 唐世平.浅论社会科学和"价值中立" [N].中国社会科学报, 2012-05-09.
2. 张灵京.揭秘高考改革方案是如何出台的 [N].京华时报, 2014-9-5.
3. 张咏."自由学校": 政府掏钱, 谁都可以办学 [N].青年参考, 2011-09-21 (14).

其他

1. Beloe, R. Secondary School Examinations Other Than the G.C.E. : Report of a Committee Appointed by the Secondary School Examinations Council in July 1958 [R]. H.M. Stationery Office, 1960.
2. Tropp, A. The School Teachers: the Growth of the Teaching Profession in England and Wales from 1800 to the Present Day [R]. London: Heinemann 1957.

后　记

本书由我的博士学位论文修改而成，论文完成于2016年6月，当时英国的中等教育考试制度改革还在过程之中。一转眼三年过去了，英国本轮中等教育考试改革已经"尘埃落地"。是否在书稿中更多地描述和分析这三年来发生的"新进展"和"新情况"，是我将论文修改为书稿的过程中面临的一个艰难选择。最后我决定在符合出版社书稿体例的前提下尽量保持论文的"原汁原味"，以充分展示英国中等教育考试制度改革过程中"利益相关者"博弈的视角以及我个人当时的研究思路。

写作过程中，我时常想起自己在微信上转发过的题为《十张图告诉你什么是博士》的文章，其大意是：假设一个圆圈包含了人类目前所有的知识，所谓攻读博士学位，就是要在这个圆圈的边缘上做出一点点突破，从而使这个圆圈变得更大一点点。该文所营造的这个意象，于我心有戚戚焉。博士学位论文写作的过程，就是一个在本专业特定研究方向的知识边缘努力寻求突破的过程，对研究者而言，达到并钻研于知识的边缘这一状态虽然颇有几分新奇和喜悦，但也时常伴有孤独、迷茫、郁闷和疲惫。我想，在通往学术殿堂的这条并不平坦甚至可以说是崎岖艰难的道路上，自己之所以能一路走下去，除了自身的毅力和坚持之外，在很大程度上还得益于师长的帮助与指导，亲友的关心与支持，以及同学之间的互勉与砥砺。

首先，我要感谢我的导师王璐教授和北京师范大学国际与比较教育研究院的所有老师在我求学期间给予的关心和帮助。读博期间，王璐教授一如既往地对我关怀备至且宽严有度，在我困惑徘徊时予以指点迷津，信心不足时予以支持鼓励，骄傲自满时则及时予以提示和警醒，从而使我能够在学术研究的道路上向着更高的标准不断前行；感谢王英杰教授、王晓辉教授、肖甦教授、马健生教授、林杰教授在开题和预答辩阶段给我提出的宝贵意见；感谢顾明远先生以及"顾明远教育研究发展基金"为本研究提供的慷慨资助。

此外，我还要感谢英国萨塞克斯大学的柳基思（Keith Lewin）教授、教育系系主任西蒙·汤普森（Simon Thompson）博士，以及伦敦大学学院的汤姆·霍华德（Tom Haward）先生，在我于英国访学期间，他们提供了无比宝贵的支持和帮助！尤其是柳基思教授，除了学习和研究方面的指导之外，他还多次驱车载我于英国美丽的乡村风景中穿梭，在各具特色的酒馆小酌和闲聊，那些轻松惬意的场景是最令我难忘的英伦生活片段！

最后，感谢刘宝存教授、滕珺教授、尹慧娟老师对书稿出版的精心组织，感谢上海教育出版社对书稿编辑加工付出的辛勤工作！

王向旭
2019 年 11 月

图书在版编目（CIP）数据

英国中等教育考试制度改革研究：基于利益相关者的分析 / 王向旭著.
— 上海：上海教育出版社，2020.9
（基础教育国际比较研究丛书 / 顾明远主编）
ISBN 978-7-5720-0206-9

Ⅰ.①英… Ⅱ.①王… Ⅲ.①中等教育－考试制度－研究－英国
Ⅳ.①G639.561.2

中国版本图书馆CIP数据核字(2020)第172275号

策　　划　袁　彬　董　洪
责任编辑　隋淑光
书籍设计　陆　弦　陈　芸

基础教育国际比较研究丛书
顾明远　主编
英国中等教育考试制度改革研究：基于利益相关者的分析
王向旭　著

出版发行　上海教育出版社有限公司
官　　网　www.seph.com.cn
地　　址　上海市永福路123号
邮　　编　200031
印　　刷　上海展强印刷有限公司
开　　本　640×965　1/16　印张 20.5　插页 3
字　　数　246 千字
版　　次　2020年10月第1版
印　　次　2020年10月第1次印刷
书　　号　ISBN 978-7-5720-0206-9/G·0162
定　　价　68.00 元

如发现质量问题，读者可向本社调换　电话：021-64377165